English G

access 4

HANDREICHUNGEN FÜR DEN UNTERRICHT

mit Kopiervorlagen und
methodisch-didaktischem Glossar
www.englishg.de/access

Cornelsen

English G Access · Band 4

Handreichungen für den Unterricht

Im Auftrag des Verlages herausgegeben von
Jörg Rademacher, Mannheim

Erarbeitet von
Friederike von Bremen, Hannover
Dr. Andreas Sedlatschek, Esslingen
Marcel Sprunkel, Köln

sowie
Jörg Rademacher, Mannheim (Vorwort)

Redaktion
Dr. Christiane Kallenbach (Projektleitung);
Ulrike Berendt, Renata Jakovac
(verantwortliche Redakteurinnen);
Michael Dills, Gareth Evans, Katrin Gütermann, Uwe Tröger

Illustrationen
Josephine Wolff, Berlin

Titelbild
mauritius images, Mittenwald (Statue of Liberty (M): image
BROKER/Petra Wallner), Shutterstock (skyline (M): meunierd)

Umschlaggestaltung und Layoutkonzept
kleiner & bold, Berlin
hawemannundmosch, Berlin
klein & halm, Berlin
Eric Gira, zweiband.media, Berlin

Technische Umsetzung
eScriptum, Berlin: Silvio Patzner
MatMil & Kollegen Buch- und Medienherstellung GbR, Berlin:
Eva Miller-Matthia (Kopiervorlagen)
designcollective: Yvonne Thron (Kopiervorlagen zum Text)

www.cornelsen.de
www.englishg.de/access

Die Webseiten Dritter, deren Internetadressen in diesem Lehrwerk angegeben sind, wurden vor Drucklegung sorgfältig geprüft. Der Verlag übernimmt keine Gewähr für die Aktualität und den Inhalt dieser Seiten oder solcher, die mit ihnen verlinkt sind.

Dieses Werk berücksichtigt die Regeln der reformierten Rechtschreibung und Zeichensetzung.

1. Auflage, 3. Druck 2019

Alle Drucke dieser Auflage sind inhaltlich unverändert und können im Unterricht nebeneinander verwendet werden.

© 2016 Cornelsen Schulverlag GmbH, Berlin
© 2018 Cornelsen Verlag GmbH, Berlin

Das Werk und seine Teile sind urheberrechtlich geschützt. Jede Nutzung in anderen als den gesetzlich zugelassenen Fällen bedarf der vorherigen schriftlichen Einwilligung des Verlages. Hinweis zu §§ 60a, 60b UrhG: Weder das Werk noch seine Teile dürfen ohne eine solche Einwilligung an Schulen oder in Unterrichts- und Lehrmedien (§ 60b Abs. 3 UrhG) vervielfältigt, insbesondere kopiert oder eingescannt, verbreitet oder in ein Netzwerk eingestellt oder sonst öffentlich zugänglich gemacht oder wiedergegeben werden.
Dies gilt auch für Intranets von Schulen.

Soweit in diesem Buch Personen fotografisch abgebildet sind und ihnen von der Redaktion fiktive Namen, Berufe, Dialoge und ähnliches zugeordnet oder diese Personen in bestimmte Kontexte gesetzt werden, dienen diese Zuordnungen und Darstellungen ausschließlich der Veranschaulichung und dem besseren Verständnis des Buchinhalts.

Druck: Athesiadruck GmbH

ISBN 978-3-06-031709-7

PEFC zertifiziert
Dieses Produkt stammt aus nachhaltig bewirtschafteten Wäldern und kontrollierten Quellen.

www.pefc.de

Inhalt

Vorwort

    Einleitung   5

1   Veränderungen in Band 4   5

2   Die Konzeption von *English G Access*: Methodisch-didaktische Grundlagen   5

3   Das Schülerbuch   13

4   Beschreibung der Teile einer Unit und ihrer Funktion   13

5   Die Begleitmedien   15

6   Exemplarische Stoffverteilung *English G Access*, Band 4   17

Kommentar zum Schülerbuch

Unit 1   *Inside New York*   19

Kaleidoscope   44

Unit 2   *New Orleans*   47

Unit 3   *The Golden State*   87

Unit 4   *Faces of South Dakota*   123

Unit 5   *In the Southwest*   159

Text File   199

Methodisch-didaktisches Glossar   **215**

Kopiervorlagen   **223**

Literaturhinweise   **247**

Vorwort

Einleitung

English G Access setzt die lange Cornelsen-Tradition bewährter Englischlehrwerke für das Gymnasium fort.

Einerseits sind es fachdidaktische Weiterentwicklungen bzw. Schwerpunktsetzungen, die diese Neuentwicklung geprägt haben, wie zum Beispiel die stärkere Betonung der fremdsprachlichen interkulturellen Handlungskompetenz, Sprachbewusstheit bzw. Sprachlernkompetenz oder auch das damit verbundene selbstgesteuerte Lernen. Andererseits gibt es schulpolitische Veränderungen, die in hohem Maße die Arbeit im Englischunterricht am Gymnasium prägen:

Lernwege müssen flexibilisiert bzw. individualisiert werden, da heterogene Lerngruppen ein differenzierendes Lernangebot notwendig machen. Auch die Veränderung der Schullandschaft allgemein durch die Einrichtung neuer Schulformen, die im Mittleren Bildungsbereich eine Vielzahl alternativer Bildungswege ermöglichen, verlangen nach einer Flexibilität im Übergang zwischen den einzelnen Schularten. Die Inklusion, d.h. die Aufnahme von S mit unterschiedlichen Lernausgangslagen in Klassengemeinschaften der Regelschulen, stellt neue und hohe Anforderungen an die Lehrer und Lehrerinnen sowie an Inhalte und Lernangebote auch im Gymnasium. Nicht zuletzt verlangt die neueste Entwicklung in einigen Bundesländern, die Dauer des gymnasialen Bildungsgangs wieder zu verlängern, ein passgenaues und flexibel einsetzbares Lehrwerk.

Für diese Herausforderungen bietet *English G Access* neue Lösungswege an, ohne dabei auf bewährte Elemente aus den Vorgängerlehrwerken *English G 2000* und *English G 21* zu verzichten.

1 Veränderungen in Band 4

Die offensichtlichste Neuerung des vierten Bandes besteht im neuen Kulturraum, der erschlossen wird. Die Vereinigten Staaten von Amerika (USA) stehen im Zentrum dieses Bandes. Der landeskundliche Ansatz durch die Berücksichtigung der verschiedenen Regionen der USA wurde dabei einem thematischen Ansatz vorgezogen: die S sollten vornehmlich ein geografisch-historisches Überblickswissen über dieses vielfältige und bedeutende englischsprachige Land erlangen, um im Lauf der einzelnen Units zusätzlich mit dem Leben junger Menschen im jeweiligen Kontext ihres Wohnortes vertraut gemacht zu werden. Geografisch

wurde ein weiter Bogen gespannt: von den großen Städten New York (Unit 1), New Orleans (Unit 2) und Los Angeles (Unit 3) bis hin zu den weniger dicht besiedelten Regionen des Nordwestens (Unit 4, South Dakota) bzw. der Four Corners Area des Südwestens (The Southwest, Unit 5). Im Rahmen der verschiedenen Handlungsorte ist es möglich, ein breites Spektrum sozio-kultureller, historischer, politischer und geografischer Besonderheiten der USA zu behandeln, die in altersgerechte Materialien und Kontexte eingebettet sind. Ein erweitertes, vertieftes Verständnis über Aspekte amerikanischer (Alltags-)Kultur kann im Rahmen der Projektarbeit *Kaleidoscope* (SB-Seiten 30–31) erzielt werden.

Die zweite Veränderung innerhalb des Bandes 4 ist, im Vergleich zu den Vorgängerbänden, eine strukturelle: Gymnasien im gesamten Bundesgebiet stehen vor der Herausforderung, Schulcurricula zu entwickeln, die einem beschleunigten, 8-jährigen gymnasialen Ausbildungsgang (G8) bzw. dem 9-jährigen Ausbildungsgang (G9) genügen. Diese Herausforderung ist oftmals auch mit der Umverteilung von Lerninhalten innerhalb von Doppeljahrgangsstufen (aber auch darüber hinaus) verbunden. *English G Access* bietet für diese Herausforderungen eine pragmatische Lösung innerhalb einer Lehrwerksreihe. Inhalte wurden in einer (fakultativen) Unit 5 zusammengefasst und können von G8-Gymnasien im Rahmen der 8. Klasse behandelt werden, während Schulen des G9-Bildungsgangs diese Inhalte im Band 5 für die Klasse 9 erneut angeboten bekommen und die somit eintretende zeitliche Entlastung für Individualisierungs- und Förderangebote nutzen können (vgl. hierzu auch Kapitel 6, Exemplarische Stoffverteilung, HRU-Seite 17–18)

2 Die Konzeption von *English G Access*: Methodisch-didaktische Grundlagen

English G Access hat sich dem Konzept der Kompetenzschulung in allen Bereichen der Fremdsprache im Rahmen eines ganzheitlichen Englischunterrichts verschrieben. Die dabei besonders im Vordergrund stehende interkulturelle kommunikative Handlungskompetenz wird durch einen konsequent schüler- und handlungsorientierten Unterricht angelegt. Die stärkere Berücksichtigung binnendifferenzierender Lernarrangements bildet dabei eine sinnvolle Ergänzung im Spracherwerbsprozess und wird gemeinsam mit einigen grundlegenden Gestaltungsprinzipien im Weiteren näher erläutert.

Vorwort

Englischunterricht mit *English G Access*

Kommunikative Kompetenzen
- Hörverstehen
- Hör-/Sehverstehen
- Lesen
- Sprechen (monologisch, dialogisch)
- Schreiben
- Sprachmittlung

Sprachliche Mittel
- Grammatik
- Wortschatz
- Rechtschreibung
- Aussprache

Lern- und Arbeitstechniken
- Präsentationskompetenz
- Umgang mit komplexen Lernaufgaben
- Projektarbeit
- Selbstgesteuertes Lernen
- Selbstreflektierendes Lernen
- Selbsteinschätzung

Personalkompetenz
- Entdeckendes Lernen
- Interkulturelle Handlungskompetenz
- Empathie

mit Hilfe von ...
- Differenzierung
- Individualisierung
- Portfolio (*MyBook*)

Sozialkompetenz
- Soziales Lernen
- Kooperatives Lernen
- Perspektivenwechsel

mit Hilfe von ...
- Prozessorientierung
- Handlungsorientierung
- *Partner check*

- Umgang mit Texten
- *Internet literacy*
- Einsatz von Präsentationsmedien
- Umgang mit Lernsoftware

→ **Funktionale Kommunikative Kompetenz**
→ **Sprachlernkompetenz**
→ **Sprachbewusstheit**
→ **Text- und Medienkompetenz**

Schülerin / Schüler entwickelt im Englischunterricht Interkulturelle Kommunikative Handlungskompetenz
(soziokulturelles Wissen, Themenwissen, Verstehen, Einstellungen, Bewusstheit)

Vorwort

2.1 Umgang mit Heterogenität, Differenzierung und Individualisierung

Als eine der größten Herausforderungen an Unterricht allgemein, und damit auch an den gymnasialen (Fremdsprachen-)Unterricht, gilt die zunehmende Heterogenität von Lerngruppen. *English G Access* enthält daher zahlreiche Möglichkeiten der Differenzierung.

Differenzierung wird in *English G Access* zuallererst als Binnen- oder innere Differenzierung verstanden. Differenziert wird nach Leistung sowie nach Neigung. Die unterrichtliche Individualisierung von Lernprozessen ist im Regelunterricht angesichts von noch immer großen Lerngruppen problematisch. Durch die zunehmende Einrichtung von Ganztagsschulen und Förderstunden bzw. -unterricht erscheint aber die Realisation von Individualisierung nicht mehr unmöglich. *English G Access* schafft mit einer engen Verzahnung zwischen Schülerbuch, Workbook, Vorschlägen zur Leistungsmessung und völlig neu konzipierten Förder- und Fordermaterialien Grundlagen, Individualisierung im Kontext von ergänzendem Englischunterricht zu ermöglichen. (Alle Begleitmedien werden unter Punkt 5 kurz beschrieben.)

2.1.1 Differenzierende Übungsformate

Im Rahmen des Schülerbuchs werden immer dort Angebote zur differenzierten Behandlung von Unterrichtsstoff gemacht, wo zusätzliche Unterstützung im Lernprozess helfen könnte oder unterschiedliche Neigungen und Interessen Berücksichtigung finden sollen:

More help zeigt Aufgaben an, zu denen es Hilfsangebote (*scaffolding*) gibt. Parallel zur Aufgabe innerhalb der Units findet sich die gleiche Aufgabe mit einer vereinfachten Aufgabenstellung, mehr grammatischer Hilfe oder durch Redemittel bzw. Wortschatz ergänzt, noch einmal im Anhang des Schülerbuchs. In einigen Fällen wird auch im Bereich des methodischen Kompetenzerwerbs Hilfestellung angeboten. Die Aufgabe mit Hilfestellung ist stets im Anhang zu finden, um allen S zuerst die Möglichkeit zu geben, die Aufgabe ohne Hilfe zu lösen.

Early finisher richtet sich an Lerner, die vorzeitig eine Aufgabe beendet haben und nun nach weiterer Herausforderung suchen. Für sie ist jeweils eine anspruchsvollere Anschlussaufgabe vorgesehen. Die Zahl der Aufgaben erlaubt eine intensive Berücksichtigung dieses Differenzierungsangebots im Unterricht. Zuweilen finden diese Lerner im Anhang des Schülerbuchs auch Aufgaben, die Kombinatorik und Sprachgeschick auf spielerische Weise schulen, um der Wahrnehmung vorzubeugen, dass leistungsstärkere S stets weitere Aufgaben und damit mehr Übungspensum bewältigen müssen.

You choose weist neigungsdifferenzierende Arbeitsaufträge aus. Dieser Aufgabentyp wird vornehmlich in der Textauswertung eingesetzt. Die S können zwischen verschiedenen Aufgabenstellungen der (kreativen) Auseinandersetzung mit Textinhalten wählen.

EXTRA Alle so ausgezeichneten Aufgaben, Übungen und Materialien stellen fakultative Materialien dar. Hier werden die jeweils eingeführten Kompetenzen und Teilfertigkeiten zusätzlich vertieft. Insofern findet sich hier neben den oben genannten Möglichkeiten der individuellen Differenzierung die Möglichkeit, mit verschiedenen Lerngruppen unterschiedlich vorzugehen, zu vertiefen oder zeitlich zu raffen. Dies erscheint auch weiterhin nötig, da schulpolitische Rahmenbedingungen für unterschiedliche Wochenstundenzahlen sorgen und sichergestellt werden muss, dass die verbindlichen Inhalte des Lehrwerks in 3, 4 oder 5 Wochenstunden erarbeitet werden können.

Eine weitere Form der Differenzierung liegt im Einsatz der kooperativen Lernformen. Diese sind per se binnendifferenzierend, da sie unterschiedliche Leistungsvermögen und zudem unterschiedliche Neigungen und Interessen berücksichtigen. Durch das gemeinsame Erreichen eines Lernziels bzw. die Herstellung eines (sprachlichen) Handlungsprodukts wird gleichermaßen das soziale Lernen geschult (vgl. Kapitel 2.2.2.2).

2.1.2 Die Übungssequenz

Im Rahmen einer leistungsdifferenzierenden zielgleichen Übungssequenz sollen *alle* S befähigt werden, durch die Nutzung individueller Hilfs- und Förderangebote zu einer abschließenden, kommunikationsorientiert angelegten Übung zu gelangen, in der sie die erworbene Struktur erneut üben.

Die Übungssequenzen sind folgendermaßen angelegt: In einer gemeinsamen Eingangsphase werden zunächst formbezogene Übungen in geschlossenen und halboffenen Übungsformaten angeboten. Im nächsten Schritt bearbeiten die S funktionsbezogene Übungen in halboffenen Übungsformaten mit entsprechenden Hilfsangeboten (vgl. 2.1.1). In einem letzten Schritt lösen die S in offenen Unterrichtsformen anwendungsbezogene Übungen im Klassenverband. Dies hat für L den Vorteil, dass eine Überprüfung des Lernfortschritts mit wenig Aufwand über die gesamte Lerngruppe hinweg stattfinden kann.

Die S entscheiden selbst, ob sie Unterstützungsangebote bei der Bearbeitung der Übungssequenz nutzen. Damit wird das in allen Bildungsplänen angestrebte selbstreflexive Lernen und Üben in ersten Schritten geschult und gefördert. Eine auffällige Markierung des Fortgangs innerhalb der Übungssequenz soll den S dabei die Orientierung und die Entscheidung erleichtern ■ ■ ■ ■ ■ ■

Flankierend können zur Vertiefung und weiteren Differenzierung die Materialen aus dem Workbook, den interaktiven Übungen bzw. dem Fördern & Fordern-Ordner eingesetzt

Vorwort

werden, sodass der Lehrkraft ein umfangreicher Aufgaben-pool zur differenzierenden Unterrichtsgestaltung zur Verfügung steht.

2.2 Kompetenzerwerb

Die interkulturelle kommunikative Kompetenz (IKK), die im Gemeinsamen Europäischen Referenzrahmen, den nationalen Bildungsstandards von 2003, der Erweiterung durch die KMK-Beschlüsse zur Fortgeführten Fremdsprache von 2012 und den danach adaptierten (Kern- und Rahmen-)Lehrplänen bzw. Bildungsplänen und -standards angelegt wurde, hat in den letzten Jahren zu einer noch größeren Bedeutung der kommunikativen Kompetenzen im Englischunterricht geführt. Das übergeordnete Ziel der „Sprachlernkompetenz" muss im Sinne eines lebenslangen Lernens als ebenso wichtig betrachtet werden. Konsequenzen für den Unterricht liegen für die S in folgenden Bereichen: höhere Selbstständigkeit/Selbsttätigkeit, Reflexion über Arbeitsschritte und -prozesse, Teamarbeit und soziales Lernen und höhere Eigenaktivität in quasi-authentischen Handlungssituationen. Die damit verbundenen methodischen und sozialen Kompetenzen sind ebenfalls integraler Bestandteil der Lehrwerkskonzeption von *English G Access*.

2.2.1 Kommunikative Kompetenzen

Die funktionalen kommunikativen Kompetenzen werden im Rahmen von *English G Access* umfangreich geschult und erweitert. In jeder Unit werden Anwendungssituationen in Form von motivierenden Lernarrangements angeboten. Dabei wurde auf eine gleichmäßige Verteilung auf alle kommunikativen Kompetenzen geachtet. Die jeweils geübte kommunikative Kompetenz ist durch ein Symbol in der Titelzeile der betreffenden Aufgabe gekennzeichnet:

Listening 🎧 · *Reading* 📖 · *Speaking* 💬 · *Writing* ✏️ · *Mediation* 🎞️

2.2.1.1 Das *Course*-Konzept

In jedem Band von *English G Access* wird eine kommunikative Kompetenz besonders intensiv geschult. Auf einer speziell dafür vorgesehenen Seite werden pro Unit unterschiedliche Aspekte geübt und gefördert. Es wurde dabei auf eine Progression von weniger komplexen zu anspruchsvolleren Teilkompetenzen geachtet. In Band 4 ist dies ein *Mediation course,* der Teilaspekte der Mediation im Bereich Wissen, Einstellungen und methodische sowie kommunikative Kompetenzen schult (SB-Seiten 16, 39, 59, 81, 107).

2.2.1.2 Der Kommunikative Kompetenzschwerpunkt: *Skill in focus*

Um eine intensive Schulung aller kommunikativen Kompetenzen im Verlauf eines Schuljahres zu gewährleisten, rückt zusätzlich pro Unit ein ausgewählter *language skill* in den Fokus, ohne dabei die anderen Fertigkeiten zu vernachlässigen. Der *skill in focus* ist im Inhaltsverzeichnis in der rechten Randspalte ausgewiesen.

Die **HRU** gibt dazu weitere Hinweise in der Randspalte zum Unit-Kommentar und eine Übersicht zu Beginn jeder Unit (z. B. HRU-Seite 19). Oftmals genügt die Zusammenführung einzelner Aufgaben, um intensiv an einer Fertigkeit arbeiten zu können. Manche Aufgaben lassen sich im Sinne der Schwerpunktsetzung umgestalten. Auch hierfür werden entsprechende Hinweise in der HRU gegeben. Flankiert wird dieses Vorgehen durch weiteres Übungsmaterial im Workbook sowie den Materialien im Fördern & Fordern-Ordner

Kompetenzschwerpunkte in Band 4

Unit 1 – *Listening* · Unit 2 – *Reading* · Unit 3 – *Writing* · Unit 4 – *Speaking* · (Unit 5 – *fakultative Unit für G9-Schulen*)

2.2.1.3 Hör- und Hör-/Sehverstehen

🔊 Lehrkräfte finden dieses Symbol mit Angabe der Tracknummer in der Lehrerfassung zum Schülerbuch und in den Handreichungen für den Unterricht.

Übungen zum Hörverstehen werden bis in die Oberstufe hinein von vielen S mit großer Motivation bearbeitet, da sie sowohl im Bereich des Globalverstehens, aber auch im Bereich des *listening for detail* eine verlässliche Aufgabenkultur vorfinden, die ihnen Sicherheit gibt. Im Hinblick auf die in vielen Bundesländern mittlerweile in die Abschlussklassen integrierten Hör- bzw. Hör-/Sehverstehensklausuren, wird in Band 3 und 4 von *English G Access* vermehrt Wert auf Distraktoren gelegt (regionale Varietäten und Dialekte, Hintergrundgeräusche, Sprechtempi, etc.). Zudem wird die Wahrnehmung zum Beispiel im Bereich der Prosodie oder kontrahierter Formen durch eigens entwickelte Hörübungen (*micro listening*) geschult, um die S für spätere Begegnungssituationen mit authentischen Aussprachemustern vertraut zu machen. (SB-Seiten 43, 57, 86)

Ein Großteil der Material- und Unit-Texte aus dem SB sind auch weiterhin auf der Audio-CD enthalten, sodass L entscheiden kann, ob diese Texte zur Schulung des Lese- oder des Hörverstehens genutzt werden sollen.

👆 Im Sinne des selbstgesteuerten Lernens finden die S die wichtigsten Texte als Audiodateien im mp3-Format unter www.englishg.de/access. Damit wird es ihnen ermöglicht, auch zu Hause Hörverstehensaufgaben zu bearbeiten.

⊙ Die Fertigkeit des Hör-/Sehverstehens wurde bei der Entwicklung von *English G Access* in noch größerem Umfang berücksichtigt, als dies bei *English G 21* der Fall war. Der Einsatz der das Schülerbuch begleitenden DVD ist nun integraler Bestandteil des Aufgabenapparates jeder Unit. Dabei wurde bewusst auf die unterrichtliche Praxis Rücksicht genommen: Die Aufgaben zum *viewing* sind auf einer Schülerbuchseite (aus besonderem Anlass für Unit 1 auf zwei Schülerbuchseiten verteilt, SB-Seiten 12–13) versammelt. Unter der Überschrift *The world behind the picture* werden pro Unit Aufgaben angeboten, die soziokulturelle Aspekte des Zielsprachenlandes USA aufgreifen und, unterstützt durch das audiovisuelle Medium, zum interkulturellen Lernen anleiten.

Die bereitgestellten Filmsequenzen decken dabei einen Großteil zielsprachiger Realität ab und sind überwiegend aus authentischen Materialien zusammengestellt, wie z. B. Sequenzen aus Kurzfilmen, Musikvideos oder Dokumentationen.

(www) Über diese zentral angelegte Kompetenzschulung hinaus werden ab Band 3 zusätzliche Clips angeboten, die die Materialien und Lesetexte sinnvoll ergänzen (vgl. insbesondere SB-Seiten 30–31). Diese Materialien stehen auch den S auf der Website www.englishg.de/access zur Verfügung.

2.2.1.4 Leseverstehen

Als zweite rezeptive Sprachkompetenz legt die Leseschulung mehrere Schwerpunkte fest. Während sich die Texte der Materialseiten vor allem zum Mitlesen und (dialogischen) Vorlesen eignen, werden in den Unit-Texten erste Formen der rezeptiven und produktiven Auswertung des Textinhaltes angeboten. Dieses *working with the text* bahnt das analytische Lesen in späteren Schuljahren an.

English G Access entwickelt das bereits in den ersten beiden Bänden angelegte Angebot zum *extensive reading* konsequent weiter und bietet zu Band 4 zwei thematisch sehr unterschiedliche Jugendromane zur Auswahl an, die im Rahmen des Unittextes in Unit 1 bzw. des *Text Files* auszugsweise gelesen und im Rahmen einer Ganzschriftlektüre umfassend behandelt werden können: *Putting Makeup on the Fat Boy* bzw. *Underground New York*. Arbeitsblätter mit Lösungen zur Behandlung im Unterricht sind online auf www.cornelsen.de/cel zu finden. Die beiden Romane sind im Verlagsprogramm erschienen (ISBN 978-3-06-033821-4 bzw. 978-3-06-032302-9).

Parallel zum Angebot der Ganzschriftlektüre bietet *English G Access* mit Band 4 auch wieder das in der Praxis bewährte *Text File* an, um zusätzliche, auf die Unit-Themen abgestimmte Texte in den Unterricht zu integrieren. Das Spektrum reicht hierbei von Songtexten, Prosa und dramatischen Texten bis hin zu Sach- und Gebrauchstexten.

Zur Unterstützung der verschiedenen Formen der Leseschulung wird im *Skills File* des Schülerbuches eine breite Palette an Lern- und Arbeitstechniken aus verschiedenen Kompetenzbereichen angeboten. Die *reading skills* finden sich auf SB-Seiten 152–153.

2.2.1.5 Sprechen

Die wichtigste Kompetenz eines kommunikationsorientierten Englischunterrichts ist das Sprechen. *English G Access* versucht, mit Hilfe vielfältiger Methoden und Sozialformen die Kommunikationsfähigkeit der S zu fördern. Um dabei möglichst oft freies Sprechen zu üben, wird im Rahmen von Partner- und Gruppenarbeit das dialogische, angeleitete Sprechen geübt. Wo dazu Redemittel notwendig sind, werden diese im Rahmen von *More help* oder auch durch die Material-Texte selbst bereitgestellt.

Das monologische Sprechen, das durch (Abschluss-)Prüfungen oder Prüfungsteile zunehmend große Wichtigkeit erfährt, wird durch zahlreiche Präsentationsaufgaben geschult, die sich konsequent in Umfang und Medieneinsatz erweitern. Zu dieser Form des Sprechens wird es im Rahmen von *peer evaluation* nun auch möglich sein, qualifiziertes Feedback von Klassenkameraden einzuholen. Aus diesem Grund wurde auf der letzten Buchseite ein universell einsetzbarer Evaluationsbogen integriert (SB-Seite 264).

Zum Sprechen gehört auch die Ausspracheschulung. Hierzu werden *Pronunciation*-Übungen auf den *Practice*-Seiten angeboten (SB-Seiten 17, 57).

2.2.1.6 Schreiben

Schreiben wird als produktive kommunikative Kompetenz mit fortschreitender Kompetenzentwicklung immer wichtiger. Im *Writing course* (Band 3) bauten die S systematisch ihre Schreibkompetenz aus. Die dort erworbenen Fertigkeiten werden im Band 4 um textsortenbezogenes Schreiben (*Writing a summary*, SF 7, SB-Seite 158) und weitere Schreibstrategien (*The stages of writing*, SF 3, SB-Seite 154 bzw. *Making an outline*, SF 6, SB-Seite 157) ergänzt. Im *Skills File* werden alle Teilkompetenzen zusammenfassend dargestellt und können so im Schreibprozess sinnvoll miteinander verknüpft und eingesetzt werden (SB-Seite 154 ff.).

2.2.1.7 Sprachmittlung/Mediation

Die Sprachmittlung in genuinen, zweisprachigen Kontexten verlangt von S das sinngemäße Zusammenfassen gehörter oder gelesener Inhalte in der Mutter- bzw. der Fremdsprache.

English G Access widmet in Band 4 im Rahmen des *Mediation course* dieser Kompetenz intensiv Aufmerksamkeit, da das Zusammenspiel zwischen Aufgabenstellung und der tatsächlichen Sprachproduktion hohe Anforderungen an die S stellt. Einerseits ermitteln die S weiterhin die zentralen Anforderungen der Sprachmittlungsaufgabe (*purpose,* addressee, text type), andererseits werden sie über lebensweltlich relevante Themen und Sprachmittlungssituationen an den Aspekt der interkulturellen Sensibilität erinnert, der diesen Kommunikationssituationen eigen ist. Die Aufgaben umfassen sowohl schriftliche als auch mündliche Impulse und verlangen eine Übertragung sowohl in die Fremdsprache als auch in die Muttersprache. In der konkreten Progression beginnt der *Mediation course* zunächst mit Übungen zur Entnahme relevanter Informationen aus einem vorliegenden Text (*Key information*, SB-Seite 16). Danach wird stärker auf den Adressatenbezug fokussiert (*Relevant information*, SB-Seite 39), um in einem dritten Schritt die kulturellen Unterschiede in Sprachmittlungssituationen zu betonen (*Cultural differences* (1), SB-Seite 59). Nachdem die kulturellen Divergenzen in Unit 4 an einem weiteren, altersgerechten Thema vertieft betrachtet wurden (*Cultural differences* (2), SB-Seite 81) endet der *Mediation course* in Unit 5 in einer komplexen Aufgabenstellung, die von den S verlangt, alle erworbenen Teilkompetenzen nochmals reflektiert einzusetzen (*Using your skills*, SB-Seite 107).

2.2.2 Sprachlernkompetenz

2.2.2.1 Methodenkompetenz

Lern- und Arbeitstechniken sind notwendig, um autonomes Lernen, so wie es die Bildungsstandards seit ihrer Einführung von einer gymnasialen Ausbildung fordern, zu ermöglichen. In Lernarrangements, in denen oft Aspekte des sozialen Lernens berücksichtigt sind, sollen S befähigt werden, im Rahmen ihrer späteren Aufgaben in Studium und Beruf erfolgreich Inhalte zu erschließen, sie zu strukturieren und die Ergebnisse ihrer Arbeit zu präsentieren.

Dabei sollten die Anschaulichkeit und auch die Funktion von Methoden stets transparent gehalten werden. Um dieser Forderung gerecht zu werden, bietet *English G Access* einen spiralcurricular angelegten Erwerbsprozess: auf der Grundlage anschaulicher Vermittlung schließt sich immer auch eine Anwendung in authentischen Kontexten an. Die so entstandenen Aufgaben mit dem Label *Study skills* zielen bewusst auf universell zu vermittelnde Lern- und Arbeitstechniken ab. In Band 4 sind das vor allem Vorbereitung von Textproduktion, die durch eine *outline*, das Nachschlagen unbekannter Lexik in einem zweisprachigen Wörterbuch und eine Erläuterung zum *summary writing* flankiert wird. Die kriteriengestützte Evaluation von Präsentationen durch S wird weiter entwickelt und auf S-Präsentationen angewendet. Eine Übersicht mit umfassenden Definitionen bzw. Funktionsbeschreibungen der zu erwerbenden Methoden auf Deutsch befindet sich im *Skills File* im Anhang des Schülerbuch. Da das *Skills File* kumulativ angelegt ist, entsteht so innerhalb eines Bandes, aber auch über die gesamte Lehrwerksreihe hinweg, ein anschauliches Kompendium, das als Nachschlagewerk eingesetzt werden kann.

Wenn man die Methodenkompetenz als den Erwerb von Strategien begreift, die das Verstehen und Behalten sinnvoll unterstützen, dann müssen sie an dieser Stelle im Zusammenhang mit den kommunikativen Kompetenzen betrachtet werden. Eine klare Funktionsbeschreibung (gerade für junge Lerner) ist dabei notwendig. Zum Beispiel sind Techniken wie das Erstellen einer Mindmap einerseits als Mnemotechnik für den Erwerb neuer Lexik erfolgreich einsetzbar, andererseits aber auch für die inhaltliche Strukturierung eines Themas. Das *Skills File* definiert daher, wo möglich, mehrere Einsatzbereiche für eine Methode.

2.2.2.2 Soziales Lernen

Lernen im Englischunterricht wird zunehmend als Lernen in der Gruppe bzw. im Austausch mit anderen verstanden. Die Vorteile liegen auf der Hand, wenn es um die Ausbildung sozialer Kompetenzen geht. Aber auch die Kommunikationsförderung durch Erhöhung der individueller Sprechzeit ist einer der vielen positiven Aspekte.

English G Access hat sich daher einer konsequenten Anwendung abwechslungsreicher Sozialformen verschrieben, die Kooperation, Kommunikation und Konfliktfähigkeit in gleicher Weise schulen. So kommt regelmäßig die kooperative Lernform *Partner check* vor, die die S dazu auffordert, mit einem selbst gewählten Partner die Ergebnisse ihrer eigenen Arbeit zu kontrollieren und sich gegenseitig eine Rückmeldung auf das Erarbeitete zu geben.

Kooperatives Lernen

Seit einigen Jahren haben sich die Verfahren des kooperativen Lernens, wie sie u. a. von Norm und Kathy Green entwickelt wurden, im Englischunterricht bewährt. In zunehmend heterogenen Lerngruppen gewinnen diese Verfahren dadurch an Bedeutung, dass sie in leicht herzustellenden Interaktionsformen sowohl die Sozial- als auch die Selbstkompetenz ausbilden. Die S sind durch die oftmals arbeitsteilige Aufgabenstellung in der Lage, sich mit ihren individuellen Stärken und Interessen in die gemeinsam zu bewältigende Aufgabe einzubringen. Hierin liegt ein Element der Binnendifferenzierung, das nicht durch eine unterschiedliche Aufgabenstellung gekennzeichnet ist und dadurch nicht als Stigmatisierung einzelner S wahrgenommen werden kann.

Die Ergebnissicherung ist darüber hinaus zumeist sehr klar gesteuert, schnell auswertbar und in den weiteren Verlauf des Unterrichtsgeschehens leicht zu integrieren. Diese komplexeren kooperativen Lernformen werden in *English G Access* in Wiederholungszyklen angeboten und sind mit dem Symbol gekennzeichnet. Durch den wiederholten Einsatz dieser Lernarrangements wird eine Routinenbildung gefördert, die die unterrichtliche Durchführung organisatorisch und damit zeitlich entlastet. Im didaktisch-methodischen Glossar (HRU-Seite 213 ff.) finden sich Erläuterungen zu Funktion und Durchführung der einzelnen kooperativen Lernformen.

Formen des offenen Unterrichts: *Kaleidoscope*

Im Kontext des sozialen Lernens steht auch die Projektarbeit, die in *English G Access* Band 4 konsequent weiterentwickelt wird. Auf zwei speziell angelegten SB-Seiten nach Unit 1 (SB-Seiten 30–31) wird den S eine kaleidoskopartige Übersicht über Aspekte amerikanischer Kultur gegeben, die geografisch auf der großen Karte der USA verortet wird. Die Themenangebote, aus denen die Lerner wählen können, werden durch Bildmaterial sowie kurze Filmsequenzen unterstützt, um eine bessere Orientierung und damit auch eine höhere Motivation zu gewährleisten. Ausgehend von diesem individuellen, thematischen Angebot hat L jetzt die Möglichkeit, ein schuljahresbegleitendes Projekt oder auch ein Projekt anzubieten, das im Anschluss an die Unit 1 in den darauf folgenden Unterrichtsstunden im Klassenverband bearbeitet wird. Am Ende steht als Handlungsprodukt die Herstellung eines *USA albums*, zu dem jede Schülerin und jeder Schüler eine gestaltete Seite beiträgt. Die Lerngruppe wird auch methodisch bei der Herstellung dieser Seite unterstützt, indem auf eine bereits eingeführte Lern- und Arbeitstechnik zurückgegriffen wird: die Gestaltung einer Seite (*Putting a page together*, *English G Access* Band 1, SF S. 150 f.).

2.2.2.3 Entdeckendes Lernen

Eines der Grundprinzipien der Lehrwerksentwicklungen von *English G 2000* und *English G 21* bestand in der Ausbildung von *language awareness* (Sprachbewusstheit) durch den Einsatz von induktiven Verfahren in der Grammatikvermittlung. In den unteren Klassen wird dabei Lehrersteuerung notwendig sein, um den Prozess des eigenständigen Erschließens von grammatischen Regularitäten sinnvoll anzuleiten. Der Behaltenseffekt dieser Art der Grammatikvermittlung ist dennoch unbestritten.

English G Access reiht sich in diese Tradition ein und verstärkt den Erwerbsprozess durch eine klarere Betonung des vorbewussten, produktiven Umgangs mit der neu zu kognitivierenden Struktur. Die Übungsform *Have a go* regt dazu an, die neue grammatische Struktur anzuwenden, bevor sie in der darauffolgenden *Looking at language*-Box kognitiviert wird. Die dabei bereits erfolgte rezeptive wie produktive Sensibilisierung für die Funktion der grammatischen Struktur hilft den S bei der Formulierung von funktionsbezogenen Regeln sowie dem Erkennen formbezogener Regelmäßigkeiten.

Die sich anschließende Übungssequenz (z. B. SB-Seiten 42–43) enthält dann ein breites, binnendifferenzierendes Übungsangebot.

Abgeschlossen wird der induktive Erwerb durch eine umfassende Definition der einzelnen Strukturen im *Grammar File*

(SB-Seite 170 ff.) bzw. durch den Einsatz von *Language action sheets* (ISBN 978-3-06-033496-4), die die selbstständige Erarbeitung erleichtern und das lange Abschreiben in ein Grammatikheft unnötig machen.

2.2.2.4 Aufgabenorientiertes Lernen

Als Variante des *task-based language learning* (TBLL) kann seit einigen Jahren die Lernaufgabe gelten, die sich vieler Elemente des TBLL bedient, gerade aber im Hinblick auf den Erwerb sprachlicher Strukturen eine Modifikation darstellt. In einem motivierenden, lebensweltlich orientierten Lernkontext werden vielfältige interkulturelle und kommunikative Kompetenzen geschult. In einem weiteren Schritt wird die bereits vorhandene Sprachkompetenz (selbst oder durch *peers*) evaluiert und es werden individuelle Hinweise zur weiteren Ausbildung von Lernkompetenzen gegeben.

Diesen Weg beschreitet *English G Access* im Rahmen einer die Units begleitenden Lernaufgabe (*Your task*). In den *Lead-ins* aller Units von Band 4 erhalten die S erste Hinweise, was sie am Ende der Units im Rahmen einer klar definierten Aufgabe sprachlich leisten können werden. Sie bekommen einen ersten *sense of direction*, was die funktionale Verknüpfung mehrerer Aspekte jeder Unit betrifft. *Your task* bedient sich einerseits einer motivierenden Aufgabenstellung aus dem unmittelbaren inhaltlichen Zusammenhang der Unit, andererseits ist die Aufgabe aber auch in einen lebensweltlichen und interkulturellen Kontext eingebettet. Zur Bewältigung der Aufgabe werden den S immer wieder Hinweise auf bereits erworbene Kenntnisse aus verschiedenen Kompetenzbereichen gegeben. Dies soll der Unterstützung dienen, gleichzeitig aber auch verdeutlichen, dass und wie die einzelnen sprachlichen und inhaltlichen Elemente zusammenwirken, d. h. eine Transparenz der Lerninhalte herstellen. Die Lehrerfassung des Schülerbuchs bietet bereits seit Band 3 L die Möglichkeit, über ein Symbol (**YT**) die Kompetenzbereiche zu identifizieren, die später bei der Bewältigung der Lernaufgabe relevant sein werden. Somit kann im Unterrichtsgeschehen intensiver auf gewisse Bereiche der Unit eingegangen werden, wenn es die Situation der Klasse erfordert.

Ziel von *Your task* ist oft ein Handlungsprodukt, das in unterschiedlichen Sozialformen entsteht. Diese Produktorientierung fördert die Möglichkeit, den individuellen S ausgewählte Aspekte seiner Sprachkompetenz evaluieren zu lassen. Die damit angestrebte Individualisierung des Spracherwerbsprozesses wird durch eine konsequente Verbindung von *self-* oder *peer evaluation* und dem Angebot von Übungs- und Wiederholungsaufgaben unterschiedlicher Kompetenzbereiche realisiert. Diese Nähe von Sprachproduktion und Sprachreflexion schafft die notwendige Unmittelbarkeit, die für eine sinnvolle Reflexion notwendig ist.

Die konsequente Selbstreflexion wird im Workbook fortgesetzt. Gemeinsam mit den *Me*-Texten und Schülerpro-

Vorwort

dukten des *MyBook* sind somit zwei wesentliche Elemente zur Dokumentation des Sprachlernprozesses des Europäischen Fremdsprachenportfolios fest in die Konzeption von *English G Access* integriert: das Dossier und die Sprachenbiografie in Form der Angebote zur Selbstreflexion.

2.2.3 Kulturelle Kompetenz

Mit bundeslandspezifischen terminologischen Abweichungen fassen die meisten Bildungspläne unter dem Begriff des kulturellen Lernens die Teilbereiche interkulturelle Kompetenz und soziokulturelles Wissen zusammen. Beide Teilbereiche sind notwendig, um eine interkulturelle Handlungskompetenz zu erreichen, wie sie als übergeordnetes, zentrales Ziel im Gemeinsamen Europäischen Referenzrahmen definiert ist.

Die Vermittlung soziokulturellen Wissens nimmt in Klasse 8 eine neue Dimension an, da erstmals ein anderer Kulturraum als der britische eine Rolle spielt. Das *Background file* von Band 4 übernimmt die explizite Vermittlung soziokultureller Inhalte: *Faces of America* (SB-Seiten 22–23), *African American Q&A* (SB-Seiten 44–45), *Land of dreams* (SB-Seiten 64–65), *Mobridge for Teens* (SB-Seite 87), *Southwestern contrast* (SB-Seite 100–101). Die oftmals zweiseitigen *Background files* deuten bereits an, dass die hier bereit gestellten Zusatzinformationen das weite Spektrum abzubilden versuchen, das der nordamerikanische Kontinent für die S eröffnet.

Die komplexere Lernhaltung des interkulturellen Lernens wird durch die Schaffung immer neuer Vergleichssituationen zwischen der eigenen und der zielsprachlichen Kultur gefördert. In zahlreichen Aufgabenstellungen werden die S deshalb weiterhin aufgefordert, Vorgefundenes mit der eigenen Lebenswelt zu vergleichen. Dabei handelt es sich um kulturell definierte Besonderheiten der Zielkultur (z. B. *African Americans in the US*); es werden darüber hinaus auch altersrelevante Aspekte amerikanischer Alltagskultur thematisiert, die besonders zum Vergleich einladen (z. B. *Small town, big fun*, SB-Seite 87).

In diesem Kontext soll das Label *Access to cultures* auf Aufgaben im Schülerbuch aufmerksam machen, in denen im Sinne der Sprachbewusstheit, aber auch der Sprachlernkompetenz Verknüpfungen zu bereits gelernten Fremdsprachen, zur eigenen Muttersprache oder auch zu kulturellen Ähnlichkeiten hergestellt wird (z. B. SB-Seiten 57, 77, 92 u. a.). Interessante interkulturelle Lernaspekte ergeben sich auch immer wieder aus den Aufgabenstellungen der *Mediation*-Aufgaben (vgl. z. B. SB-Seite 59) oder den Sequenzen der das Schülerbuch begleitenden DVD.

Auf den SB-Seiten finden sich Hinweise auf weiterreichende Materialien auf www.englishg.de/access.

Nicht zuletzt die Lernaufgabe fordert die S immer wieder zu einer Perspektivübernahme auf oder versetzt sie in eine vorgestellte interkulturelle Begegnungssituation, z. B. *A presentation: Introduce yourself to your American class* (SB-Seite 93).

2.2.4 Erwerb sprachlicher Mittel

Neben dem Erwerb kommunikativer Kompetenzen und kultureller Einsichten ist es wichtig, Sprachmittel systematisch und sinnvoll strukturiert einzuführen. Dies nimmt besonders in der Sekundarstufe I einen wichtigen Platz ein.

Der grammatische und lexikalische Lerngang von *English G Access* basiert auf der Grundannahme, dass eine saubere Progression und die Kombination aus induktivem Grammatikerwerb und kommunikationsorientierter Übung zu einer sicheren Beherrschung grundständiger sprachlicher Strukturen führen. Ab Band 3 wurde bereits eine spiralcurricular angelegte, konsequente REVISION wichtiger grammatischer Strukturen vornehmlich in die *Part A* der einzelnen Units integriert. Die genannten Aspekte des Sprachmittelerwerbs (induktiver Erwerb, relevante Übungen und spiralcurriculare Wiederholung) ergänzen sich und vertiefen die Behaltensleistung – sie sollten deshalb unbedingt in der Gestaltung eines systematischen Erwerbsprozesses ihren Platz haben.

English G Access reagiert auf einen zunehmend zeitlich verknappten Englischunterricht und verfolgt drei unterschiedliche Behandlungstiefen bei der Einführung von Grammatik:

1. Die induktive Erarbeitungsweise (*Looking at language*) wird immer eingesetzt, wenn grundständige grammatische Strukturen erworben werden sollen.
2. Weniger komplexe grammatische Strukturen werden deduktiv eingeführt und geübt (*Language help*).
3. Die S erhalten immer wieder Lerntipps und Hinweise, die sie beim Lernen und Üben berücksichtigen sollten (*TIP*).

Der Erwerb von Wortschatz wird konsequent fortgesetzt, bereits erlernter Wortschatz wird kontinuierlich systematisiert und ergänzt. Neuer Wortschatz wird durch umfangreiches Bildmaterial unterstützt und in vielfältigen Übungen angewendet. Das Arbeiten in semantischen Feldern (z. B. SB-Seiten 36, 37, 47) wird dabei zunehmend durch Übungen im Bereich der Wortbildung ergänzt und in relevante Aufgaben bei der Sprachproduktion überführt. Durch die systematische Einführung und Übung von Kollokationen wird der Wortschatz insgesamt auf mehreren Ebenen gefestigt (z. B. SB-Seite 36). Da sich Band 4 mit einer neuen Varietät des Englischen beschäftigt, sind eine ganze Reihe von Aufgaben der Unterscheidung zwischen *British* und *American English* gewidmet (SB-Seiten 17, 57)

3 Das Schülerbuch

Das Schülerbuch besteht aus folgenden Teilen (vgl. SB-Seite 3):

Fünf Units
- Jede Unit hat zwei oder drei *Parts* (vgl. dazu im Detail Kapitel 4).
- Unit 5 fakultativ für G9-Schulen

Vier Lernaufgaben (Your task)
- Unit-bezogene Lernaufgabe mit motivierender Aufgabenstellung
- Anwendungskontext für erworbene Kompetenzen
- interkulturelles Lernen
- Lernstandsdiagnose und passendes Übungs- bzw. Wiederholungsangebot
- Angebote zur *peer-* und *self-evaluation*

In Unit 1 wird keine Lernaufgabe angeboten, weil sich daran direkt das *Kaleidoscope* anschließt, das als Lernaufgabe oder Projekt durchgeführt werden kann (s. o. unter 2.2.2.2).

Text File
- Band 4 bietet erneut das (fakultative) Angebot *Text File*. Hier finden sich unterschiedliche Textsorten, bei denen *reading for fun* im Mittelpunkt stehen soll. Sie sind aus der Wortschatzprogression ausgenommen (Annotationen daher am Fuß der Seite) und nur mit kleineren Arbeitsaufträgen versehen. Im *Text File* zu Unit 1 (SB-Seite 115 f.) findet sich ein Auszug aus dem Jugendroman *Underground New York*, der ggf. auch als Ganzschrift gelesen werden kann. Der Roman steht in der *Cornelsen English Library* zur Verfügung (ISBN 978 978-3-06-032302-9).

More help-Seiten
- Hilfestellung im Rahmen von differenzierenden Aufgaben (niedrigeres Anspruchsniveau)

Early finisher-Seiten
- Zusätzliche Aufgaben für schnellere Lerner; die Lösungen dazu finden sich auf SB-Seiten 258–259.

Skills File
- Methodenkompendium
- detaillierte Beschreibung der eingeführten Lern- und Arbeitstechniken

Grammar File
- Übersicht über Form und Funktion der zentralen grammatischen Strukturen in der Reihenfolge ihrer Einführung im Schülerbuch
- ausführliche Erklärung erworbener Strukturen
- Möglichkeit zur selbständigen Arbeit durch regelmäßige Aufgaben zur Verständnissicherung

- Ergänzung der *Looking at language-*, *Language help-* und *TIP*-Boxen im *Practice*-Teil (enge Verbindung durch Verweissystem)

Vocabulary
- chronologisch organisierter Lernwortschatz im bewährten Dreispaltensystem; das mehrkanalige Lernen wird durch Beispielsätze („3. Spalte") und Illustrationen unterstützt
- Einführung und Erläuterung englischer Laute sowie der Lautschrift
- Merkkästen systematisieren grammatische Phänomene, wie z. B. Reflexivpronomen, um das deutsche Wort „selbst" auszudrücken (SB-Seite 205)
- *Dictionary*
- englisch-deutsches Wörterbuch: alphabetisch sortierte Wortliste des gesamten Wortschatzes aus den Bänden 1, 2, 3 und 4 (Lernwortschatz wird mit Fundstelle angegeben); Hilfestellung bei Texterschließung

Weitere Anhangseiten
- *False friends*
- *List of names*
- *Countries and continents*
- *Irregular verbs*
- *Early finisher-solutions*
- *Operatoren*
- *Giving feedback to your classmates*
- *Feedback phrases* (hintere Buchumschlagseite)

4 Beschreibung der Teile einer Unit und ihrer Funktion

English G Access folgt einem linearen Aufbau. Die Seiten können dabei nacheinander bearbeitet werden. Diese Struktur soll einerseits die Orientierung innerhalb des SB erleichtern, andererseits kann dadurch intensiver an einzelnen Kompetenzen gearbeitet werden. Bei der Gestaltung der einzelnen SB-Seiten wurde Wert darauf gelegt, dass jeweils ein abwechslungsreiches methodisches und kommunikatives Angebot gemacht wird.

Jede der so gestalteten fünf Units umfasst ca. 18 Seiten sowie ein bis zwei Seiten, auf denen die Lernaufgabe (*Your task*) erläutert und evaluiert wird.

Lead-in: Materialseiten pro *Part* (3–4 *Parts*):	die erste Doppelseite in den Units 1 bis 2 Seiten
Practice-Seiten pro *Part* (3–4 *Parts*):	2 bis 4 Seiten
Unit-Text:	2 Seiten
Your task:	1–2 Seiten

Vorwort

4.1 Lead-in

Die erste Doppelseite jeder Unit bietet einen motivierenden und altersgerechten Einstieg in das Thema der jeweiligen Unit. Vornehmlich über Hörverstehenstexte und über Bildimpulse werden die S eingeladen, sich mit ihrem Vorwissen einzubringen und neue Details zu entdecken. Der dazu benötigte Wortschatz wird über erste kleine Aufgaben eingeführt bzw. systematisiert. Im Verlauf der weiteren Unit wird der vorhandene Vokabelbestand ergänzt. Neue grammatische Strukturen werden auf diesen ersten zwei Seiten nicht eingeführt.

Neben der Beschreibung des Gesehenen bzw. Gehörten nimmt auch der interkulturelle Vergleich einen prominenten Platz ein. Die S vergleichen Informationen über das Zielland mit der eigenen Lebenswirklichkeit und formulieren Beobachtungen zu Gemeinsamkeiten und Unterschieden. Damit ist eine erste Sensibilisierung für Fragestellungen des interkulturellen Kompetenzerwerbs angelegt, der im Verlauf der weiteren Unit intensiviert wird.

4.2 Material-Seiten

In *English G Access* hat die Darbietung von zusammenhängenden (Lese-)Texten einen hohen Stellenwert. Im Regelfall besteht jede Unit aus mindestens drei Materialseiten. Bei der Konzeption dieser Seiten wurde dabei bewusst ein erweiterter Textbegriff zugrunde gelegt, sodass eine Fülle unterschiedlicher, altersgerechter Texte und Textsorten zum Einsatz kommt. Neben der inhaltlichen Verbindung zum kulturellen Schwerpunkt der Unit beinhalten diese Seiten auch neu einzuführende Lexik, Grammatik und Redemittel. Diese werden im jeweiligen inhaltlich-thematischen Kontext präsentiert.

Der Aufgabenapparat auf den Material-Seiten dient in erster Linie der inhaltlichen Auswertung der Texte und macht die *storyline* bzw. die thematischen Verbindungen transparent. Von Beginn an wird somit auch Leseverstehen intensiv geschult.

Zusätzlich wurde der Aufgabentypus *Have a go* auf den *Material*-Seiten aufgenommen, der neben den inhaltlichen Aspekten auch die neu einzuführende grammatische Struktur des jeweiligen *Parts* vorbewusst produktiv schult. *Have a go* bildet somit den Übergang zwischen *Material*- und *Practice*-Seiten.

4.3 Practice-Seiten

Die *Practice*-Seiten erfüllen eine Reihe von Funktionen:
– Kognitivierung und (differenzierende) Übung neuer grammatischer Strukturen (*Looking at language*, Übungssequenz, HRU-Seiten 7–8)

– Systematisierung und Festigung von Wortschatz (*WORDS*)
– Vermittlung kultureller Aspekte des Ziellandes (*Background file*)
– Schulung aller kommunikativen Kompetenzen (Symbol-Legende, SB-Seite 3)
– systematische Schulung der Sprachmittlungskompetenz über den kompletten Band hinweg (*Mediation course*)
– Intensive Schulung der methodischen Kompetenzen (*Study skills*) durch Bewusstmachung, Anwendung und vertiefende Wiederholung
– Förderung des sozialen Lernens durch vielfältige Lernarrangements (Auszeichnung über Symbole: Partner- und Gruppenarbeit, kooperative Lernformen und *Partner check*; Symbol-Legende, SB-Seite 3)
– Schulung von Sprachbewusstheit durch *Access to cultures*-Übungen

4.4 Text

Am Ende jeder Lehrwerkeinheit steht weiterhin der Haupttext, der umfangreicher ist als die Texte der Material-Seiten. Er erzählt auf dem Plateau des Erreichten eine motivierende und spannende, lustige oder lehrreiche Geschichte. Da das Lesevergnügen vorrangig ist, wurde bewusst auf unbekannte grammatische Strukturen verzichtet. Im Rahmen des Unittexts in Unit 4 wurde bewusst die mündliche Überlieferungstradition amerikanischer Ureinwohner berücksichtigt, indem der *creation myth „Koluscap and the water monster"* als Hörtext angeboten wird (SB-Seite 92).

In der Begegnung mit den Texten und auch in deren Auswertung werden nochmals Aufgabenformate herangezogen, die kommunikative Kompetenzen vielfältig üben. Verständnissicherung und Textauswertung finden im Rahmen von Aufgaben statt, die auch Formen der Neigungsdifferenzierung ermöglichen: Das Label *You choose* signalisiert den S, dass sie in der produktionsorientierten Auswertung des Haupttextes unterschiedliche Wege gehen können (z. B. SB-Seite 51).

4.5 Lernaufgabe (Your task)

Zum Abschluss jeder Unit (mit Ausnahme der Unit 1) wird eine umfangreiche Lernaufgabe angeboten, die den S nochmals erlaubt, ihr in der Unit erworbenes Wissen in einem motivierenden und interkulturell ausgerichteten Kontext anzuwenden. Mit der Bearbeitung der Lernaufgabe ist somit auch eine Vertiefungsfunktion verknüpft, die einzelne sprachliche und methodische Phänomene in einen funktional-thematischen Kontext einbettet. Für produktive kommunikative Kompetenzen, bei denen meist das Feedback eines Dritten zielführender ist als die eigene Analyse, bietet *English G Access* ab Band 3 einen *Peer evaluation*-Bogen an, der universell für mündliche wie schriftliche Sprachprodukte eingesetzt werden kann (SB-Seite 264). Hiermit stehen der Klasse jederzeit Kriterien für ein qualifiziertes Feedback zur Verfügung, die nicht jedes Mal neu erarbeitet werden müssen und durch den Zugriff über das Schülerbuch verlässlich einsetzbar sind. Die HRU bietet zwei passende Kopiervorlagen (KV 2 und KV 4).

5 Die Begleitmedien

Im Lehrwerkverbund *English G Access* gibt es neben dem Schülerbuch folgende Medien:

5.1 Unterrichten, vorbereiten

Schülerbuch-Lehrerfassung

Neuer Wortschatz und Grammatik sind markiert, Lösungen für geschlossene Aufgaben eingetragen und die Audio-Tracks angegeben. Außerdem gibt es Verweise auf sämtliche jeweils passenden Begleitmedien sowie kleine methodische Hinweise.

Handreichungen für den Unterricht (HRU)

Methodisch-didaktische Erläuterungen und Hinweise zu den Units im SB mit Tafelbildern und Kopiervorlagen sowie einem Glossar. Eine übersichtliche Randspalte enthält Verweise zu den Begleitmedien, Alternativen und weitere Differenzierungsvorschläge.

Workbook-Lehrerfassung

Workbook mit sämtlichen Lösungen sowie Audio-Material und Zugangscode für die interaktiven Übungen.

Audio-CDs

Alle Audio-Tracks des SB auf CD. Im mp3-Format finden Sie Tracks auf der Website, ebenso die Transkripte.

Video DVD

Alle im Schülerbuch vorgestellten Video-Materialien finden Sie auf der DVD. Diese enthält außerdem Clips, die im Rahmen der Leistungsmessung eingesetzt werden können.

Lektüren

Auch zu *English G Access* 4 gibt es zwei passsende Lektüren: *Putting Makeup on the Fat Boy* (Niveau A2). Ein Auszug findet sich im *Text* zu Unit 1 (SB-Seiten 26–29). Außerdem: *Underground New York* (Niveau A2). Ein Auszug findet sich im *Text File* zu Unit 1 (SB-Seiten 115–117). Darüber hinaus bietet die Cornelsen English Library eine große Auswahl an passenden Lektüren: www.cornelsen.de/cel.

Digitaler Unterrichtsmanager

Der Unterrichtsmanager ist ein elektronisches Werkzeug für den Unterricht sowie für die Unterrichtsvorbereitung. Sie navigieren auf den digitalen Seiten des Schülerbuches (Schüler- oder Lehrerfassung) und bekommen dazu seitengenau die passenden Begleitmedien angezeigt. Der Unterrichtsmanager stellt folgende Materialien bereit:
- Audio (mit Transkript)
- Video (mit Transkript)
- *Workbook* Lehrerfassung
- Handreichungen für den Unterricht
- *Vocabulary and Language Action Sheets*

Als weitere Zusatzmodule stehen die Vorschläge zur Leistungsmessung sowie die Fördern & Fordern-Materialien zur Verfügung.

Das digitale Schulbuch sowie den Unterrichtsmanager mit sämtlichen Materialien finden Sie auch auf www.scock.de.

www.englishg.de/access

Hier finden Sie eine Reihe von zusätzlichen Materialien zum kostenlosen Download: Stoffverteilungspläne und Synopsen, die Toolbox mit einer Textsammlung, Lösungen, Transkripte zu Video und Audio (aus Schülerbuch sowie Workbook).

www.cornelsen.de/inklusion

Hier finden Sie allgemeine Hinweise zum Thema Inklusion, Fachliteratur sowie Hinweise zu Ihren Lehrwerken beim Einsatz im inklusiven Unterricht.

5.2 Diagnostizieren, fördern, prüfen

Vorschläge zur Leistungsmessung

Als editierbare Word-Dateien steht mit den Vorschlägen zur Leistungsmessung ein umfangreicher Aufgabenpool zur Verfügung. Zahlreiche Aufgaben sind eng mit den Materialien im Fördern & Fordern-Ordner verschränkt, sodass S im Vorfeld oder im Anschluss an eine Klassenarbeit individuell passendes Material zur Wiederholung und Vertiefung bearbeiten können.

Vorwort

Fördern & Fordern

In einem Ordner haben wir für Sie eine Fülle von Materialien zusammengestellt, die auf drei Niveaus differenziert sind. Die Lernlandkarten helfen L und S, die Lernfelder in jeder Unit im Blick zu behalten. Die Ergebnisse auf diesen Selbsteinschätzungsbögen oder die Resultate der Klassenarbeiten führen durch ein klares Verweissystem zu individuell passenden Aufgaben.

Vocabulary and Language Action Sheets

Diese Sammlung bietet Kopiervorlagen, mit deren Hilfe sich grammatische Strukturen und Wortschatz erarbeiten und vertiefen lassen. Die *Vocabulary Action Sheets* lassen sich auch gut anstelle eines Vokabelheftes einsetzen.

Diagnose und Fördern-Online

Über *scook* (www.scook.de/diagnose) vernetzen Sie sich mit ihren S im virtuellen, geschützten Klassenzimmer, weisen ihnen Aufgaben zu oder kontrollieren den Lernfortschritt mit Hilfe des Diagnosetests zu *English G Access*. Sie wählen den passenden Test aus und weisen ihn ihren S zum Bearbeiten zu. Eine automatische Auswertung gibt einen schnelleren Überblick über die Fähigkeiten ihrer S und bildet die Basis für eine gezielte individuelle Förderung.

5.3 Für Schüler/innen: Üben, vertiefen, nachschlagen

Hörtexte aus dem SB

Schüler/innen finden eine Auswahl der Hörtexte auf der Website zum Download.

Workbook

Das Arbeitsheft zum Vertiefen und Wiederholen mit Audio-Material. Die Aufgaben decken systematisch alle Kompetenzen, Strukturen und Wortschatz ab. Das *Workbook* enthält außerdem acht Seiten mit *Wordbanks* zu folgenden Themen: *Neighbourhood, Food, Natural disasters, Education, Jobs, Celebrations, Phrases for communicating I+II*. Die Seiten wurden in die Mitte des *Workbook* geheftet, sodass sie am Ende des Schuljahres herausgenommen und weiterverwendet werden können.

Interaktive Übungen

Das *Workbook* gibt es auch in der Variante mit interaktiven Übungen. Diese können entweder über die CD aufgerufen werden, die dem *Workbook* beiliegt, oder online auf der Plattform SCOOK angesteuert werden; dafür findet sich im *Workbook* auf der ersten Seite ein Zugangscode. Alle Übungen sind auf drei Niveaustufen differenziert.

Grammar and Skills 3/4

Hier finden S die *Grammar-* und *Skills Files* aus dem Schülerbuch zum Nachschlagen zusammengestellt, erweitert um einen umfangreichen Übungsteil zur Grammatik der ersten vier Lernjahre.

Klassenarbeitstrainer

Zur selbstständigen Vorbereitung auf Klassenarbeiten.

Wordmaster

Vertiefende Wiederholung des Wortschatzes. Die Vokabeln werden in unterschiedlichen Kontexten, auch spielerisch, präsentiert.

Vokabeltaschenbuch

Das chronologische *Vocabulary* aus dem Schülerbuch im Mini-Taschenbuchformat.

Vokabel-App

Vokabeltrainer fürs Handy mit seitengenauer Vokabelauswahl, Üben mit intelligenter Karteikastenlogik, Prüfungstraining und Wörterbuch. Alle Vokabeln sind vertont. Außerdem enthält die App eine Funktion, mit der sich Fotos vom Handy direkt zu einer Vokabel einfügen lassen. Herunterzuladen aus allen gängigen App-Stores.

phase 6

Der komplette Wortschatz des Lehrwerks steht auch als Modul auf der Website www.phase6.de zur Verfügung.

www.englishg.de/access

Auf der Website finden die S ausgewählte Audio-Tracks aus dem Schülerbuch, die Videos zum *Kaleidoscope* (SB-Seiten 30–31), die www-Materialien, die im Schülerbuch ausgewiesen sind, sowie die Lösungen zum *Grammar and Skills*-Heft.

6 Exemplarische Stoffverteilung
English G Access, Band 4

6.1 Übersicht über das Schuljahr

Ein Schuljahr umfasst ca. 38 Unterrichtswochen. Daraus ergeben sich bei

	4 Wochen-stunden	5 Wochen-stunden
	152 Stunden	190 Stunden
abzüglich 10 % mutmaßliche Ausfälle	15 Stunden	19 Stunden
verbleiben	**137 Stunden**	**171 Stunden**

6.2 Beispiel für eine Stoffgrobplanung (5 Units)

	4 Wochen-stunden	5 Wochen-stunden
Für fünf Units + Kaleidoscope	114 Stunden	130 Stunden
Für vier Klassenarbeiten (inkl. Besprechung)	8 Stunden	8 Stunden
Für Your task, Text File, Kaleidoscope, Lektüre etc.	15 Stunden	33 Stunden
ergeben	**137 Stunden**	**171 Stunden**

6.2.1 Beispiel für eine Stoffgrobplanung (4 Units)

	4 Wochen-stunden	5 Wochen-stunden
Für vier Units + Kaleidoscope	94 Stunden	108 Stunden
Für vier Klassenarbeiten (inkl. Besprechung)	8 Stunden	8 Stunden
Für Your task, Text File, Kaleidoscope, Lektüre, Individualisierung etc.	35 Stunden	55 Stunden
ergeben	**137 Stunden**	**171 Stunden**

6.3 Empfohlene Stundenzahl

Für Unit 1	22 Stunden	26 Stunden
Für Kaleidoscope	6 Stunden	8 Stunden
Für Unit 2	22 Stunden	22 Stunden
Für Unit 3	22 Stunden	26 Stunden
Für Unit 4	22 Stunden	26 Stunden
Für Unit 5 *	20 Stunden	22 Stunden
ergeben	**114 Stunden**	**130 Stunden**

* Unit 5 ist als fakultative Unit konzipiert, die in G8 unterrichtet wird, in G9 allerdings nicht zwingend notwendig behandelt werden muss.

Anmerkungen zu dieser Planung

Die Stundenverteilung basiert auf einer zügigen Unterrichtsdurchführung. Zusätzlich eingeschobene Konsolidierungsphasen werden nicht veranschlagt. Fakultative Teile des Schülerbuch sowie Begleitmedien werden ebenso wenig einbezogen wie Phasen der Freiarbeit oder der Projektarbeit außerhalb des Schülerbuch.

6.4 Vorschlag für einen Verlaufsplan
English G Access, Band 4, Unit 3
(4 Wochenstunden):

Diesem Verlaufsplan liegt ein Vorgehen zugrunde, das genau die Abfolge im Schülerbuch nachvollzieht. Die vorgeschlagene Stundenverteilung ist nicht als Norm anzusehen.

Vorwort

Unit 3: The Golden State

Stunde	Unit-Teil, Seite	Practice	EXTRA	Grammar- Text-/ Skills File/ MyBook
1./2.	Lead-in, 54/55			
3.	Part A, 56	P 1a (S.57)		
4.	Part A, Practice 57	P1b/ c)-3	Access to cultures	
5.	Part A Practice, 68	P 5–6	P 4	Grammar File 5.1–5.2 (S. 178)
6.	Part A Mediation course 59	P 3	www	Study skills SF 12 (S. 161)
7.	Part B 60			Text File 4
8./9.	Part B, 61			
10.	Part B Practice, 62	P 1–3		Grammar File 5.3 (S. 179 f.)
11./12.	Part B The world behind the picture		Back-ground file 64/65	
13.	Part C, 66			
14./15.	Part C, 67			
16.	Part C Practice, 68	P 1–3		Grammar File 5.2 (S. 178)
17./18.	Part C Practice, 69			Skills File SF 6 (S. 157 f.);
19./20.	Text, 70–72		3	MyBook
21.	Your task, 73			Task & home-work
22.	Your task, 73			Feedback / final draft

18

Unit 1

Inside New York

Kommunikativer Kompetenzschwerpunkt	**Listening:** Im Mittelpunkt der Unit stehen der Ausbau und die Schulung des Hörverstehens. Die S können … einem Hörtext Informationen über New York entnehmen und die Äußerungen Personen auf Bildern zuordnen (SB-Seite 10, 1b)–c), 2a), SB-Seite 24, 1) · einem Hörtext Informationen über die Gefühle der Protagonisten einer Geschichte entnehmen (SB-Seite 18–19, 3b))
Sprechabsichten	Fragen zu einem Bild beantworten (SB-Seite 10, 1a)) · über bestimmte Orte und Dinge in New York sprechen (SB-Seite 10–11, 1a); SB-Seite 10, 2b)) · über ihre Eindrücke, die sie mittels eines Musikvideos über New York gewonnen haben, sprechen (SB-Seite 11, 3b)) · über die handelnden Personen einer Geschichte sprechen (*their hobbies, their school, their personalities*) (SB-Seite 15, 2) · über die *Twin Towers* sprechen (SB-Seite 15, 3a)) · über die Haltung der Protagonisten einer Geschichte zum *9/11 Memorial* sprechen (SB-Seite 15, 3b)) · die Atmosphäre und Handlungen einer Bildergeschichte beschreiben (SB-Seite 18–19, 1+2) · Spekulationen über das Ende einer Geschichte anstellen (SB-Seite 18–19, 3a)) · sagen, was die Protagonisten einer Geschichte gern tun und worin sie (nicht) gut sind (SB-Seite 18–19, 4)
Schreibanlässe	die Beziehung zwischen zwei Charakteren einer Geschichte erfassen und weiterspinnen, indem sie einen Dialog schreiben oder eine Bildergeschichte dazu gestalten (SB-Seite 28, 2)
Language skills	**Grammatische Strukturen**: *REVISION Parts of speech · Gerund as subject · Gerund as object · Gerund after prepositions* **Wortfelder:** *American English / British English* **Mediation course:** *Finding and explaining key information* (SB-Seite 16)
Study skills	**Giving feedback on a presentation.** (SB-Seite 25)
Kooperative Lernformen	*Buzz group* (SB-Seite 19, 2)) · *Partner A and B activity* (SB-Seite 21, 4)) · *Placemat* (SB-Seite 23, BF 2b))
Hör-/Sehverstehen: The world behind the picture	**New York sights.** Über Sehenswürdigkeiten sprechen (SB-Seiten 12–13, 1) **People and places.** Einem Film ohne Ton Informationen über Orte entnehmen und aus einem Film mit Ton die Gedanken und Gefühle der Protagonisten erfassen (SB-Seiten 12–13, 2) **Making the film: Music.** Sich ein erstes Verständnis für die Funktion von Musik als filmisches Mittel erarbeiten (SB-Seiten 12–13, 3) **Hanging out in Brooklyn.** Informationen über Protagonisten und Handlungsort aus einem Film herausarbeiten (SB-Seiten 12–13, 4)
Access to cultures	**Foreign words** (SB-Seite 22)
Portfolioarbeit: MyBook	einen Dialog oder eine Bildergeschichte schreiben (SB-Seite 29, 2b))

Unit 1   Arrival USA

KOMMUNIKATIVE KOMPETENZEN
Die S können …
Sprechen: mit Hilfe eines Bildimpulses Ideen verbalisieren, was sie in New York sehen und tun können und formulieren, was sie in den USA noch tun können bzw. wohin sie gerne gehen würden (SB-Seiten 8–9)

S. 8–9

TIPPS FÜR IHRE PLANUNG
Mit Hilfe der ersten Doppelseite *Arrival USA* stimmen die S sich auf den landeskundlichen Schwerpunkt von *Access Band 4* ein, die Vereinigten Staaten von Amerika. Sie aktivieren ihr Vorwissen und ihren Wortschatz. Dabei führt die exemplarische Auseinandersetzung mit dem Luftbild von New York zur generellen Thematisierung und Aktivierung der S-Assoziationen im Hinblick auf die Vereinigten Staaten.

ERARBEITUNG 1
SB geöffnet. Die S betrachten das Foto und lesen gemeinsam den ersten Teil der Aufgabe. L sammelt Ideen an der Tafel.
L: Look at the picture. What do you expect to see and do in this city?

MUSTERLÖSUNG
I expect to see…
… lots of skyscrapers/many cars, people/many museums/crowded places/people of different nationalities, cultures/…

I expect to…
… try lots of different activities that a big city offers you/have a great time/meet lots of people/eat lots of food I don't know/enjoy concerts, musicals/…

ERARBEITUNG 2
SB geöffnet. Dann bearbeiten die S in PA den zweiten Teil der Aufgabe, tauschen sich mit einem anderen Paar aus, notieren Gemeinsamkeiten und Unterschiede. Diese werden abschließend im Plenum gesammelt.

MUSTERLÖSUNG
other images: cities on the West coast/in California (San Francisco, Los Angeles), National Parks – wide land, wild animals, Rocky Mountains (great view, high mountains), Disney World, …

Lead-in Unit 1

KOMMUNIKATIVE KOMPETENZEN

Die S können …

Hören: einem Hörtext Informationen über New York entnehmen und die Äußerungen Personen auf Bildern zuordnen (SB-Seite 10, 1b)–c), 2a))

Sprechen: Fragen zu einem Bild beantworten (SB-Seite 10, 1a)) · über bestimmte Orte und Dinge in New York sprechen (SB-Seite 10–11, 1a)) (SB-Seite 10, 2b)) · über ihre Eindrücke, die sie mittels eines Musikvideos über New York gewonnen haben, sprechen (SB-Seite 11, 3b))

Lesen: einen Songtext verstehen (SB-Seite 11, 2a))

TIPPS FÜR IHRE PLANUNG

Im *Lead-in* beschäftigen sich die S mit New York, zunächst über fünf exemplarische New Yorker Menschen in der U-Bahn, die sie beschreiben und deren Gedanken sie hören. Die Bildbeschreibung können die S als vorbereitende HA erarbeiten. Der Videoclip zum Beastie Boys-Song *An open letter to NYC* soll den S primär als (bewegter) visueller Impuls dienen. Am Ende des *Lead-in* kann der Clip für eine kreative Aufgabe genutzt werden.

➜ FöFo 1.1

➜ Interaktive Übungen zum Workbook 1.1

INFO-BOX

The Beastie Boys were an American hip hop/rap rock band from New York City. The group formed in 1981 and broke up in 2014 after the death of vocalist and bassist Adam Yauch. The Beastie Boys began as a hardcore punk band, but went on to create an individual style by mixing genres like hip hop and rap rock. They influenced many other hip hop and rock bands and in 2012 were just the third rap group to enter the Rock and Roll Hall of Fame. Their song "An Open Letter to NYC" from 2004 celebrates their hometown while also making reference to the events of 9/11.

EINSTIEG

SB geschlossen. L: How do you imagine New Yorkers to be? (S: I think they're cool/open/(un)friendly/do not know their neighbours/…) Let's meet some typical New Yorkers.

1 New Yorkers 🎧

NEUER WORTSCHATZ

borough · central · statue · liberty · subway *(AE)* **· square**

ERARBEITUNG

a) 👥 **SB geöffnet.** Die S beschreiben das Bild im Plenum, L notiert mit Blick auf **1b)** an der Tafel v.a. die Ideen zum Punkt "what they might be thinking about".

L: Let's have a look at the picture. We can see five New Yorkers here. Please describe the picture.

Hinweis: L achtet auf den korrekten Gebrauch des *present progressive*.

➜ SF 17: Describing and presenting pictures (p. 164)

Alternative

Die S erledigen die Bildbeschreibung als vorbereitende HA und tauschen sich im Unterricht in PA dazu aus.

MUSTERLÖSUNG

In the picture we can see five adults who are sitting in a subway car. The photo was probably taken in winter because the people are wearing warm clothes, like coats for example. There are two women and three men. On the left there's a young man with a cap on his head. He might be a Latino. He's staring at his bag on his knees, or maybe he isn't looking at anything really. Next to him there's a young African American man who is wearing a warm coat and a hoodie. He has his eyes closed. Maybe he's sleeping. In the centre of the picture there's another young man. He's wearing glasses and headphones. He's looking at his tablet, probably reading. Next to him there's an Asian woman who is reading a magazine. On the right, next to the Asian woman, there's an older woman with red hair and a blue coat. She's staring as if she's thinking about a lot of things. She doesn't really look happy.

21

Unit 1   Lead-in

ERARBEITUNG
b) SB geschlossen. 1. Hören (Globalverstehen). Die S hören die Gedanken der fünf New Yorker und ordnen die einzelnen Beiträge den entsprechenden Personen zu.
👥 Anschließend vergleichen sie ihre Ergebnisse.

→ 1 ▷ 02–06 Transkript online

MUSTERLÖSUNG
1 Asian man · 2 White (Latino) man · 3 White woman (older, on the right) ·
4 African American man · 5 Asian woman

ERARBEITUNG
c) SB geschlossen. 2. Hören (Detailverstehen). Gemäß SB. L kann vorab ein Raster verteilen (entsprechend der Musterlösung) und die S ergänzen beim Hören die Lösungen.
👥 Die S vergleichen ihre Ergebnisse in PA.

MUSTERLÖSUNG

	What the people think,	feel	and why
Asian man	about pictures he's looking at on his tablet	amused, happy, embarrassed	The pictures are nice and funny, but there are some embarrassing ones he doesn't want to have posted online.
White (Latino) man	about a girl he met	sad, excited	The girl hasn't given him a call yet. He has an idea for a date with her.
White woman	about Tania (probably her daughter) and her family	happy, sad	She's thinking of the last weekend with her family. Her family lives in Coney Island, which is quite far from where she lives. So she doesn't see her family very often, although she would like to.
African American man	his last gig	happy and proud	The gig was really good. It was somewhere near 5th Avenue and the city looked beautiful.
Asian woman	about flying to the Caribbean	cold and a bit sad	The weather in NYC is very cold and she's dreaming of flying to the Caribbean, but she doesn't have the money for it.

AUSWERTUNG
Die Auswertung erfolgt im Plenum. Anschließend gleichen die S mit Hilfe des TB ihre Spekulationen aus **1a)** mit den tatsächlichen Gedanken der New Yorker auf dem Foto ab.
L: How close were your ideas at the beginning to what the people are really thinking about?

→ FöFo 1.1

→ Interaktive Übungen zum Workbook 1.1

Lead-in Unit 1

2 You and New York

ERARBEITUNG
a) SB geöffnet. Bearbeitung gemäß SB ohne erneutes Hören.

MUSTERLÖSUNG
1 Asian man: Central Park
2 White (Latino) man: Brooklyn, Upper East Side
3 White woman: Coney Island
4 African American man: Empire State Building
5 Asian woman: Chinatown, JFK

ERARBEITUNG
b) 👥 **SB geöffnet.** Die S suchen in Kleingruppen reihum jeweils die Orte auf der Karte im vorderen Umschlag des SB, sammeln ihr Wissen und notieren einzelne Punkte. Abschließend vergleichen sie ihre Ergebnisse mit einer anderen Gruppe.

AUSWERTUNG
Die Auswertung bzw. Präsentation der Ergebnisse erfolgt im Plenum.

Weitere Differenzierung
3. Hören. In leistungsschwächeren Lerngruppen wird der Text ein drittes Mal vorgespielt.

Alternative
Die S erarbeiten in Gruppen à 2–3 S einen ▶ *One-minute talk* über je einen der Orte aus der Liste und erstellen zusätzlich ein Plakat, das im Klassenraum aufgehängt wird. L steuert die Verteilung der Themen, damit nicht alle Gruppen zum selben Thema arbeiten.

➡ FöFo 1.1
➡ Interaktive Übungen zum Workbook 1.1

3 An open letter to NYC ▶

NEUER WORTSCHATZ
°Asian · °Middle Eastern · °Latin · °(to) make it happen · °brownstone · °prize fighter · °trader · °subway car · °diversity · unified

ERARBEITUNG
a) SB geöffnet. 1. Lesen. Die S lesen gemeinsam den Textauszug.
L: Can you sum up the lyrics in one sentence?
S: They're about how different people in New York are.
L: What are the names of the five boroughs of New York? Can you find the five boroughs on the map on the inside front cover? (Manhattan, Staten Island, Brooklyn, Queens, the Bronx)

ERARBEITUNG
b) 👥 **SB geschlossen. 1. Sehen** (Globalverstehen). Die S tauschen sich in Kleingruppen zu dem Eindruck aus, das sie über das Video von New York bekommen.

➡ Transkript des Liedtextes online

MUSTERLÖSUNG
b) New York is … hectic/fast/cool/full/crowded/big/grey/colourful/…
There are/is … many people/many cars/a lot of traffic/…

ERARBEITUNG
c) Gemäß SB.

MUSTERLÖSUNG
– Lots of people of different cultural backgrounds live in New York. They all come together in the subway cars. This can be seen in both the video and the book, and the Beastie Boys sing about it. (*"We come together on the subway cars, Diversity unified, whoever you are."*)
– A lot of the places that the people in the subway mentioned can be seen in the video.
– The Beastie Boys are proud of New York, like the African American man in the subway.

➡ Workbook 1 (p. 2)

Unit 1 ▷ The world behind the picture

S. 12–13

INFO-BOX

The Empire State Building is a 102-storey skyscraper in Manhattan, New York City. The building rises to 381 m, or 443 m including its antenna. For 23 years after its completion in 1931, it was the tallest human-made structure in the world.

The Statue of Liberty is a huge sculpture on Liberty Island in New York's harbour. It was built by Gustave Eiffel, who also built the Eiffel Tower in Paris, as a gift to the USA (1886) from the people of France. The statue is a 93-metre-high representation of the Roman goddess Libertas. Dressed in a robe, she holds the code of law in her left hand while lifting a torch high in her right hand. The Statue of Liberty is seen as a symbol of freedom and is perhaps the best-known icon of the USA. It was the first building European immigrants saw when they arrived in New York by ship.

Central Park, an 845-acre (3.41-km^2) green area in the heart of Manhattan, opened in 1857. Some 37.5 million people visit the park annually, making it one of New York's most popular attractions. The park includes a variety of lakes and ponds, 36 bridges, several walking tracks and two ice-skating areas.

The Brooklyn Bridge is a suspension bridge and one of the oldest bridges of its kind in the USA. Completed in 1883, it connects the boroughs of Manhattan and Brooklyn, spanning 487 metres across the East River. It carries six lanes of car traffic as well as dedicated lanes for pedestrians and bicycles.

Times Square is located at the junction of Broadway and 7th Avenue. It is famous for its huge, colourful (and nowadays digital) billboards and commercials. Every year approximately 50 million people pass through Times Square, or about 330,000 a day. New York's big New Year's Eve celebration takes place here, with the Times Square Ball descending 43 metres in the final minute of the year and reaching the ground at the stroke of midnight to the cheers of about one million revellers.

1 New York sights

ERARBEITUNG

SB geöffnet. Die S erhalten zwei Minuten Zeit, sich zu den *New York sights* auf den Bildern Notizen zu machen und zu überlegen, was sie dort tun könnten. Sie tauschen sich in PA zu ihren Ergebnissen aus und prüfen mit Hilfe der Karte im SB, wie weit die einzelnen Sites voneinander entfernt sind. Auswertung im Plenum.

MUSTERLÖSUNG

A: Empire State Building – I could take the elevator to the top of the building and have a look at New York from above.

B: Statue of Liberty – I could climb the Statue of Liberty.

C: Central Park – I could have a walk in Central Park, relax and have a picnic there.

D: Brooklyn Bridge – I could walk over Brooklyn Bridge, ride a bike and take a tour around Brooklyn.

E: Times Square – I could take the subway to Times Square and take a picture of all the lights.

➜ FöFo 1.2

2 People and places

NEUER WORTSCHATZ
metal

ERARBEITUNG

a) SB geöffnet. 1. Sehen (▶*Silent viewing*). Die S betrachten die vier Filmclips zunächst ohne Ton und notieren, welche Art von Gegend sie jeweils sehen können.

👥 Anschließend vergleichen und ergänzen die S ihre Notizen.

➜ Transkript online

📝 **KV 1: The world behind the picture – New York.** Die S nutzen die KV für ihre Notizen. Sie bietet ein vorgefertigtes Raster, in das die S Stichpunkte zu **2a), 2b)** und **3** eintragen können. Es empfiehlt sich, die KV beim Kopieren auf A3 zu vergrößern, damit die S mehr Platz zum Schreiben haben.

24

▶ The world behind the picture   Unit 1

ERARBEITUNG
b) SB geöffnet. 2. Sehen (*with sound*). Gemäß SB.

➜ Transkript online

MUSTERLÖSUNG

Part	Area	Thoughts, feelings
1	− Brooklyn Bridge, large suspension bridge − narrow streets − old buildings − metal fire steps	− remembers his family's origin − has lived in NYC (Lower East Side) all his life − lots of immigrant families live there − loves his neighbourhood and NYC
2	− Chinese signs − many small shops − very crowded, lots of people on the street − little park	− does her shopping routine − slightly stressed and busy − tired, looks for a place to relax
3	− downtown − skyscrapers, Empire State Building, Times Square − lots of (neon) lights at night − crowded places − Central Park seems large and wide	− impressed by the famous buildings and places − fascinated by the atmosphere − enthusiastic
4	− subway − wide pavement − small houses − he sits in the street	− lights give him a headache − speaks and moves slowly, wonders about people who are moving and don't have time − is fed up with the noise, cannot sleep, wants silence

3 Making the film: Music

ERARBEITUNG
3. Sehen. Die S konzentrieren sich auf den Einsatz von Musik als stilistisches Mittel.

MUSTERLÖSUNG
1: piano music, sounds like from old times, matches the film because the narrator is telling us something about his memories and his family
2: swing music, violin, up-tempo, sounds hectic, reflects the stressed narrator's thoughts
3: trumpet, jazzy 60s music, up-tempo, hectic, reflects the narrator's enthusiasm and his feeling of being overwhelmed
4: slow and sad piano music, reflects the narrator's wish for silence, his sadness and tiredness

AUSWERTUNG
Die S tauschen sich im Plenum zu ihren Ergebnissen aus. Als Fragen zur Metareflexion bieten sich abschließend folgende an:
What was different when you watched the film without sound and with sound?
What effect do the music and voice-over have on us (the people who watch the film)?

Unit 1 ▸ The world behind the picture

4 Hanging out in Brooklyn

NEUER WORTSCHATZ
(to) **hang out, hung, hung** *(infml)*

ERARBEITUNG
a) SB geöffnet. 1. Sehen (Teil 1). Die S sehen den Clip und notieren gemäß SB was für Kleidung die Protagonisten des Films tragen, was sie tun, essen und worüber sie sprechen.

LÖSUNG

Wearing	cool and relaxed clothes, trendy sneakers
Doing	hanging out on a stoop, chatting, laughing, beatboxing
Eating	pizza with cheese
Talking about	gossip, the pizza and which stoop to sit on the next time

ERARBEITUNG
b) SB geöffnet. Die S spekulieren, welche weiteren Aktivitäten die Freunde in dem Clip noch unternehmen könnten. Diese notieren sie dann gemeinsam an der Tafel.

MUSTERLÖSUNG
go swimming, go to the cinema, visit some sights, have a party, go to a restaurant, play basketball, …

ERARBEITUNG
c) 👥 **SB geöffnet. 1. Sehen (Teil 2).** Die S sehen den zweiten Teil des Films und notieren sich, was die Protagonisten tun. Anschließend vergleichen sie in Kleingruppen ihre Ideen aus **b)** mit ihren Notizen aus **c)**. L macht auf das Sprachmuster im Buch aufmerksam.

ERARBEITUNG
d) 👥 **SB geöffnet. 2. Sehen.** Gemäß SB.

MUSTERLÖSUNG
What's special about streetball?
Who helps you if you're fouled?
How far is it to Coney Island from Brooklyn?
What does Coney Island look like?
What does the girl want to order in the restaurant?

ERARBEITUNG
e) 👥 **SB geöffnet.** Gemäß SB. **3. Sehen.**

ERARBEITUNG EXTRA
Die S tauschen sich im Plenum zur Frage im SB aus.

Weitere Differenzierung
In leistungsschwächeren Lerngruppen kann dies arbeitsteilig erledigt werden.

➜ Transkript online

➜ Transkript online

➜ Workbook 2 (p. 3)

Alternative
Die S verfassen einen kurzen Text zur Frage als HA.

26

Part A   Unit 1

KOMMUNIKATIVE KOMPETENZEN

Die S können …

Lesen: einem Text Information zu den handelnden Personen entnehmen (SB-Seite 14–15, 1+2) · einem Sachtext Informationen entnehmen (SB-Seite 15, 3a))

Sprechen: über die handelnden Personen einer Geschichte sprechen (*their hobbies, their school, their personalities*) (SB-Seite 15, 2) · über die *Twin Towers* sprechen (SB-Seite 15, 3a)) · über die Haltung der Protagonisten einer Geschichte zum *9/11 Memorial* sprechen (SB-Seite 15, 3b))

S. 14–15

INFO-BOX

One World Trade Center (also known as the **Freedom Tower**) is the name of the main building of the new World Trade Center complex in Lower Manhattan, New York City. It is the tallest skyscraper in the Western world and the sixth-tallest in the world overall. The Freedom Tower was designed by David Childs and Daniel Libeskind. It is 104 storeys and 541.3 metres high, and is served by 73 elevators. It was completed in July 2013 at a cost of 3.9 billion US dollars and was opened in November 2014 by President Barack Obama.

---

1 Rivers, towers and waterfalls

NEUER WORTSCHATZ

locker · high school · railing · shot · pressure · °pool · newspaper (*kurz auch:* paper) · block · backpack (*BE auch:* rucksack) · (to) roar · man-made · °(to) cover · where the towers used to be · Box "… used to be/do …", *Voc.*, SB-Seite 173 · rose · foot, *pl* feet · (to) arrest · °(to) get arrested · °attack · awesome (*bes. AE, infml*) · (to) lean · inch · °(to) joke · elevator (*bes. AE, BE auch:* lift) · cemetery · I'd better … (= I had better …) · °heavy · I guess …

→ Audio online

EINSTIEG

SB geöffnet. Die S betrachten das Bild und spekulieren, was die drei Personen sagen.

L: What do you think the girl, the boy and the policeman in the picture are saying?

MUSTERLÖSUNG

Boy: Look, there's my wallet. It fell down. How can I get it now?
Policeman: Be careful, it's very high.
Girl: All our money is in there.

ERARBEITUNG

SB geöffnet. 1. Lesen. Die S lesen den Text zunächst still und schlagen unbekannte Wörter nach. Anschließend formulieren sie fünf *True/False*-Sätze und tauschen diese mit einem Partner aus.

MUSTERLÖSUNG

Alex is with them at the memorial. (That's false. He's on his way home.)
The school bell rings at half past three. (That's true.)

Weitere Differenzierung

In leistungsschwächeren Lerngruppen wird der Text in kleinen Abschnitten gelesen und durch Verständnisfragen im Plenum geklärt.

→ FöFo 1.3

27

Unit 1 Part A

2 Three kids from NYC

ERARBEITUNG
SB geöffnet. 2. Lesen. Die S sammeln in Stillarbeit Informationen über Hobbies, Schule und Persönlichkeit. Zur Zeitökonomie kann L vorab ein entsprechendes Raster austeilen.

👥👥 Die S tauschen sich in PA zu ihren Ergebnissen aus, korrigieren und/oder ergänzen diese.

MUSTERLÖSUNG

	Jasmine	Alex	Tyler
Hobbies	drawing pictures	playing chess	taking photos
School		Stuyvesant High School	
Personality	doesn't like high school very much	excited, nervous about the competition, gets a lot of pressure from his parents	knows a lot, shy, interested in photography

🎧 **Alternative**
In leistungsstärkeren Lerngruppen kann diese Aufgabe als Hörverstehensübung bearbeitet werden. Eine Auswertung sollte dann im Plenum stattfinden. Ebenfalls eine Reflexion über Schwierigkeiten beim Hörverstehen und wie man diesen begegnen kann.

➜ FöFo 1.3

3 The past and the present `You choose`

NEUER WORTSCHATZ
°twin · **storey**, *pl.* **storeys** *(BE)*, **story**, *pl.* **stories** *(AE)* · **Box "German Stock(werk)"**, *Voc.*, SB-Seite 198 · **indoor** · **observation deck** · **terrorist** · (to) **crash** · (to) **collapse**

ERARBEITUNG
a) SB geöffnet. 1. Lesen. Die S lesen zunächst den Informationstext über die *Twin Towers*.

👥👥 Sie präsentieren ihrem Partner frei, an was sie sich erinnern können, nachdem sie ihre Bücher geschlossen haben. Um dies abwechslungsreich zu gestalten und einen ausgeglichenen Sprechanteil herzustellen, fängt ein S an, eine Information wiederzugeben, dann ist der zweite S dran. Dies geschieht abwechselnd, bis die S sich an nichts Weiteres erinnern können.

ERARBEITUNG
b) 👥👥 **SB geöffnet.** Die S vergleichen die Standpunkte von Tyler und dem Polizisten und spekulieren, ob Tylers Meinung sich verändert hat. Die S erarbeiten dies paarweise und vergleichen abschließend mit einem weiteren Paar.

MUSTERLÖSUNG
Tyler: At first, he only has eyes for the size of the memorial. He is impressed by the 30-foot-deep pool and thinks it's awesome. He doesn't care about the history/background of the memorial.
Policeman: He tells the kids about the World Trade Center and the tragic attack in 2001. He wants to show Jasmine and Tyler that it's a memorial which reminds us of the thousands of victims in 2001. To him it's like a cemetery where some of his friends are buried.
Does Tyler's view change? – It's hard to say. At least he knows und understands what the policeman wants to show him and Jasmine.

➜ FöFo 1.3

➜ Workbook 3 (p. 3)

➜ Interaktive Übungen zum Workbook 1.2

ERARBEITUNG (www)
Follow the link bietet Informationen und Fotos zu weiteren Hochhäusern in New York und kann als *Early finisher* nach der Bearbeitung von **3** genutzt werden.

➜ Text File 1 (p. 114)

➜ www.englishg.de/access

28

Mediation course — Key information — Unit 1

S. 16

TIPPS FÜR IHRE PLANUNG

Im *Mediation course* setzten sich die S inhaltlich mit einem Flyer über das Memorial auseinander. Die Ausgangssituation ist ein fiktiver Urlaub mit den Eltern und die S beantworten auf Deutsch Fragen der Eltern über den anstehenden Besuch.

Im Hinblick auf die Kompetenzschulung greifen die S auf ihnen bekannte Skills wie *scanning* und *taking notes* mit Blick auf die Kompetenz *mediation* zurück. Bei der unterrichtlichen Erarbeitung sollte den S genügend Zeit gegeben werden, um in ihrem individuellen Arbeitstempo voranschreiten zu können, des Weiteren sollte die Aufgabe und die Vorgehensweise der S abschließend ausführlich evaluiert und besprochen werden, so dass die S Erkenntnisse für die folgenden Sprachmittlungsaufgaben notieren können.

➡ FöFo 1.2
➡ Interaktive Übungen zum Workbook 1.3

NEUER WORTSCHATZ

°plaza · °once · °(to) rush down · °victim · °panel · °exhibition · °in addition · °original · °free of charge · °(to) last · °on average · °essential · °daily · °admission · °arrow · °entrance · °under-18s · °reductions · °senior · °college · °veteran

EINSTIEG

Die S finden sich in das Thema ein, indem L fragt, ob sie ihren Eltern im Urlaub schon einmal mit ihren Englischkenntnissen helfen konnten. Gemeinsam lesen die S die Ausgangssituation der Aufgabe.

ERARBEITUNG

1–5 SB geöffnet. Die Bearbeitung erfolgt im ►*Bus stop*-Verfahren, denn die Aufgabe kann bei den S unterschiedlich lange dauern. Somit stellt L sicher, dass jeder S ausreichend Zeit hat. Nach **3** gehen die S zum ersten Mal zum ►*Bus stop* und finden einen Partner. Mit diesem vergleichen sie **3** und bearbeiten im Anschluss **4**. Zur Bearbeitung von **5** geht das Paar erneut zum ►*Bus stop* und wartet auf ein weiteres Paar.

Abschließend sollte L die S bitten in einer Tabelle zu notieren, was ihnen leicht und schwer fiel. Dies sollte am Ende der Bearbeitung gemeinsam im Plenum reflektiert werden. Des Weiteren sollten unterschiedliche Herangehensweisen und Lösungen der S im Plenum verglichen und besprochen werden.

Unter Berücksichtigung von *SF 10: Selecting relevant information* können die S eine individuelle Sammlung von Tipps zur Mediation vom Englischen ins Deutsche erstellen.

Weitere Differenzierung

In leistungsschwächeren Lerngruppen kann es ratsam sein, alle Schritte der folgenden Aufgabe zunächst gemeinsam zu lesen und zu klären, bevor die S anfangen individuell zu arbeiten.

➡ SF 10: Selecting relevant information (p. 160)

MUSTERLÖSUNG

1. Die Gedenkstätte wurde im Jahr 2011 eingeweiht.
2. Die Gedenkstätte befindet sich in dem Areal zwischen West Street, Liberty Street, Greenwich Street und Fulton Street.
3. Wir können uns die Gedenkstätte angucken, das sind sehr hohe Wasserfälle und rundherum stehen die Namen der Opfer. Wir können auch das Museum besuchen.
4. Ein Besuch dauert ca. 2 Stunden.
5. Die Gedenkstätte ist von 7:30 Uhr bis 21:00 Uhr geöffnet. Das Museum ist von 9:00 bis 20:00 Uhr geöffnet, freitags und samstags sogar bis 21:00 Uhr.
6. Der Eintritt für Erwachsene beträgt $ 24, für unter 18-Jährige $ 15 und Kinder unter sechs Jahren haben kostenlosen Eintritt.

➡ Workbook 4 (p. 4)
➡ FöFo 1.2

Unit 1   Part A Practice

TIPPS FÜR IHRE PLANUNG
Der Schwerpunkt in *Part A Practice* liegt auf der Bewusstmachung der Unterschiede zwischen *American* und *British English*. Sowohl das Schriftbild als auch die Aussprache werden thematisiert.

➜ FöFo 1.4

➜ Interaktive Übungen zum Workbook 1.4

S. 17

1 BE and AE (British and American English)

NEUER WORTSCHATZ
Box "American English (I)", *Voc.*, SB-Seite 199 · **Box "American English (II)"**, *Voc.*, SB-Seite 199 · **difference**

EINSTIEG
L verweist auf das amerikanische Wort *elevator* aus dem Text **1** *Rivers, towers and waterfalls* (*Part A*) und fragt die S, ob sie ein noch anderes englisches Wort für Fahrstuhl kennen. Anschließend wird geklärt, dass *lift* BE und *elevator* AE ist.

ERARBEITUNG
a) SB geöffnet. Die S erarbeiten die Aufgabe gemäß SB und prüfen ihre Ergebnisse abschließend mit Hilfe des *Vocabulary*.

LÖSUNG

American English	British English
apartment	flat
cookie	biscuit
cell phone	mobile
French fries	chips
elevator	lift
garbage	rubbish
vacation	holiday
line	queue
pants	trousers
sidewalk	pavement
store	shop
subway	underground

ERARBEITUNG
b) 👥 **SB geöffnet.** Gemäß SB.

ERARBEITUNG
c) SB geschlossen. L notiert *World Trade Center* und *color* an der Tafel.
L: The spelling is different from how you've known the words so far. Can you find the differences?
L unterstreicht *er* und *o* und ergänzt die Regeln: -re (BE) → -er (AE) / -ou- (BE) → -o- (AE) Now can you complete the table in **c)**?
Die S ergänzen die Tabelle und vergleichen sie mit einem Partner.

LÖSUNG

British English	American English
centre	center
theatre	theater
colour	color
favourite	favorite
metre	meter
neighbour	neighbor

Weitere Differenzierung
In leistungsschwächeren Lerngruppen notiert L zunächst ein Beispiel an die Tafel, z.B.:
I couldn't call my mum because I forgot my mobile.
L: Now can you say the sentence with an AE word? (S: ... because I forgot my cell phone.)

Part A Practice   Unit 1

DIFFERENZIERUNG Early finisher

Leistungsstärkere S arbeiten auf SB-Seite 140 weiter. Dort finden sie eine spielerische Übung zu *American English*. Ihre Ergebnisse überprüfen sie selbstständig mit Hilfe der Lösungen auf den SB-Seiten 258–259.

➔ FöFo 1.4

2 Pronunciation (British and American English) 🎧

ERARBEITUNG

a) SB geöffnet. Die S lesen den *Listening Tip* und hören dann ggf. mehrmals die Hörbeispiele zum *British* und *American English*. Im Plenum werden anschließend die Unterschiede in der Aussprache besprochen.
L: How is the pronunciation of those five words different?

➔ 1 ▶ 09–10

Pronunciation – British and American English
What's different?

	BE → AE	Remember:
city	t → d (['sɪdi])	In American English, the t between two vowels often sounds more like a d.
hot	[ɒ] → [ɑː]	
Tuesday	[juː] → [uː]	
aunt	[ɑː] → [æ]	
farm	[ɑː] → [ɑːr]	In American English, you can usually hear the r in words like here, more, sure, shirt, farm, hard.

ERARBEITUNG

b) SB geöffnet. L: Now we'll listen to a few dialogues. Decide if the people are speaking British or American English. The way they say the words in the orange box will help you. Have a look at them first and then we'll listen to the dialogues. L stoppt die Aufnahme nach jedem Beispiel und die S ordnen die beiden Sprecher ein.

➔ 1 ▶ 11–15

Weitere Differenzierung
Wenn es große Meinungsunterschiede gibt, wird der Teil noch einmal gehört. Erst dann folgt der nächste Dialog.

➔ FöFo 1.4

➔ Interaktive Übungen zum Workbook 1.4

LÖSUNG

Dialogue	First speaker	Second speaker
1	British	American
2	American	British
3	American	British
4	British	American
5	British	American

3 REVISION Alex is good at chess (Describing people and places)

NEUER WORTSCHATZ
(to) **be afraid (of** sth./sb.**)**

ERARBEITUNG
a) SB geöffnet. Gemäß SB.

MUSTERLÖSUNG
New York is famous for its high buildings. · Jasmine is good at drawing. · Tyler is nervous about the school newspaper. · Alex is afraid of the chess competition. · The policeman is proud of the memorial. · Tyler is afraid of the policeman.

ERARBEITUNG
b) 👥 **SB geöffnet.** Gemäß SB.

➔ Workbook 5–7 (pp. 5–6)

DIFFERENZIERUNG More help

Leistungsschwächere S arbeiten auf SB-Seite 130. Dort finden sie sprachliche und strukturelle Hilfen.

Unit 1   Part B

KOMMUNIKATIVE KOMPETENZEN

Die S können ...

Lesen: die Atmosphäre und Handlungen einer Bildergeschichte erfassen (SB-Seite 18–19, 1+2)

Sprechen: die Atmosphäre und Handlungen einer Bildergeschichte beschreiben (SB-Seite 18–19, 1+2) · Spekulationen über das Ende einer Geschichte anstellen (SB-Seite 18–19, 3a)) · sagen, was die Protagonisten einer Geschichte gern tun und worin sie (nicht) gut sind (SB-Seite 18–19, 4)

Hören: einem Hörtext Informationen über die Gefühle der Protagonisten einer Geschichte entnehmen (SB-Seite 18–19, 3b))

S. 18–19

TIPPS FÜR IHRE PLANUNG

In *Part B* begegnen die S wieder Jasmine, Tyler und Alex. Diesmal ist Alex auch anwesend. Die Textart ist ein Comic, den Jasmine gezeichnet hat und der einen Nachmittag der drei im Washington Square Park beschreibt. Die Fortsetzung des Comics erfolgt in Form eines Hörtextes. Als mögliche HA können die S die Geschichte kritisch kommentieren oder aber eine Sequenz aus **3b)** als Comicbild inklusive Text gestalten.

➡ FöFo 1.5

1 A day at the park

NEUER WORTSCHATZ

weirdo (*infml*) · **close (to)** · **(to) be keen on** sth.+ **(to) be keen on doing** sth. · **pigeon** · **insulted** · **suggestion** · **guy** · **move** · **legend-ary** · **Ladies and gentlemen** · **(to) mind** sth. · **Box "(to) mind"**, *Voc.*, SB-Seite 200 · **timer** · **(to) click** · °**chutzpah** · °**(to) move in on** sb. · °**(to) be continued**

EINSTIEG

SB geschlossen. L: Do you remember Jasmine, Alex and Tyler? What were their hobbies? (S: Jasmine likes drawing pictures./Alex is good at playing chess./Tyler loves taking photos.)

ÜBERLEITUNG

L: On Saturday they were in Washington Square Park. Let's see what they did there.

ERARBEITUNG

SB geöffnet. 1. Lesen. L: Read the comic and find out whether they're enjoying their hobbies.
Im Nachgang werden unbekannte Wörter geklärt, die die S nicht aus dem Kontext ableiten können/konnten. (z. B. chutzpah [Jiddish] – Dreistigkeit)

➡ FöFo 1.5

2 Washington Square Park

ERARBEITUNG

SB geöffnet. 2. Lesen. Die S bilden eine ▶*Buzz group* und lesen den Text still im Hinblick auf die Atmosphäre im Park. L setzt einen Zeitrahmen und beendet die Lesephase durch ein akustisches Signal. Daraufhin tauschen sich die S in ihrer ▶*Buzz group* zwei Minuten lang zu ihren Ergebnissen aus und belegen diese am Text.
Die Auswertung erfolgt im Plenum.

➡ FöFo 1.5

LÖSUNG

Atmosphere in the park. It's a nice, sunny day and people are enjoying themselves – except Alex, who doesn't seem too happy. He's afraid of getting too close to the piano player, doesn't like pigeons, isn't happy about Tyler's idea of him playing chess against a young man.

Part B Unit 1

What do they do there?
Jasmine: draws pigeons
Alex: shows everyone that he isn't keen on doing anything, doesn't want to play chess, plays chess
Tyler: takes a photo of a piano player, suggests different things

3 The end of the game 🎧

ERARBEITUNG
a) SB geöffnet. Die S notieren individuell, warum sie glauben, dass Alex oder der junge Mann gewinnt. Dann liest jeder S reihum in seiner ▶ *Buzz group* seinen Satz vor.

MUSTERLÖSUNG
I think Alex wins because he is good at chess and the other boy is getting more and more nervous.
I think the other boy wins because he seems to be excellent at chess.

ERARBEITUNG
b) SB geöffnet. Die S hören das Ende der Geschichte und konzentrieren sich auf die Gefühlslage von Tyler und Alex. Abschließend sollte ebenfalls aufgeklärt werden, welcher S mit seiner Einschätzung richtig lag.

MUSTERLÖSUNG
Alex is unhappy because he lost the game. Tyler gets more and more annoyed at Alex because he complains a lot about the game although he seemed to enjoy it. In the end, Alex admits that he did enjoy the game.

➜  Transkript online

Weitere Differenzierung
In leistungsschwächeren Lerngruppen erfolgt ein **2. Hören**.

Vertiefung/HA
You choose-Aufgabe:
a) Draw a final picture of the story and add a caption.
b) Did you like the cartoon? Say why (not) in about 100 words.

➜ FöFo 1.5

4 Have a go

ERARBEITUNG
a) SB geöffnet. Die S üben vorbewusst im Plenum die neue sprachliche Struktur *Gerund as object* ein.

MUSTERLÖSUNG

> What do they like doing?
> What are they good or not good at doing?
>
> Tyler likes taking photos.   Jasmine likes drawing.   Birdman likes
> He's good at talking to people.   talking a lot.
> Alex is good at playing chess.   Cornbread likes playing chess.

ERARBEITUNG
b) 👥 **SB geöffnet.** Die S wenden nun die neue Struktur auf ihre eigenen Eigenschaften an. Paarweise und abwechselnd nennen sie eine Sache, in der sie gut sind.

MUSTERLÖSUNG
I'm good at playing basketball / writing stories / drawing cartoons.

AUSWERTUNG
Die Auswertung erfolgt im Plenum, indem jeder reihum erzählt, worin sein Partner gut ist.

➜ Text File 2 (p. 115)

33

Unit 1   Part B Practice

S. 20

TIPPS FÜR IHRE PLANUNG

Part B Practice beginnt mit der Bewusstmachung der Verwendung von *Gerunds as subjects* im Rahmen des *Looking at language*. Im *Have a go* wurde bereits die Verwendung von *Gerunds as objects* vorbewusst einge-übt. Nun suchen die S Beispiele der neuen Form auf den SB-Seiten 18–19 und kategorisieren diese. Hierbei erkennen sie, dass man *Gerunds* wie Substantive verwenden kann. Das Lesen des *Grammar File* hinten im Buch wird als zusätzliche Lernhilfe empfohlen.

Anschließend üben die S die neuen Strukturen ein, wobei ein kommunika-tiver Ansatz verfolgt wird. *Subject gerunds* werden thematisiert, aber nicht geübt, vielmehr werden die Strukturen geübt, die kommunikativ wichtig sind.

1 und **2** sollten in PA bearbeitet werden, ggf. mit unterschiedlichen ►*Appointment partners*. **3** bietet sich ggf. als HA an und **4** kann in der darauffolgenden Stunde erneut als PA erarbeitet werden. Alternativ kön-nen **1**–**3** auch verschriftlicht und per ► *Bus stop* durchgeführt werden.

➔ LAS 1.1, 1.2

➔ Interaktive Übungen zum Workbook 1.5

Looking at language

ERARBEITUNG

a) SB geöffnet. Die S lesen im Plenum gemeinsam die Beispiele in der Box und erkennen, dass es sich bei den orangen Wörtern um Substantive handelt.

ERARBEITUNG

b) SB geöffnet. Die S betrachten nun die grünen Wörter und entschei-den, um welche Wortart es sich handelt. L gibt den S den Tipp, die Sätze zu übersetzen.

Danach ergänzen die S selbstständig die Tabelle mit Beispielen aus der Bildergeschichte (SB-Seite 18–19) und vergleichen diese zunächst mit einem Partner. Die Auswertung erfolgt im Plenum.

LÖSUNG

➔ GF 1: The gerund
   (p. 171-173)

The ing-form can be used like a noun.
When it is used like this, it is called a gerund.

gerund as subject	gerund as object	gerund after prepositions
Coming here was a great idea.	I love drawing.	... afraid of getting too close.
Touching them like that ...	Tyler suggested visiting...	How about playing...
	.. don't mind losing ...	

34

Part B Practice   Unit 1

1 I don't mind doing that (Gerunds as object)

NEUER WORTSCHATZ
I can't stand …

ERARBEITUNG
SB geöffnet. Die S arbeiten paarweise und bilden abwechselnd einen Satz, bis alle *Chunks* in der Box verwendet wurden.

MUSTERLÖSUNG

I love …	I don't mind …	I don't like …
I like …		I can't stand …
I enjoy …		I hate …
playing computer games.	cleaning my room.	taking out the rubbish.
shopping for clothes.	lying on the beach.	washing the dishes.
	going to the dentist.	standing in front of the class.

DIFFERENZIERUNG   Early finisher
SB geöffnet. Die S bilden weitere Sätze (ca. fünf), von denen einige richtig und andere falsch sind. Dann setzen sich die S in PA gegenüber, präsentieren sich gegenseitig die Sätze und erraten, welche Sätze zutreffen.

➜ FöFo 1.5
➜ LAS 1.1

2 Home huggers and sports sparks (Gerunds after prepositions)

NEUER WORTSCHATZ
°home hugger · °sports sparks · °maniac · °follower · °teenage · (to) **bake** · (to) **program**

ERARBEITUNG
a) SB geöffnet. Die S erarbeiten gemeinsam mit Hilfe des Bildes und der Sprechblase eine Umschreibung des Begriffs °home hugger. (S: I think a home hugger is someone who likes doing housework such as baking, cleaning etc.) Anschließend verfassen die S ähnliche Umschreibungen für die übrigen vier Begriffe. Hierbei dürfen sie frei wählen, ob dies in EA oder PA geschieht.

Weitere Differenzierung
In leistungsschwächeren Gruppen sollten zunächst die unbekannten Begriffe erschlossen werden. (spark – very small burning piece of material that is produced by something that is burning / maniac – somebody who is crazy for sth.)

MUSTERLÖSUNG
I think
… a home hugger is someone who is great at baking, cleaning and housework.
… a sports spark is somebody who is really good at doing sports.
… a music maniac is somebody who is very interested in listening to and making music.
… a fashion follower is somebody who is very interested in fashion and who likes wearing stylish clothes.
… a teenage Einstein is very good at learning things and doing maths, for example.

ERARBEITUNG
b) SB geöffnet. Die S lesen das Beispiel in der Sprechblase gemeinsam im Plenum und formulieren dann ähnliche Texte über 2–3 Personen, die sie kennen.

Alternative
Die S verschriftlichen Minitexte wie im Beispiel über Mit-S oder L und andere S erraten, um wen es sich handelt.

➜ Workbook 8–10 (pp. 6–7)
➜ FöFo 1.5
➜ LAS 1.2

DIFFERENZIERUNG   More help
Leistungsschwächere S arbeiten auf SB-Seite 131, wo ihnen Lückensätze als Hilfe angeboten werden.

Unit 1 Part B Practice

S. 21

---

3 Living here is OK (Gerunds)

NEUER WORTSCHATZ
suburb

ERARBEITUNG
Gemäß SB. Die Auswertung erfolgt im Plenum.

DIFFERENZIERUNG More help
Leistungsschwächere S arbeiten auf SB-Seite 131. Hier werden ihnen die umzuformenden Infinitive vorgegeben.

MUSTERLÖSUNG
The great thing about living in our street is that it's really green. I love going to the park because I can play football there. I like meeting my friends there and having a picnic too. The worst thing about living in a suburb is that we only have one supermarket and I have to ride my bike to get there. I don't like having no shops nearby because it's boring.

➜ FöFo 1.5
➜ LAS 1.1, 1.2

DIFFERENZIERUNG Early finisher
Leistungsstärkere S bearbeiten das *American city quiz* auf SB-Seite 140.

4 A day out in New York 💬

ERARBEITUNG
a) SB geöffnet. Gemäß SB. Die S lesen jeweils ihren Partner A-Text zu Claire oder ihren Partner B-Text zu Max und informieren sich über ihre jeweiligen Vorlieben.

ERARBEITUNG
b) 👥 SB geöffnet. Die S stellen sich gegenseitig ihre Fragen und schreiben die Antworten dazu auf.

MUSTERLÖSUNG
Claire is interested in having fun.
She likes meeting people of her own age, travelling and having people around. She likes doing sports and eating Asian food. She's good at playing chess.
She doesn't like being quiet and listening to a guide.

Max is interested in the history of places and enjoys meeting people from all kinds of backgrounds.
Max likes watching events and people in everyday situations. He likes being in the countryside and he loves listening to live music.
Max doesn't like travelling by subway or when people make fun of him or laugh at him.

ERARBEITUNG
c) 👥 SB geöffnet. Gemäß SB.

AUSWERTUNG
Die Auswertung erfolgt im Plenum. Einige Paare präsentieren ihre Dialoge ohne Notizen. Die zuhörenden S achten auf korrekte Verwendung des *gerund* bzw. zählen die Häufigkeit der Verwendung des *gerund*.

➜ Workbook 11–12 (p. 8)
➜ Interaktive Übungen zum Workbook 1.5

Background file EXTRA Faces of America Unit 5

S. 22–23

NEUER WORTSCHATZ

°immigration · °diverse · °ancestor · °motel · °(to) schlep · °mom · °non- · °Jewish · °pogrom · °Yiddish · °Jew · °garment industry · °railroad · °secret · °network · °freedom · °great-great-great-grandfather · °1840s °transport · °bog · °wheel · °wagon · °he himself · °immigrant · °49ers · °(American) football · °gung-ho · °province · °rush +°gold rush · °central · °Coast Salish · °reservation · °back then · °farm worker · °(to) settle · °ever since · °illegal · °desert · °canyon · °afraid that · °amnesty · °(to) take the chance to do sth. · °legal · °foreign +°foreign language

EINSTIEG

Die S lesen gemeinsam den einleitenden Text. Dann hängt L in jede Ecke des Klassenraums ein Schild mit je einer folgenden Aufschriften: 'Always in this city', 'Grandparent/s moved here', 'Parent/s moved here', 'I was born in another city'. Anschließend stellen die S sich zu dem Schild, das ihrer Familiengeschichte entspricht. In den jeweiligen Ecken stellen die S sich gegenseitig ihre Familienbiografien vor und versuchen Gründe zu nennen, warum Familien in die Stadt gezogen sind bzw. diese nie verlassen haben.

ERARBEITUNG You choose

a) / b) Die S lesen das *Background file* und entscheiden, ob sie a) oder b) bearbeiten möchten. Beides dient als Vorbereitung einer Kurzpräsentation, die dann im Plenum abschließend erfolgt.

Alternative
Die Lektüre des *Background files* erfolgt bereits als Hausaufgabe und nach dem Einstieg wählen die S a) oder b). So kann Zeit gespart werden und die Bearbeitung in einer Unterrichtseinheit erfolgen.

LÖSUNG

a)

Timeline
Background file Faces of America

1700s	Brianna Jordan's ancestors from West Africa were brought to America as slaves.
1840s	Taylor O'Sullivan's great-great-great-grandfather was taken from Ireland to Tasmania for stealing a pig. In 1847 he made his way to America.
1849	David Yang's ancestors came to California from China for the Gold Rush.
1882	Joe Parker's maternal ancestors came from Germany to NY.
about 1910	Saanvi Feldman's Jewish ancestors came to NY.
1970s	Juan Moreno's grandparents left Mexico and arrived in the USA.
1975	Joe Parker's dad came to the USA from Jamaica.
1980s	Saanvi Feldman's grandparents left Delhi (India) and arrived in the USA.
1990	David Yang's father came to the USA from China when he was 12.

b) Reasons why people came to the USA
Freedom:
Taylor O'Sullivan's ancestor escaped to America. He was running from the law, because he was taken from Ireland for stealing a pig.
Saanvi Feldman's Jewish ancestors were looking for religious freedom. They hoped to survive, and they escaped the pogroms in Russia.

37

Unit 1 Background file EXTRA Faces of America

Better life:
Saanvi Feldman's Indian ancestors probably hoped for a better life.
David Yang's maternal ancestor came for the Gold Rush.
Juan Moreno's grandparents were looking for a better life.
Joe Parker's ancestors were poor and were also looking for a better life.

Brought to the USA as slaves:
Brianna Jordan's ancestors were kidnapped from West Africa and brought to the U.S. as slaves. They didn't want to come and thus didn't hope for anything.

ERARBEITUNG
c) Gemäß SB.

MUSTERLÖSUNG
A lot of people came to the US since the 18th century. Many came in 19th and 20th century. They came from all over the world in search of political or religions freedom or a better life. Others did not come voluntarily they were kidnapped and brought to the America as slaves.

➜ Workbook 13 (p. 9)

➜ Interaktive Übungen zum Workbook 1.5

Access to cultures: Foreign words

ERARBEITUNG
L bittet die S zunächst zu spekulieren, was die orangen Wörter bedeuten. Dann gehen die S der Bedeutung und dem Wortursprung der verschiedenen Fremdwörter nach. Hierzu können sie ein einsprachiges Wörterbuch nutzen und ein Online-Wörterbuch wie das Online Etymology Dictionary. Letzteres liefert auch Informationen darüber, wann ein Wort zum ersten Mal im Englischen auftauchte.

MUSTERLÖSUNG

Orange word	What does it mean in German?	What language did the word come from and when did it become English?
bog	Moor, Sumpf	Around 1500, from Gaelic and Irish *bogach* "bog", from adjective *bog* soft, moist".
jazz	Jazz	Creole, African origin. By 1912, American English, first attested in baseball slang; as a type of music, attested from 1913. Probably ultimately from Creole patois jass "strenuous activity", especially "sexual intercourse", but also used for Congo dances, from jasm (1860) "energy, drive", of African origin (compare Mandingo jasi, Temne yas). Meaning "rubbish, unnecessary talk or ornamentation" from 1918. Slang "all that jazz" etc. first recorded 1939.
(to) schlep	schleppen	Yiddish; "to carry or drag", 1922 (in Joyce's "Ulysses"), from Yiddish shlepen "to drag", from Middle High German sleppen, related to Old High German sleifen "to drag". Related: schlepped; schlepping.
kindergarten	Kindergarten	German; 1852, from German, literally "children's garden". Coined 1840 by German educator Friedrich Fröbel (1782-1852) in reference to his method of developing intelligence in young children.
gung-ho	draufgängerisch	Chinese; also gungho, 1942, slang motto of Carlson's Raiders (2nd Marine Raider Battalion, under Lt. Col. Evans Carlson, 1896-1947), U.S. guerrilla unit operating in the Pacific in World War II, from Chinese kung ho "work together, cooperate". Widely adopted in American English from 1959.
canyon	Canyon	Mexican; "narrow valley between cliffs", 1834, from Mexican Spanish cañón, extended sense of Spanish cañón "a pipe, tube; deep hollow gorge".

38

Part C   Unit 1

KOMMUNIKATIVE KOMPETENZEN

Die S können …

Lesen: einem Zeitungsartikel über eine Sehenswürdigkeit in New York gezielt Informationen zu bestimmten Themen oder Jahreszahlen entnehmen (SB-Seite 24, 2)

Hören: einem Hörtext Informationen entnehmen (SB-Seite 24, 1)

Schreiben: EXTRA in kreativer Eigenarbeit Vermutungen zur Zukunft ihrer Heimatstadt und Möglichkeiten zur Verbesserung der Lebensqualität sammeln und auf einem Plakat festhalten (SB-Seite 24)

METHODISCHE KOMPETENZEN

EXTRA ein Poster für eine Person erstellen (SB-Seite 24)

S. 24

TIPPS FÜR IHRE PLANUNG

In *Part C* begleiten die S Tyler, Jasmine und Alex auf einer Tour auf der High Line. Tyler möchte Fotos für einen Artikel in der Schülerzeitung machen. Der erste Teil des Textes ist ein Hörtext. Anschließend lesen die S den Artikel in der Schülerzeitung. Die gedankliche Vorbereitung des EXTRA kann als HA erteilt werden. Die Präsentationen können als Über-leitung zu den *Study skills* auf SB-Seite 25 genutzt werden.

➔ FöFo 1.6

➔ Workbook 15–16 (p. 10)

➔ Workbook Wordbank 1

1 An article in the school newspaper

NEUER WORTSCHATZ

(to) **take a walk** (*bes. AE*) · **track** · **railroad** · **railway** · **factory** · **truck** (*BE auch:* **lorry**) · **frozen** · **turkey** · (to) **tear** sth. **down**, **tore**, **torn** · the men **whose** homes · **roller coaster** · **shrub** · (to) **bloom** · **seed** · **lawn** · **avenue** · **work of art** · **performance** · **council**

ERARBEITUNG 1

SB geschlossen. 1. Hören. Die S hören den Text und notieren, wer warum auf der High Line spazieren geht und einen Ort, den sie besuchen. Die Auswertung erfolgt kurz im Plenum.

➔ 1 ▶ 17 Transkript online

Weitere Differenzierung

In leistungsschwächeren Lern-gruppen hören die S den Text ein weiteres Mal.

LÖSUNG

Tyler, Jasmine and Alex take a walk on the High Line because Tyler wants to take some photos for the school newspaper. They take photos on steps and in the old amphitheatre. Later they go to a water fountain.

ÜBERLEITUNG

L: Let's find out more about the High Line. Please read the text and find out what the High Line was in its beginning and what it has come to be today.

ERARBEITUNG 1

SB geöffnet. 1. Lesen. Gemäß SB.

LÖSUNG

The High Line was a railroad in Manhattan that carried goods to and from the many factories in Manhattan. It's 25 feet above the ground and 1.5 miles long. Today it's a park.

➔ FöFo 1.6

39

Unit 1 Part C

2 A special park

ERARBEITUNG

a) SB geöffnet. Die S suchen zunächst die High Line auf der Karte von New York in der vorderen Umschlagseite und beschreiben kurz die Lage.

ERARBEITUNG

b) SB geöffnet. Die S scannen den Text und notieren, was sie über die Zahlen und die Wörter in der Box herausfinden.

→ Workbook 15–16 (p. 10)

→ Workbook Wordbank 1

LÖSUNG

The High Line – A special park

2003	Two New Yorkers wanted to save the High Line as a park and organized an Open Ideas Competition.
seeds	The wind spreads the seeds of many plants in the whole park.
1980	The last train makes his way down the High Line tracks.
2,500	One idea from the competition was a 2,500-metre swimming pool.
activities for teens	They can do gardening or join the Teen Arts Council.
1934	The High Line was built as a railroad.
city leaders	They wanted to tear down the High Line.

ERARBEITUNG EXTRA

Die S nehmen sich an der Entwicklung der High Line ein Beispiel, stellen sich die Zukunft ihrer eigenen Heimatstadt vor und entwickeln Verbesserungsvorschläge. Diese präsentieren sie abschließend im Plenum.

Hinweis: Im Rahmen der Auswertung der Kurzpräsentationen der EXTRA-Aufgabe kann die Überleitung zur *Study skills*-Seite erfolgen. Es ist auch denkbar, dass die Erarbeitung in EXTRA die Themen auf SB-Seite 25a ersetzt.

Weitere Alternative

Zur vertieften Textarbeit formuliert jeder S fünf *True/False*-Sätze zum Artikel. Dann gehen die S paarweise zusammen und entscheiden, ob die Sätze des Partners wahr oder falsch sind.

Zusatz

Make up a small leaflet that advertises the High Line. Write an attractive text, think of an eye-catching heading and add two or three small photos (from the internet) to make this leaflet more appealing.

Weitere Differenzierung

L veröffentlicht folgende Impulse als Hilfe für leistungsschwächere S:
– First think about things you don't like about your hometown.
– How can they be changed? Note down some ideas.
– How can you present your ideas on a poster? What's a good headline? Which keywords are important? Are there any good and effective photos you might use?

Part C Practice   Unit 1

S. 25

1 Study Skills: Giving feedback on a presentation

NEUER WORTSCHATZ

sheet · delivery · (to) **move on to** sth. · **diagram** · (to) **sum** sth. **up** · (to) **refer to** sth. · (to) **make eye contact** · (to) **keep to** sth., **kept**, **kept** · **limit**

ERARBEITUNG

a) SB geöffnet. Die S finden sich in einer Gruppe à 4 S zusammen und jeder S wählt ein Thema aus für eine Kurzpräsentation aus, die er oder sie alleine in der Gruppe halten wird.

ERARBEITUNG

b) 👥 **SB geöffnet.** Gemeinsam einigen sich die S in der Kleingruppe, welche Kriterien für eine gute Präsentation relevant sind und passen dafür ggf. die **KV 2: Giving feedback on a presentation.** an.

📄 **KV 2: Giving feedback on a presentation.**

Weitere Differenzierung

Besonders in leistungsschwächeren Lerngruppen kann es sinnvoll sein, am Ende dieser Phase die Kriterien noch einmal kurz im Plenum zu sammeln und schriftlich für alle festzuhalten.

ERARBEITUNG

c) SB geöffnet. Die Vorbereitung der medial gestützten Präsentation (Poster, Bilder, Karteikarten) kann im Computerraum oder als HA erledigt werden.

ERARBEITUNG

d) 👥 **SB geöffnet.** Die S rufen sich die Regeln konstruktiven Feedbacks in Erinnerung und halten anschließend ihre Präsentation in den Kleingruppen. Die jeweils zuhörenden Gruppenmitglieder machen sich auf dem Feedbackbogen Notizen und geben anschließend mit Hilfe dessen im geschützten Rahmen der Kleingruppe erste kriterienorientierte Rückmeldungen zu den Präsentationen ihrer Gruppenmitglieder. Einige nach Einschätzung der jeweiligen Gruppen besonders gelungene Präsentation können im Plenum noch einmal gehalten und gewürdigt werden.

ERARBEITUNG Study skills

👥 **SB geöffnet.** Die Sammlung von Kriterien für konstruktives Feedback kann in den Kleingruppen erfolgen. Im Kontext einer abschließenden Metareflexion zur Frage: How should feedback on a presentation be to be helpful? sollten diese Kriterien abschließend im Plenum kurz besprochen werden.

➡ SF 18: Giving feedback (p. 165)

➡ Workbook 17 (p. 11)

➡ FöFo 1.6

➡ Interaktive Übungen zum Workbook 1.7

Unit 1 EXTRA Text

KOMMUNIKATIVE KOMPETENZEN

Die S können ...

Sprechen: anhand eines Bildes über die Handlung eines Textes spekulieren (SB-Seite 26, *Pre-reading*)

Lesen: einen langen fiktiven Text selbstständig erfassen und inhaltlich erschließen (SB-Seite 28, 1)

Schreiben: können die Beziehung zwischen zwei Charakteren einer Geschichte erfassen und weiterspinnen, ndem sie sie einen Dialog schreiben oder eine Bildergeschichte dazu gestalten (SB-Seite 28, 2)

S. 26–29

TIPPS FÜR IHRE PLANUNG

Im *Text* von Unit 1 begleiten die S Carlos, einen jungen High School Schüler, dessen Leidenschaft Makeup ist und der sich auf einen entsprechenden Nebenjob in dem berühmten Laden Macy's bewerben möchte. Der Text bietet sich für *extensive reading* an. Da der neue Wortschatz direkt annotiert ist, können die S daher auch autonom auf Lesereise geschickt werden. **1** dient der Überprüfung des Leseverstehens, **2** bietet die Möglichkeit neigungsorientiert (*You choose*) kreativ mit dem Text umzugehen. So schreiben die S einen Dialog oder verfassen eine Bildgeschichte.

KV 3A/B: Text – Putting makeup on the fat boy.
Die doppelseitige KV bietet eine Zusammenstellung der neuen Vokabeln zum Lernen. Darüber hinaus finden die S dort Sätze, mit Hilfe derer sie die Verwendung der neuen Vokabeln üben können.

Putting makeup on the fat boy

EINSTIEG
SB geöffnet. Anhand des Bildes spekulieren die S über die Handlung des Textes.

ERARBEITUNG
SB geöffnet. 1. Lesen. Die S lesen den Unit-Text am Stück, die Annotationen unterstützen sie dabei.

1 The road to Macy's

ERARBEITUNG
Die S vervollständigen nach dem Lesen des gesamten Textes die acht Sätze korrekt und vergleichen diese im ►*Partner check*-Verfahren. Gemeinsam notieren sie dann, welche Stellen ihnen geholfen haben und vergleichen diese im Plenum.

LÖSUNG
1a), l. 5 · 2c), ll. 40–46 · 3b), ll. 56–58 · 4a), l. 77 · 5c), ll. 102–124 + ll. 211–220 · 6a), l. 128 · 7a), ll.140–143 · 8b), l. 194

2 Carlos and Valentino

ERARBEITUNG You choose

Die S wählen eine der beiden kreativen Auswertungsaufgaben aus. Beide thematisieren das Verhältnis zwischen Carlos und Valentino. Abschließend können die S ihre Ergebnisse im Plenum vorstellen und die Mit-S geben Feedback. In diesem Zusammenhang wiederholen die S die Regeln zum Feedbackgeben von SB-Seite 25.

➜

Alternative
Der Text bietet sich sehr für szenische Umsetzungen an. Den S kann als Abschluss der Bearbeitung frei gestellt werden, welche Szene sie gerne umsetzen möchten.
Eine weitere Möglichkeit ist, dass die S statt dessen ▶ *Freeze frames* erarbeiten.

➜ Workbook 18 (p. 11)

➜ Workbook Checkpoint 1 (pp. 12–15)

➜ VAS 1.1, 1.2

➜ LM Unit 1

➜ Interaktive Übungen zum Workbook 1.3

Kaleidoscope ⊙ The USA

KOMMUNIKATIVE KOMPETENZEN

Die S können …

Lesen: Bildunterschriften verstehen (SB-Seiten 30–31, 2a))

Hören/ Sehen: einen Videoclip über die USA verstehen (SB-Seiten 30–31, 1b) und 2b))

Sprechen: Informationen aus einem Videoclip über die USA austauschen (SB-Seiten 30–31, 1b)) · anhand von Fotos und Bildunterschriften Vorwissen zu verschiedenen Aspekten der USA reaktivieren und dieses versprachlichen (SB-Seiten 30–31, 2a)) · darüber sprechen, über welche Themen sie gerne mehr erfahren würden und dies begründen (SB-Seiten 30–31, 2b))

Schreiben: EXTRA zu einem Thema eine Seite für ein USA-Album verfassen (SB-Seiten 30–31, 3)

METHODISCHE KOMPETENZEN

eine geografische Karte und ihre Legende dekodieren (SB-Seiten 30–31, 1a)) · Notizen zu einem Videoclip anfertigen (SB-Seiten 30–31, 2b)) · EXTRA Informationen und Bilder recherchieren (SB-Seiten 30–31, 3b)) · eine Seite für ein USA album gestalten (SB-Seiten 30–31, 3)

S. 30–31

INHALT

Nach der ersten New York-Unit verschaffen sich die S eine Übersicht über Aspekte US-amerikanischer Kultur, die geografisch auf der großen Karte der USA verortet werden. Ausgehend von der SB-Seite und sieben, kurzen Themenvideos wählen die S individuell ein Thema, das sie besonders interessiert, und gestalten im Rahmen einer Projektarbeit eine Seite für ein *USA album* der Klasse.

Das *Kaleidoscope* verfolgt einen multimedialen Ansatz: die S nähern sich den USA zunächst über eine geografische Karte im SB, die sie dekodieren, und dann über ein Erklärvideo zum Thema, das seinerseits die Informationen auf der geografischen Karte verortet: *The USA-Overview* (3:01 min).

Sechs weitere Videos, die sowohl auf der DVD zum Lehrwerk als auch online auf der Website www.englishg.de/access für die S jederzeit verfügbar sind, erklären komplexe Themen auf altersgemäße und humorvolle Art und Weise. Die Videos liefern Informationen zu den folgenden Themen: *First impressions* (3:23 min), *National Parks* (1:45 min), *Native Americans before Columbus* (3:55 min), *Native Americans and the European settlers* (2:01 min), *Sport* (3:20 min), *Music* (3:16 min).

Die Vielfalt der Themen soll sicherstellen, dass für jeden S etwas Interessantes dabei ist. Die Videos sollen darüber hinaus die S in ihrer Ideenfindung für ihre Projektarbeit unterstützen, ihnen aber auch helfen, ihre Ideen einzugrenzen.

TIPPS FÜR IHRE PLANUNG

Mit dem *Kaleidoscope* hat L die Möglichkeit, ein schuljahresbegleitendes Projekt anzubieten oder eines, das im Anschluss an die Unit 1 in den darauf folgenden Unterrichtsstunden im Klassenverband bearbeitet wird. Am Ende steht die Herstellung eines *USA album*, zu dem jeder S eine Seite beiträgt.

Soll ein Klassenprodukt (z.B. Wandzeitung) entstehen, das alle im *Kaleidoscope* angebotenen Aspekte gleichermaßen berücksichtigt, sollte L die Verteilung der Themen zentral steuern. Innerhalb von Kleingruppen einigen sich die S dann (mit Unterstützung durch L) jeweils auf ihr Spezialthema. So wird auch vermieden, dass sich Themen bzw. Seiten im *USA album* doppeln oder unterrepräsentiert sind.

Bei einem schuljahresbegleitenden Projekt können die S im Laufe des Jahres Kurzvorträge zu ihrer Albumseite halten, wenn ihr Thema in die jeweilige Unit passt.

➜ www.englishg.de/access

Kaleidoscope ◉ The USA

1 A first look ▶

ERARBEITUNG

a) SB geöffnet. 1. Lesen. Die S dekodieren eine geografische Karte im Plenum.

MUSTERLÖSUNG

- There are four different time zones in the US.
- The US has a lot of large and small states. The largest states in the US are Texas, Montana and California, while Rhode Island, Delaware and Connecticut are the smallest states. On the small map in the right corner we can see that Alaska and Hawaii are also part of the US, and that Alaska is the biggest state.
- Washington DC is the capital of the US.
- There are many lakes in the US, especially in the north (Lake Superior, Lake Michigan, Lake Huron, Lake Erie, Lake Ontario).
- There are four national parks in California and many more all over the country.
- The Rocky Mountains are the largest mountains in the West, and the Appalachian Mountains are the largest in the East. ...

ERARBEITUNG

b) SB geöffnet. 1. und ggf. **2. Sehen.** Die S sehen den Videoclip *The USA-Overview*.

👥 Anschließend erfolgt ein Austausch dazu in der Kleingruppe, gefolgt von einer kurzen Auswertung im Plenum.

MUSTERLÖSUNG

- The US borders Canada in the north and Mexico in the south.
- It is the 3rd largest country in the world and is 26 times larger than Germany.
- There are 50 states in the US today.
- The US was founded in 1778.
- Each of the stars and the lines in its flag represented one state. Between 1795 and 1960 37 more stars were added, one for every new state in the union.
- Today over 300 million people live in the US.
- In the 19th century, many people emigrated from Europe to the US. Over 5.5 million Germans immigrated to the US and founded new cities with German names. Today 50% of all new immigrants are from Latin America and 25% are from Asia.
- The biggest five cities in the US are New York, Los Angeles, Houston, Chicago and Philadelphia.
- The White House in Washington DC is the home of the President of the United States of America.

Alternative / Weitere Differenzierung

1a) SB geöffnet. Zur Erhöhung der individuellen Sprechzeit dekodieren die S die Karte zunächst in PA.
1b) 1. und ggf. **2. Sehen.** Anschließend sehen sie den ersten Videoclip und tauschen sich wieder in PA aus. Die Auswertung erfolgt abschließend im Plenum.

45

Kaleidoscope ◉ The USA

2 Land and people ▶

ERARBEITUNG

a) SB geöffnet. Die S aktivieren ihr Vorwissen zu verschiedenen Aspekten der USA, indem sie auf Bildimpulse und die entsprechenden Bildunterschriften reagieren. Die Auswertung kann im Plenum oder in PA erfolgen.

MUSTERLÖSUNG

1 USA – first impressions: it's a very big and diverse country, …

2 Native Americans before Columbus: they were the first people in America.

3 Native Americans and the European settlers: European settlers killed many Native Americans after they arrived; many Native Americans live on reservations today.

4 National parks: there are four national parks in California and many more all over the country.

5 Sports: the most popular sports in the US are baseball, football, basketball and hockey; there are big sports events every year, for example the Super Bowl (American football).

6 Music: many popular artists such as Lady Gaga and Bruno Mars are from the US; Grammy Awards are given every year; …

ERARBEITUNG

b) SB geöffnet. 1. Sehen. Die S sehen die sechs Themenvideos, notieren sich drei Themen, die sie interessant finden, und überlegen sich zu welchem Land sie gerne mehr erfahren würden.

👥 Die S tauschen sich in Kleingruppen dazu aus.

MUSTERLÖSUNG

– Native Americans, sports and music

– I would like to know more about the history of the Native Americans. I think it would be interesting to see what happened to them after the Europeans arrived in 1492 and why millions of them died or were killed. Also, I would like to know more about the culture of the Native Americans and their situation today.

Alternative / Weitere Differenzierung

Es empfiehlt sich, die S die Videos im Rahmen einer vorbereitenden HA sehen zu lassen. Alle Videos zum Kaleidoscope sind online auf der Website www.englishg.de/access jederzeit für die S verfügbar. So können die S ihrem individuellen Tempo entsprechend die Videos so oft sehen, wie sie möchten. Sie können sich in Ruhe überlegen, zu welchem Thema sie gerne mehr erfahren würden, die Gründe schriftlich festhalten und ggf. entsprechendes Vokabular nachschlagen. Anschließend können sie im Unterricht in der (Klein-)Gruppe ihre Ideen vergleichen und ihre Ideen für die Projektarbeit im **3** konkretisieren.

3 EXTRA A USA album

ERARBEITUNG

a) SB geöffnet. Gemäß SB.

ERARBEITUNG

b) SB geöffnet. Die S erarbeiten unter Rückgriff auf ihre Vorkenntnisse zur Projektarbeit in Access Bd. 3 (*A British Isles album*) ihre Seiten zum *USA album*. Wird das Album im Klassenverband erarbeitet, bietet es sich aus zeitökonomischen Gründen an, die S das Material zu ihrem Thema in vorbereitender HA sammeln zu lassen, während das Schreiben und Gestalten im Unterricht stattfinden kann.

Unit 2

New Orleans

Kommunikativer Kompetenzschwerpunkt	**Reading:** Im Mittelpunkt der Unit stehen der Ausbau und die Schulung der Lesekompetenz. Die S können … einen Text überfliegend lesen (SB-Seite 34, 1) · einen Chat nach bestimmten Informationen absuchen (SB-Seite 35, 2) · EXTRA einen Text mit unbekanntem Vokabular mit Hilfe von Worterschließungstechniken lesen (SB-Seite 38, 7) · Hauptaussagen sowie implizit gegebene Detailinformationen aus Texten zu interkulturell relevanten Themen entnehmen und Vermutungen zu Gefühlen handelnder Personen treffen (SB-Seite 40, 1 und 2; SB-Seite 41, 3, 4a) und b)) · einen Text skimmen (SB-Seite 46, 1 und 2, SB-Seite 48, 4) · einer Geschichte explizite und implizite Detailinformationen entnehmen und dabei die Gefühle der handelnden Person verstehen (SB-Seite 51, 2) · einen Text sinngestaltend laut lesen (SB-Seite 51, 3)
Sprechabsichten	persönliche Sinneseindrücke beschreiben und sich zu Gemeinsamkeiten sowie Unterschieden zwischen einer fremden und ihrer eigenen Umgebung äußern (SB-Seite 32, 1) · landeskundliche Informationen aus einem Text sowie Ähnlichkeiten zu ihrer Kultur beschreiben (SB-Seite 35, *Access to cultures*) · sich in die Lebenswelt anderer hineinversetzen und dazu austauschen (SB-Seite 41, 4b), 5) · Gemeinsamkeiten und Unterschiede zur eigenen Kultur detailliert beschreiben, analysieren und differenziert Stellung dazu nehmen (SB-Seite 46, 2) · Informationen über einen Text wiedergeben und kommentieren (SB-Seite 51, 3) · eine Präsentation vor ihren Mit-S halten und sich dabei zur eigenen Person und über persönlich Erlebtes äußern (SB-Seite 52, *Your task*)
Schreibanlässe	EXTRA einen kurzen Text über New Orleans verfassen (SB-Seite 33, 3) · einen Tagebucheintrag über Tyler's Tag in New Orleans schreiben (SB-Seite 35, 2b)) · eine Objektbeschreibung verfassen (SB-Seite 47, 1b))
Language skills	**Grammatische Strukturen**: *REVISION Conditional 1 + 2 · EXTRA Conditional 3 · Quantifiers with countable and uncountable nouns* **Wortfelder:** *Climate · Food · Music · Describing objects · Synonyms* **Mediation course:** *Relevant information* (SB-Seite 39)
Study skills	**Skimming a text.** Einen Text gezielt nach Informationen überfliegen (SB-Seite 48)
Kooperative Lernformen	*Partner A and B activity* (SB-Seite 36, 1b); 39, d); 5; 48, 4c)
Hör-/Sehverstehen: The world behind the picture	**A musician in New Orleans.** Den Inhalt eines Films erschließen (SB-Seite 49, 1) **Making the film: Picture material.** Filmtechniken beschreiben, die unterschiedliche Zeitebenen darstellen. (SB-Seite 49, 2) **Youth rebuilding New Orleans.** Analyse von *film stills* (SB-Seite 49, 3)
Access to cultures	**Gumbo.** Sich mit einem regionalen Gericht vertraut machen, das Kochtraditionen verschiedener Kulturen vereint, und mit einem ähnlichen Gericht der eigenen Lebenswelt vergleichen (SB-Seite 35) **Alligator hunting.** Sich mit Regelungen in den USA auseinandersetzen und überlegen, ob es ähnliche in der eigenen Lebenswelt gibt. (SB-Seite 46)
Portfolioarbeit: MyBook	EXTRA einen kurzen persönlichen Text über New Orleans verfassen (SB-Seite 33, 3)
Lernaufgabe: Your task	**Your memory box.** Eine eigene *memory box* vorstellen. (SB-Seiten 52–53)

47

Unit 2 Lead-in

KOMMUNIKATIVE KOMPETENZEN
Die S können …
Hören: einem Hörtext wesentliche Informationen entnehmen, diese beurteilen und dabei ihr soziokulturelles Wissen über New Orleans erweitern (SB-Seite 32, 1 und 2).
Sprechen: anhand von Fotos und Sound-Beispielen persönliche Sinneswahrnehmungen und Eindrücke beschreiben und sich zu Gemeinsamkeiten sowie Unterschieden zwischen einer fremden und ihrer eigenen Umgebung mit Hilfe schriftlicher Notizen äußern (SB-Seite 32, 1)
Schreiben: einen kurzen persönlichen Text verfassen, indem sie zusätzliche Informationen zu New Orleans aus einer Karte recherchieren, diese zusammenfassen und bewerten (SB-Seite 33, 3)

METHODISCHE KOMPETENZEN
ihren Mit-S kriteriengestützt Feedback geben (SB-Seite 33, 3).

S. 32–33

INFO-BOX
New Orleans, with a population of about 350,000, is the biggest city in Louisiana. Situated on the banks of the Mississippi River near the Gulf of Mexico, it is an important economic hub mainly due to its port, the biggest in the US. The city was founded by French colonists in the 1700s, who named it after the Duke of Orleans. The city's oldest neighbourhood, the **French Quarter**, was established in 1718. Up until today it has retained a distinctly European feel. New Orleans is often described as a melting pot of different cultures and is known for its special cuisine and its musical heritage. In fact, jazz music was born here, and the city has a long history of **brass bands** playing in a unique style influenced by European and African musical traditions.
In August 2005, New Orleans was severely hit by **Hurricane Katrina**. Levees and flood walls broke and tens of thousands of people lost their homes and had to be evacuated. In the aftermath of the catastrophe, the US government was criticized for its poor handling of the disaster. Reconstruction has been ongoing since then.
Mardi Gras is a carnival celebration taking place in New Orleans every year for two weeks up until "Fat Tuesday", the day before Ash Wednesday. A major tourist attraction, Mardi Gras sees many parades in the city every day, with people wearing colourful costumes while dancing and playing music.
New Orleans is surrounded by **swamps** that are famous for their spectacular flora and fauna. It is even possible to see **alligators**. American alligators are not to be confused with crocodiles. Curiously, one of the most visible differences between the two species lies in the placement of their teeth. When an alligator closes its mouth, all the teeth in the lower jaw are hidden completely. When a crocodile does so, one can still see two teeth from the lower jaw sticking out.

Crocodile   **Alligator**

EINSTIEG
SB geschlossen. 1. Hören. L bittet die S, ihre Augen zu schließen und den Klängen und Geräuschen einer ihnen noch unbekannten Stadt zu lauschen.
L: Please close your eyes. I will take you on an imaginary trip to an unknown place. You will hear sounds. Imagine you are part of this place. Can you identify any of the sounds? What do you think the places look like?
Im Anschluss äußern sich die S im UG frei über ihre ersten Eindrücke.

➔ 1 ▶ 18 Transkript online

ÜBERLEITUNG
SB geöffnet. Die S erhalten Zeit, die Bilder still zu betrachten und auf sich wirken zu lassen. Dann vergleichen sie ihre Höreindrücke mit den Bildern.
L: Can you match the sounds you heard with any of the pictures?

Lead-in Unit 2

1 Your first impressions

ERARBEITUNG

a) SB geöffnet. 2. Hören. Die S erhalten den Auftrag, sich vor dem erneuten Hören für zwei Bilder zu entscheiden und sich in die beiden Szenen hineinzuversetzen. L: Listen carefully to the recording again. Imagine you are in the two pictures. What exactly do you see? What do you hear? And what do you smell? Be specific.

Die Aufgabe wird im ► *Think-Pair-Share*-Verfahren bearbeitet. Nach dem Hören machen sich die S Notizen und tauschen sich dann in PA aus.

MUSTERLÖSUNG

Picture A: I'm in picture A. I'm in a hot air balloon flying across this huge river. It looks magical from up here. The air is warm and fresh and clean. In the background I can see the ocean. I can smell the sea ... Down there I can see cars on the roads. They look so little, but I can't hear them. They're too far away. I feel great, like a bird up in the sky ...

Picture B: I'm in Picture B. I'm on a tour of the Louisiana swamps. We're gliding through the water. It's absolutely silent. Pssst. Over there, a hundred metres away, I can see an alligator lying on a piece of wood. This is so amazing! I'm looking straight into its eyes! I can't believe it. Let me take a picture ...

Picture C: I'm in picture C. I'm standing on a balcony. There are thousands of people marching below me in the street. They're talking and laughing and eating. There's the smell of popcorn in the air. Some people are carrying banners. Everybody's happy. I feel great. I love the music.

Picture D: I'm in picture D. I'm on a little motor boat. I can see this little house. There's so much water everywhere, you can barely see the house. The car is almost completely under water now. Out here it smells so bad. The water is dirty and polluted. What am I going to do? I've lost everything too ...

Picture E: I'm in picture E. I'm on a big boat on the Mississippi River enjoying the views. There's a big steamboat passing us, blowing a horn. It's so loud! There are a lot of tourists on the deck waving to me. I'm waving back ...

Picture F: I'm in picture F. There's a marching band right in front of me. The music is so loud. There are a lot of musicians playing trumpets, clarinets and drums. The music sounds great. I can see lots of people following the band. They're dancing and singing. What a great festival this is – right in the middle of the city!

ERARBEITUNG

b) SB geöffnet. Die Aufgabe wird schriftlich im ►*3-2-1-Brainstorming*-Verfahren erledigt. Die S notieren sich drei Unterschiede und zwei Gemeinsamkeiten zwischen New Orleans und ihrem Heimatort, außerdem einen Aspekt, über den sie bei der Bearbeitung des Kapitels mehr in Erfahrung bringen wollen. Die Unterschiede und Gemeinsamkeiten werden im Plenum besprochen und ggf. an der Tafel tabellarisch notiert. Die für die S besonders interessanten Aspekte werden gesammelt und während der Arbeit an Unit 2 begleitend aufgearbeitet (z.B. durch arbeitsteilige Internetrecherche oder Kurzreferate).

MUSTERLÖSUNG

Three differences: no river, no alligators, no tourists
Two similarities: street festivals, street musicians
One particularly interesting aspect: flooding in New Orleans

Weitere Differenzierung

Zur sprachlichen Unterstützung hält L folgende Redemittel auf einer Folie bereit:
I'm in picture ... .
I'm on a plane/in a boat/up on a balcony/... and see ...
It's very loud/noisy/quiet ... here.
I can hear the sound of ... and of ...
The air feels hot/warm/cold/dry/humid/damp/...
It makes me feel ...
There's the smell of ... in the air.
It smells good/ pleasant/ sweet/ bad ...

➜ FöFo 2.1

➜ Interaktive Übungen zum Workbook 2.1

49

Unit 2   Lead-in

2 Tyler's first impressions 🎧

NEUER WORTSCHATZ
hurricane · **brass band** · °**quarter** · **colony** · **Mardi Gras** · **swamp** · **alligator** · **palm tree**

ERARBEITUNG
a) SB geöffnet. Vor dem ersten Hören machen sich die S mit den Begriffen in der Box vertraut und erhalten Gelegenheit, ihr Vorwissen zu aktivieren.
L: Look at the words in the box. Can you explain any of them? Maybe some of you have been to New Orleans before or have heard about the city ...!?
1. Hören (Globalverstehen). Während des ersten Hörens machen sich die S dann gezielt Notizen zu vier Aspekten.
L: Listen and take notes about (1) the city's setting; (2) the city's history; (3) its culture; and (4) Hurricane Katrina.

→ 🔲1 ▶19–21 Transkript onl ne

MUSTERLÖSUNG
- setting: situated on the Mississippi River; surrounded by water; swamps are nearby (swamp tour → alligators); many palm trees (→ hot climate)
- history: French Quarter: Part of the city; French colony in the 1700s (→ original name: Nouvelle Orléans); French street names (→ Bourbon Street)
- culture: brass bands (→ typical of New Orleans); Mardi Gras (→ big celebration)
- Katrina: big hurricane; destroyed much of the city

ERARBEITUNG
b) 👥 SB geöffnet. Die S vergleichen ihre Notizen und ergänzen sie ggf.

AUSWERTUNG
Die Besprechung der Ergebnisse erfolgt im Plenum.

ERARBEITUNG
c) 👥 SB geöffnet. 2. Hören (Detailverstehen). Die S achten nun besonders auf Tylers erste Eindrücke und Reaktionen.
L: Let's listen again. Pay special attention to Tyler now. Do you think he will enjoy his stay in New Orleans? Be ready to give reasons.

→ 🔲1 ▶19–21 Transkript online

MUSTERLÖSUNG
I think he will enjoy his stay there, because he likes the music / he is surprised that his aunt lives in a cool place / he wants to see alligators in the swamps. I don't think he will enjoy his stay there because he will have to do a lot of sightseeing / he won't be around his friends.

AUSWERTUNG
Die Besprechung der Ergebnisse erfolgt wahlweise in PA oder im Plenum.

→ FöFo 2.1

→ Interaktive Übungen zum Workbook 2.1

Lead-in Unit 2

3 New Orleans here I come!

ERARBEITUNG
SB geöffnet. Gemäß SB.

→ Kaleidoscope, SB-Seiten 30–31

MUSTERLÖSUNG
– New Orleans is a big city in southern Louisiana and the southern region of the United States
– New Orleans is located on the coast of the Gulf of Mexico and on the banks of the Mississippi River/in the Mississippi River delta.

ERARBEITUNG EXTRA
b) SB geöffnet. Die Aufgabe dient der schriftlichen Zusammenfassung der bisher zusammengetragenen Informationen über New Orleans. Dabei können die S auf die Notizen der vorherigen Aufgaben zurückgreifen.

MUSTERLÖSUNG

New Orleans is the largest city in the state of Louisiana and is located in the southern region of the United States. New Orleans is famous for its French and Spanish cultural traditions, including its brass bands and Mardi Gras, and also for its alligators and the surrounding swamp. In 2005, Hurricane Katrina destroyed many buildings in the city.

I would like to go to New Orleans because it has a rich cultural life. I would like to listen to one of the brass bands in the streets and take part in the Mardi Gras carnival. Also, I would really like to go on a boat trip on a Mississippi River paddleboat and watch the alligators in the swamp.

I wouldn't like to go to New Orleans because it might be dangerous. After Hurricane Katrina in 2005 I wouldn't feel safe there. Moreover, New Orleans seems to be a dangerous place because there are alligators around and the weather is unpredictable.

AUSWERTUNG
SB geschlossen. Es empfiehlt sich, die Texte schülerzentriert mittels ►*Correcting circle* auszuwerten. Hierfür tauschen die S ihre Texte untereinander aus und korrigieren sie sich kriteriengestützt gegenseitig, z.B. als Hausaufgabe. Die S achten dabei auf sprachliche Korrektheit (Rechtschreibung, Wortschatz, Grammatik) und inhaltliche Korrektheit (s. Ergebnissicherung im Unterricht).

→ Workbook 1–2 (p. 16)

□ **KV 4: Giving feedback on a text.**

→ SF 18: Giving feedback (p. 165)

YOUR TASK
L kann zum Abschluss des *Lead-in* im Sinne der Lernzieltransparenz auf die Lernaufgabe am Ende der Unit hinweisen, bei der die S aufgefordert sind, einen Kurzvortrag über ein Objekt ihrer Wahl zu halten, das eine Geschichte über sie selbst oder ihre Familie erzählt.
L: In this unit, we will learn more about Tyler and his family. At his grandma's place, he will find some objects that are very important to his family. We should take this as an opportunity to learn more about each other, too. At the end of this unit, I will ask you to give a two-minute talk about an object – for example, a photo – that is very important to you and/or your family.

→ Your task, SB-Seiten 52–53

Unit 2　Part A

KOMMUNIKATIVE KOMPETENZEN

Die S können …

Lesen: einen Text überfliegend lesen und sich mit Hilfe von Bildern einen Überblick über das Thema eines Chats verschaffen (SB-Seite 34, 1). · einen Chat-Text nach bestimmten Informationen absuchen (SB-Seite 35, 2)

Schreiben: einen kurzen, kreativen Text schreiben, indem sie Informationen aus einem Chat verarbeiten (SB-Seite 35, 2)

Sprechen: einem Text landeskundliche Informationen entnehmen, Ähnlichkeiten zu ihrer Kultur herausarbeiten und diese beschreiben (SB-Seite 35, *Access to cultures*)

METHODISCHE KOMPETENZEN

Notizen zu einem Text anfertigen und mit deren Hilfe Informationen mündlich wiedergeben (SB-Seite 35, 2)

S. 34–35

TIPPS FÜR IHRE PLANUNG

Die S erfahren durch die Lektüre des Chats zwischen Tyler und seinen Freunden Alex und Jasmine von Tylers erstem Tag in New Orleans, den er im French Quarter verbringt. Sie üben sich dabei im überfliegenden (**1**) sowie sammelnden Lesen (**2**). Die Bearbeitung von *Access to cultures* dient der Schulung interkultureller Sensibilität: die S vergleichen ein Gericht aus ihrer Region mit der Küche Louisianas. Sprachlich bereiten die Texte in *Part A* vorbewusst auf die Beschäftigung mit Konditionalsätzen (Typ I und II) vor.

➜ FöFo 2.2

➜ Interaktive Übungen zum Workbook 2.2

INFO-BOX

Bourbon Street is one of the biggest streets in the French Quarter and is famous for its unique colonial architecture. Today it is lined with dozens of well-known hotels, bars and clubs hosting jazz concerts every night, which are attended by tourists from around the world as well as locals.

1　Tyler and friends

NEUER WORTSCHATZ

degree · **Celsius (C)** · **Fahrenheit (F)** · °Button it. · (to) **freeze, froze, frozen** · °gourd · °banjo · **crazy** · **kinda (= kind of)** *infml* · **straight** · °Cajun · °gumbo · **stew** · **sausage** · **shrimp,** *pl* **shrimp** *or* **shrimps** · **disgusting** · **buck (= dollar ($))** · **chicken** · **Thanksgiving** · °down south

EINSTIEG

SB geschlossen. Es bietet sich an, die landeskundlichen Informationen zu New Orleans aus dem *Lead-in* kurz zu wiederholen. L fordert die S auf, in PA folgende Halbsätze möglichst variantenreich zu beenden:

1) When I think of New Orleans, I think of …, because …; 2) When Hurricane Katrina hit New Orleans in 2005, …; 3) The name 'New Orleans' tells us that …; 4) When Tyler arrived in New Orleans, he … .

Die Antworten werden im Plenum gesammelt.

ERARBEITUNG

SB geöffnet. Für die Erarbeitung haben die S 60 Sekunden.

L: Quickly look at the pictures Tyler sent in the chat with his friends Alex and Jasmine. What do you think Tyler tells them in the chat?

Nach Ablauf der Zeit schließen die S das Buch und spekulieren im UG über den Inhalt des Chats. Die Ideen der S werden an der Tafel oder auf einer Folie stichwortartig mitprotokolliert.

Part A Unit 2

ÜBERLEITUNG
Die S lesen den Chat und überprüfen ihre Vermutungen. Zutreffende Vermutungen werden an der Tafel/auf der Folie abgehakt, nicht zutreffende gestrichen.

➜ FöFo 2.2

2 A walk in the French Quarter

ERARBEITUNG You choose
Bei der Bearbeitung der Aufgabe setzen sich die S in EA intensiv mit dem Text auseinander. Beide (Wahl-)Aufgaben können in etwa 15 Minuten parallel bearbeitet werden.
a) SB geöffnet. Die S lesen den Text und entnehmen ihm gezielt Sachinformationen zu den vier Oberbegriffen. Sie halten ihre Ergebnisse schriftlich fest, z.B. in Form einer Mindmap oder tabellarisch.

LÖSUNG
– climate: very hot
– tourism: French Quarter, Bourbon Street; French Market
– music: jazz bands; people dancing in the street; special instrument: gourd banjo
– food: Cajun food; gumbo (sausage and shrimp); alligator meat

ERARBEITUNG You choose
b) SB geöffnet. Die S lesen den Text, machen sich Notizen zu Tylers Tagesablauf und fassen sie in Form eines kurzen Tagebucheintrags zusammen.

MUSTERLÖSUNG
What a great day today! We went to the French Quarter in the morning and walked around. My favourite street was Bourbon Street. There was a jazz band playing great music, and mum and dad were dancing. Then we had lunch at the French Market. I tried gumbo (yummy) and – yes! – even some alligator meat. It tasted like chicken. We went back to Aunt D'Avila's house in the afternoon. Now I'm looking forward to tomorrow.

AUSWERTUNG
Die S tauschen sich in einer *Mix-and-Mingle*-Phase (▶*Milling around activity*) aus – möglichst mit einem Partner, der einen anderen Auftrag bearbeitet hat. Dabei fassen sie die Informationen aus dem Text mündlich zusammen bzw. lesen ihre Tagebucheinträge vor.

➜ FöFo 2.2

Access to cultures: Gumbo

NEUER WORTSCHATZ
dish · ingredient · herb · spice · (to) combine · tradition · Native American · settler · both ... and ... · occasion

EINSTIEG
SB geschlossen. L fordert die S auf, über die Bedeutung eines Zitates des französischen Gastronomen Jean Anthelme Brillat-Savarin (1755–1826) nachzudenken: "Tell me what you eat, and I'll tell you who you are." Diese Übung wird im ▶*Think-Pair-Share*-Verfahren durchgeführt.
L: This is what a famous French food expert once said. What does he mean? Think about it for a minute, then talk to a partner.
Anschließend äußern sich die S im Plenum.

Alternative
Je nach zur Verfügung stehender Zeit bietet sich auch eine (zeitintensivere) ▶*Placemat activity* an.

53

Unit 2   Part A

MUSTERLÖSUNG

– Different countries eat different food, so you show where you are from when you eat.
– There is different food in different parts of Germany. If you love Maultaschen, you're probably from the South.
– Vegetarians don't eat meat, so they show they have a special opinion.
– …

ÜBERLEITUNG

L zeigt einige Bilder von Gumbo-Gerichten (im Internet verfügbar) und leitet dann zum Text über.
L: It's interesting to see that we can learn a lot about countries and cultures from what people eat. Let's find out more about gumbo, the dish Tyler tried in New Orleans. Here are some pictures …

➜ Realia: Bilder von Gumbo-Gerichten

ERARBEITUNG 1

SB geöffnet. Die S lesen die *Access to cultures*- Box und überprüfen vier Aussagen über den Text auf ihre Richtigkeit.
L: Please read the box and find out whether the following information is right, wrong, or not in the text: 1) Gumbo is from New Orleans. 2) Gumbo is originally a Native American dish. 3) People eat gumbo only at Mardi Gras. 4) Gumbo is a very expensive dish.
Die Auswertung erfolgt im UG.

LÖSUNG

1): not in the text
2): wrong – gumbo combines various traditions, including Native American ones
3): wrong – people eat gumbo every day
4): wrong – rich and poor people eat it

ERARBEITUNG 2

SB geöffnet. Die S bearbeiten anschließend die Aufgabe in der Box.
Die Aufgabe wird schriftlich als HA erledigt. Die S beschreiben dabei das von ihnen gewählte Gericht kurz (z.B. mit Hilfe eines Fotos) und erläutern dann die Ähnlichkeiten zu Gumbo.

AUSWERTUNG

Die S stellen ihre Gerichte einander vor. Hierfür bieten sich unterschiedliche Methoden an, z.B. die ► *Appointment*-Methode oder das ► *Kugellager*.

Weitere Differenzierung
Zur Erledigung der Aufgabe werden den S sprachliche Hilfen zur Verfügung gestellt:
The name of my dish is …
It comes from …
It usually has … in it. [You can use a picture here.]
It combines the cooking traditions of … and …
It is eaten by …

➜ FöFo 2.2

➜ Interaktive Übungen zum Workbook 2.2

Part A Practice   Unit 2

S. 36

TIPPS FÜR IHRE PLANUNG

Part A Practice knüpft thematisch an den Textteil an und steht im Zeichen der Wortschatzarbeit. In **1**, **2** und **3** erweitern die S ihren Wortschatz zu den Themen *food, drinks and meals*, in **7** und **8** wenden sie das neu erworbene Vokabular im Kontext lesend, schreibend und sprechend an. Zusammen bereiten **1**, **2**, **3**, **7** und **8** direkt auf den *Mediation course* vor. **6** (zu Synonymen) ergänzt das Übungsangebot zur Lexik, **4** und **5** bieten sich zur Wiederholung (oder ggf. Einführung) der Konditionalsätze (Typ 1 und Typ 2) an.

➡ FöFo 2.3

➡ Interaktive Übungen zum Workbook 2.2

1 WORDS Good food

NEUER WORTSCHATZ

dairy products *(pl)* · **Box "Food words"**, *Voc.*, SB-Seite 203 · **beef** · **pork** · **tinned** · **powder** · (to) **boil** · **Box "German 'kochen'"**, *Voc.*, SB-Seite 203

EINSTIEG

SB geschlossen. Zweisprachige Wörterbücher liegen im Klassenzimmer bereit. Der Einstieg erfolgt über eine *Five-finger exercise*. Die S werden aufgefordert, den Umriss einer Hand auf ein DIN-A4-Blatt zu zeichnen und die fünf Finger wie folgt zu beschriften.

L: Please trace your hand on a piece of paper. I will ask you five different questions. Write your answers on each one of the fingers. Let's start with your thumbs.

L stellt nun folgende Fragen:
1 (thumb): What is your favourite food?
2 (index finger): Can you name a healthy food?
3 (middle finger): What food do you not like at all?
4 (ring finger): What food do you only have on special days?
5 (little finger): What unusual food have you tried before (e.g. gator meat)?

Sobald die S die Informationen aufgeschrieben haben (je nach Bedarf mit Hilfe eines Wörterbuches), tauschen sie sich mündlich aus, z.B. im ►*Kugellager* oder im Rahmen einer ►*Milling around activity*. Abschließend erhalten die S Gelegenheit, einige Antworten im Plenum zu präsentieren.

➡ Zweisprachige Wörterbücher

Zusatz
Die S stellen ihre Lieblingsspeise, landestypische oder ungewöhnliche Speisen in Form von Minipräsentationen oder auf Plakaten vor.

ÜBERLEITUNG

L: It's one thing to talk about the food you like or dislike, but it's another to talk about what you need to prepare the food you like, how to cook it and how to order it in a restaurant. Let's find out how to do all this in English.

ERARBEITUNG

a) SB geöffnet. Zweisprachige Wörterbücher liegen im Klassenzimmer bereit. Die S übertragen die Tabelle ins Heft und füllen sie aus. Die Ergebnissicherung folgt in PA oder im Plenum.

➡ Zweisprachige Wörterbücher

Zusatz
Die S ergänzen die Tabelle mit Hilfe ihrer Notizen aus dem Einstieg. Die beschrifteten Hände können hierfür im Klassenzimmer ausgehängt werden.

LÖSUNG

– fruit: lemons, apple, bananas
– vegetables: carrots, beans, lentils, mushrooms, onions, peppers, spinach
– meat: beef, chicken, pork, sausage
– dairy products: milk, butter
– other: rice, nuts, parsley

55

Unit 2 Part A Practice

ERARBEITUNG
b) 👥 SB geöffnet. *Partner A and B activity*: Die Übung wird in arbeitsteiliger PA durchgeführt, wobei die S zunächst allein stichwortartig Notizen im Heft anfertigen. Zur Ergebnissicherung werden S-Beispiele im Plenum vorgestellt.

LÖSUNG
– To make spaghetti with tomato sauce, I need spaghetti, water for the spaghetti, tinned tomatoes, some butter, and salt and pepper. I also need some Parmesan cheese.
– To make chicken curry with rice, I need chicken and curry powder, rice, water, an onion, garlic, tomatoes and yoghurt.

Zusatz
Die S recherchieren als HA englischsprachige Rezepte für beide Gerichte im Internet und ergänzen die Zutatenlisten entsprechend.

➜ FöFo 2.3

➜ Interaktive Übungen zum Workbook 2.3

2 WORDS How to cook it

NEUER WORTSCHATZ
(to) **fry** · (to) **roast** · **frying pan** · **saucepan** · **oven**

ERARBEITUNG
a) SB geöffnet. Diese Übung zielt auf die Einführung neuer Wörter ab. Sie wird im Plenum durchgeführt. Es empfiehlt sich, die Dialoge zweimal vorzuspielen. Beim **1. Hören** ordnen die S die Dialoge den Bildern zu, beim **2. Hören** notieren sie sich die entsprechenden Kollokationen.

➜ 1 ▶ 22

LÖSUNG
1D (→ You <u>bake muffins</u>.) · 2B (→ You <u>boil water</u>.) · 3A (→ You <u>fry bacon</u>.) · 4C (→ You <u>roast peppers</u>.)

ERARBEITUNG
b) SB geöffnet. Die Übung wird wahlweise schriftlich oder mündlich durchgeführt. Zunächst bearbeiten die S den Arbeitsauftrag alleine, bevor sie sich mit einem Partner austauschen.

DIFFERENZIERUNG Early finisher
Leistungsstärkere S überlegen sich weitere Gerichte, die unterschiedlich zubereitet werden könnten.

LÖSUNG
1 boil water · 2 boil lentils · 3 bake bread · 4 fry a steak · 5 boil spaghetti · 6 bake a cake · 7 bake biscuits · 8 fry sausages · 9 roast a turkey · 10 fry eggs

AUSWERTUNG
Die Ergebnissicherung erfolgt im Plenum. Diejenigen S, die die *Early finisher*-Aufgabe bearbeitet haben, erhalten am Ende der Besprechung Gelegenheit, ihre Ideen zu präsentieren.

➜ FöFo 2.3

➜ Interaktive Übungen zum Workbook 2.3

3 WORDS It's really delicious!

NEUER WORTSCHATZ
sour · **bitter** · **hot** · **spicy** · **typical (of)**

EINSTIEG
Zunächst werden die neuen Wörter interaktiv eingeführt. Hierfür schreibt L folgende Vokabeln an die Tafel oder hält sie auf Folie oder auf Wortkarten bereit: *pepper, cake, coffee, lemons, chocolate, lemonade, orange juice*.
L: What do these foods and drinks typically taste like? Do they taste sweet, <u>sour</u>, <u>bitter</u>, salty or just hot and <u>spicy</u>?
L spricht die neuen Vokabeln dabei besonders deutlich aus und schreibt sie an die Tafel. Im UG wird den Nahrungsmitteln ihr jeweiliger Geschmack zugeordnet.

Alternative
L bringt zur Veranschaulichung Realien (Pfeffermühle, Kuchen/ Kekse, Packung Kaffee, Zitrone, Tafel Schokolade, Limonade, Orangensaft) mit.

➜ Realia (s.o.)

Part A Practice   Unit 2

ERARBEITUNG
a) SB geöffnet. Die Übung wird mündlich im Plenum bearbeitet. Reihum wählt ein S ein Wort aus der Box und liest es laut vor. Anschließend erhalten die Mit-S die Möglichkeit, das ausgewählte Wort nach folgendem Muster zu einem Satz zu ergänzen: [Wort aus der Box] [Ergänzung] is/are what I'd like to have for [breakfast/ lunch/ dinner]!

LÖSUNG
– German bread / cake / sausage …
– Turkish kebab / tea / sweets …
– Vegetarian dishes / meals / food …
– Sweet tea / chocolate / strawberries …
– Sour lemon juice / yoghurt / candy …
– Bitter tea / coffee / vegetables …
– Hot / spicy curry / Indian food / sauces …
– Delicious chocolate / salads / smoothies …
– Tasty drinks / meals / food …
– Yummy ice cream / roast beef / bread …

ERARBEITUNG
b) 👥 SB geöffnet. Gemäß SB.

MUSTERLÖSUNG
It's a typical Turkish dish. It's made with meat. The meat is roasted. It tastes very spicy. It's really delicious. Answer: kebab.

AUSWERTUNG
Die Auswertung erfolgt im Plenum: einige S beschreiben ein Gericht, die Klasse muss erraten, worum es sich handelt. Dabei achtet L auf sprachliche Korrektheit und verbessert ggf.

➜ Workbook 3–4 (p. 17)

➜ Workbook Wordbank 2

➜ Interaktive Übungen zum Workbook 2.3

S. 37

4 REVISION I'll go for a walk if it doesn't rain (Conditional 1)

EINSTIEG
SB geschlossen. Der Einstieg erfolgt über ein kurzes UG.
L: What would you like to have for lunch/dinner today?
Einige S äußern sich spontan (z.B. S: I'd love to have spaghetti for lunch, because I like it a lot etc.). Mit Hilfe der S-Äußerungen formuliert L mehrere Konditionalsätze vom Typ 1 (z.B. Mike will be very happy this afternoon if he has spaghetti for lunch. He will be extremely sad if he only gets bread and water.). Ein Satz wird an der Tafel oder auf Folie festgehalten wird. Mit Hilfe des Beispiels lenkt L die Aufmerksamkeit auf die Bauform der Konditionalsätze vom Typ 1 und wiederholt ggf. die Grundregeln.

➜ GF 2.1: Conditional 1 (p. 173)

➜ LAS 2.1

ERARBEITUNG
SB geöffnet. Die S bearbeiten die Aufgabe in EA, indem sie die Sätze vervollständigen und in ihr Heft schreiben. Zuvor empfiehlt es sich, den ersten Satz im Plenum zu besprechen.

DIFFERENZIERUNG   **More help**
Leistungsschwächere S arbeiten auf SB-Seite 132. Dort finden sie die gleichen Sätze, allerdings wurden die Verben aus der Box den Haupt- und Nebensätzen bereits zugeordnet.

57

Unit 2   Part A Practice

LÖSUNG

1 The weather seems OK. I will go for a walk later if it doesn't rain.

2 Yes, and if you get back before seven, we will watch that film on TV.

3 Please hurry up! We will be late for the party if we don't leave now.

4 If you need anything from the shops, just tell me, and I will get it for you.

5 If I go to the market, I will remember that you love fresh spinach.

6 Careful! If you use too much salt, the soup won't taste very nice.

7 Haven't you had enough? You will be sick if you eat so much!

8 Be careful with that plate. It will break if you drop it.

AUSWERTUNG

Die Auswertung erfolgt wahlweise im UG, über ►*Partnercheck* oder durch Selbstkontrolle. Hierfür wird eine Musterlösung bereitgehalten (z.B. auf Folie oder als Kopie).

➜ FöFo 2.3

➜ Interaktive Übungen zum Workbook 2.4

5   REVISION If I went fishing in New Orleans ... (Conditional 2)

EINSTIEG

SB geschlossen. L bittet die S im UG, den Halbsatz *If I went to New Orleans tomorrow, I ...* möglichst variantenreich zu ergänzen. Ein Satz wird an der Tafel oder auf Folie festgehalten. Mit Hilfe des Beispiels lenkt L die Aufmerksamkeit auf die Bauform der Konditionalsätze vom Typ 2 und wiederholt ggf. die Grundregeln.

➜ GF 2.2: Conditional 2 (pp. 173–174)

➜ LAS 2.1

ERARBEITUNG

SB geöffnet. Zunächst wird Bild 1 im Plenum besprochen. Dabei können die S die sprachlichen Hilfsmittel im SB aufgreifen und anwenden. L achtet darauf, dass die Konditionalsätze richtig gebildet werden, und korrigiert ggf. Die Bilder 2 und 3 werden von den S wahlweise in EA oder PA erledigt und die Ergebnisse schriftlich festgehalten.

LÖSUNG

1

– If I saw an alligator, I would be really scared/shocked.

– If the alligator came closer, I would probably shout/call for help/panic.

– If I were the alligator, I would feel very hungry/be surprised about the fisherman.

2

– If I were the boy, I would ask my dog to stop/laugh out loud.

– If I were the girl, I would take my dog and leave.

– If I were the little dog, I would want to play with the big dog.

– If I were the big dog, I would bite the other dog.

3

– If I were the woman, I'd shout at the boy.

– If I were the boy, I'd say sorry.

– If I were the girl, I'd move away.

– If I were the monkey, I'd try to get the ice cream.

➜ GF 22: Conditional 2 (pp. 173–174)

➜ FöFo 2.3

➜ Interaktive Übungen zum Workbook 2.4

DIFFERENZIERUNG   **More help**

Leistungsschwächere S arbeiten auf SB-Seite 132. Dort finden sie weitere sprachliche Hilfestellungen zu allen Bildern und Satzanfängen.

DIFFERENZIERUNG   **Early finisher**

Leistungsstärkere S arbeiten auf SB-Seite 141. Dort finden sie eine weitere spielerische Übung zur Wiederholung des *Conditional 2*.

AUSWERTUNG

Die Auswertung erfolgt wahlweise im Plenum oder in Kleingruppen. Reihum kommentieren die S die Bilder und bilden Konditionalsätze vom Typ 2.

Part A Practice   Unit 2

6 WORDS Loud and noisy (Synonyms)

ERARBEITUNG

a) SB geöffnet. Die Übung wird in EA schriftlich oder mündlich erledigt und im Plenum gesichert.

LÖSUNG

answer – reply	journey – trip
author – writer	large – big
call – phone	loud – noisy
continue – go on	photo – shot
correct – right	rest – relax
crazy – mad	sick – ill
great – awesome	start – begin
guest – visitor	tasty – delicious

AUSWERTUNG

Die Ergebnissicherung erfolgt im Plenum. Damit den S die Auswertung leichter fällt, werden sprachliche Hilfen an der Tafel oder auf Folie bereitgestellt: *X and Y are synonyms. / X means the same as Y. / X is a synonym for Y. / X is another word for Y.*
Zum Abschluss lenkt L die Aufmerksamkeit der S auf die Tipp-Box, die gemeinsam gelesen und besprochen wird.

ERARBEITUNG

b) SB geöffnet. Die S arbeiten in EA und notieren sich fünf Sätze.

MUSTERLÖSUNG

Please send me a reply to my email as soon as possible. …

ERARBEITUNG

c) 👥 **SB geöffnet.** Die S lesen sich ihre Sätze abwechselnd vor. Der Zuhörer wiederholt den Satz mit dem jeweiligen Synonym.

MUSTERLÖSUNG

S1: Please send me a reply to my email as soon as possible
S2: Please send me a answer my email as soon as possible.

Alternative

Die Wörter aus den Boxen 1 und 2 werden auf Kärtchen geschrieben. Die Klasse wird in Kleingruppen eingeteilt. Jede Gruppe erhält einen Stapel Karten. Die Gruppen werden gebeten, möglichst schnell die Wortpaare zu bilden. Die schnellste Gruppe erhält einen kleinen Preis.

➜ Workbook 5–6 (p. 18)

➜ FöFo 2.3

7 EXTRA Help! My kids want to be vegetarians ✏

EINSTIEG

SB geschlossen. Der Einstieg erfolgt zunächst thematisch über die Überschrift der Übung. L schreibt die Überschrift an die Tafel oder auf Folie und bittet die S, sich dazu äußern.
L: Imagine you come across this heading somewhere. What kind of text could it be, and what is it about?
Die S äußern ihre Vermutungen, die stichwortartig an der Tafel mitprotokolliert werden.

Help! My kids want to be vegetarians	
What kind of text?	Topics?
report	vegetarians
ad	conflicts
letter	parents and children
	healthy food
	junk food
	doctors who give advice

SB geöffnet. Die S erhalten den Auftrag, den Text in zwei Minuten zu überfliegen (Zeit stoppen!) und die Hypothesen an der Tafel zu überprüfen. Danach werden die Bücher geschlossen. In PA vergleichen die S ihre Ergebnisse. Anschließend werden die Ergebnisse im Plenum besprochen, wobei falsche Hypothesen durchgestrichen, richtige abgehakt werden.

59

Unit 2 Part A Practice

ÜBERLEITUNG

L: Now that we have a basic idea of what the text is about, let's have a closer look at it, especially at the many new words in the text.

ERARBEITUNG

a) 👥👥 **SB geöffnet.** Die S lesen den Text abschnittweise im Detail, notieren sich alle Vokabeln, die ihnen nicht geläufig sind, und versuchen sie mit Hilfe der in der Tipp-Box erwähnten Strategien zu erschließen.

➔ SF 21: Dealing with unknown words (p. 167)

➔ Lösung auf SB-Seite 260

AUSWERTUNG

Die Auswertung erfolgt in zwei Schritten. Zunächst vergleichen die S ihre Wortliste mit der Liste im Buch und stellen fest, wie viele der ihnen nicht geläufigen Wörter neues Vokabular darstellen. Die Anzahl der nicht geläufigen, aber bereits gelernten Wörter ist ein Maß dafür, wie sicher der erlerne Wortschatz beherrscht wird. Neues Vokabular, das Verständnisschwierigkeiten bereitet, wird im Plenum besprochen. Im UG sollten die Erschließungstechniken exemplarisch bewusst gemacht werden.

ERARBEITUNG

b) **SB geöffnet.** Die Frage wird im Plenum diskutiert und beantwortet.

➔ Interaktive Übungen zum Workbook 2.3

LÖSUNG

I think the letter is written to a magazine which answers questions from readers / to an agony aunt …
The mother is worried because she thinks her children need to eat meat to stay healthy / because she doesn't know what it means to be a vegetarian …

8 EVERYDAY ENGLISH Why don't you … ?
(Making and reacting to suggestions)

NEUER WORTSCHATZ

Why not try …? · **Box "Making suggestions with 'Why not …?'"**, *Voc.*, SB-Seite 204 · (to) **recommend** sth. **(to** sb.**)** · (to) **fancy** sth. *infml*

ERARBEITUNG

a) **SB geöffnet.** Die S übertragen vor dem 1. Hören zunächst unter der Überschrift *Making suggestions* die fünf Ausdrücke in den Boxen untereinander in ihr Heft:

1 Why don't you …
2 If you like …, you could …
3 Why not …
4 If I were you, I'd …
5 I'd recommend …

Beim **1. Hören** des Textes werden die Ausdrücke entsprechend der Reihenfolge ihrer Verwendung in richtiger Reihenfolge nummeriert.

➔ 1 ▷ 26

LÖSUNG

4 If I were you, I'd … · 2 If you like …, you could … · 3 Why not … · 5 I'd recommend … · 1 Why don't you …

Part A Practice   Unit 2

ERARBEITUNG

b) 👥 SB geöffnet. Bevor der Text zum zweiten Mal gehört wird, übertragen die S die Tabelle aus dem Buch unter der Überschrift *Reacting to
suggestions* in ihr Heft und füllen sie aus.

2. Hören: Beim erneuten Hören überprüfen die S ihre Antworten. Zuvor
weist L darauf hin, dass es häufig auf den Tonfall einer Äußerung
ankommt, um zu entscheiden, ob sie als Zustimmung oder Ablehnung
aufzufassen ist.

L: Please don't forget to pay attention to the way the speakers say these
phrases. Are they happy? Are they worried? This way, you can decide if
the speaker likes a suggestion or not.

LÖSUNG

like the suggestion	not sure	don't like it
That seems tasty.	Well, maybe.	No, I couldn't eat that.
I like the sound of that.	I'm not sure if I'd enjoy that.	No, I don't fancy that.

c) SB geöffnet. Gemäß SB. Die S arbeiten im ▶ *Kugellager*.

Alternative

Die S werden gebeten, ein kleines
Rollenspiel zu erfinden und dabei
die Redewendungen aus dem
Hörtext zu verwenden.

L: Imagine you and your best
friend are in a restaurant. Act out
a short dialogue. Make suggestions to each other and answer
them.

➔ Workbook 7 (p. 19)

61

Unit 2 Mediation course  Relevant information

KOMMUNIKATIVE KOMPETENZEN
Die S können …
Mediation: relevante Informationen aus einer deutschen Speisekarte auf Englisch wiedergeben (SB-Seite 39, 1a, 1b) und in einem Rollenspiel situations- und adressatengerecht auf Englisch mündlich vermitteln (SB-Seite 39, 1d).

METHODISCHE KOMPETENZEN
… bei Formulierungsschwierigkeiten die Kompensationsstrategie des Paraphrasierens weitgehend selbstständig anwenden (SB-Seite 39, 1c))

S. 39

TIPPS FÜR IHRE PLANUNG
Im *Mediation course* dieser Unit üben sich die S darin, wesentliche Inhalte aus einem deutschen Text sinngemäß, angemessen und adressatengerecht ins Englische zu übertragen. Als authentisches Textbeispiel dient eine Speisekarte. Nachdem die Speisekarte genau gelesen und verstanden wurde (Teilaufgabe **a)**), entnehmen die S gezielt Informationen aus dem Text (**b**), üben sich im Paraphrasieren von Schlüsselbegriffen (**c**) und übertragen die Informationen zum Abschluss in einem lebensnahen Rollenspiel mündlich ins Englische (**d**).

➜ FöFo 2.3
➜ Interaktive Übungen zum Workbook 2.5

NEUER WORTSCHATZ
menu · **allergic (to** sth.**)** · **light** green/blue/… · **Box '"they/them/their' nach Nomen im Singular"'**, *Voc.*, SB-Seite 204 · **waiter/waitress** · **relevant (to** sth.**)** · **(to) paraphrase**

EINSTIEG
SB geschlossen. Der Einstieg ins Thema erfolgt über ein kurzes UG.
L: What restaurants do you like to go to? What food do you usually have there? Who usually pays for the bill?

ÜBERLEITUNG
L: Imagine you are visiting a traditional German restaurant with an American friend of yours who doesn't speak German. Let's find out how you can help your guest understand what's on the menu.

ERARBEITUNG
a) SB geöffnet. Gemäß SB. Sollten Gerichte auf der Speisekarte unbekannt sein, werden sie im Plenum auf Englisch erklärt.

ERARBEITUNG
b) SB geöffnet. Die Aufgabe kann arbeitsteilig bearbeitet werden. L lässt zunächst durchzählen.
L: Please count off 1 to 4.
Entsprechend ihrer Nummer bearbeiten die S ihre Aufgabe und fertigen Notizen an. Die Besprechung erfolgt im Plenum.

Weitere Differenzierung

Zur Erklärung der Gerichte hält L sprachliche Hilfsmittel bereit, z.B. auf Folie oder an der Tafel:

starter / main dish / side dish / dessert

made of meat / vegetables / fish / pasta

made of chicken / turkey / pork / beef

vegetarian / vegan option

to taste spicy / mild / sweet / sour

…

MUSTERLÖSUNG
– A vegetarian cannot have any meat or fish dishes and must choose from one soup (garlic soup), two salads (Greek salad, home-made salad), and three main dishes (baked potato and two pasta dishes).
– Someone who doesn't eat pork would have to know that none of the main meat dishes would be good options because they will have pork meat in them.
– Someone who doesn't like spicy food should not have goulash soup (because it's made with paprika) or the sausage dish with curry sauce.
– Someone who is allergic to tomatoes should not have the Greek salad, the home-made salad or the vegetable lasagne.

Mediation course — Relevant information — Unit 2

ERARBEITUNG

c) SB geöffnet. Die S bearbeiten die Aufgabe wahlweise in EA oder PA. Jeder S wählt zwei deutsche Begriffe aus und umschreibt sie.

MUSTERLÖSUNG

– Putenstreifen, that's turkey that has been cut up in thin slices.
– Cordon bleu, that's a meat dish made of pork filled with cheese and ham.
– Ofenkartoffel, that's a potato that has been baked.

ERARBEITUNG

d) SB geöffnet. Gemäß SB.
L: If you need some language support, feel free to use the phrases in the box.

AUSWERTUNG

Es empfiehlt sich, zum Abschluss des *Mediation course* ein oder zwei Rollenspiele im Plenum vorzuführen und zu besprechen. Das zuhörende Publikum achtet dabei auf die situations- und adressatengerechte Vermittlung der Informationen.

➜ SF 10: Selecting relevant information (p. 160), SF 11: Paraphrasing (p. 161)

➜ Workbook 8 (p. 20)

➜ FöFo 2.3

➜ Interaktive Übungen zum Workbook 2.5

Unit 2 Part B

KOMMUNIKATIVE KOMPETENZEN

Die S können …

Lesen: Hauptaussagen sowie implizit gegebene Detailinformationen aus Texten zu interkulturell relevanten Themen entnehmen und Vermutungen zu Gefühlen handelnder Personen treffen (SB-Seite 40, 1 und 2; SB-Seite 41, 3, 4)

Sprechen: sich in die Lebenswelt handelnder Personen hineinversetzen und dazu austauschen (SB-Seite 41, 4b, 5)

METHODISCHE KOMPETENZEN

Notizen zu einem gelesenen Text anfertigen und mit ihrer Hilfe persönlich Stellung beziehen (SB-Seite 41, 5)

S. 40–41

TIPPS FÜR IHRE PLANUNG

In *Part B* machen sich die S am Beispiel der Familiengeschichte Tylers mit den Grundzügen der Geschichte der Bürgerrechtsbewegung in den USA vertraut. Zunächst üben sie sich im sinnerschließenden Lesen (**1**). Nach dem Abendessen sitzen Tyler und seine Eltern mit Großmutter Betty zusammen und unterhalten sich angeregt über ein altes Banjo, das seine Mutter zufällig in einem Schrank gefunden hat. Als Großmutter Becky Tyler vergilbte Fotos, einen Zeitungsartikel und ein mysteriöses Paar Ohrringe aus Alligatorenzähnen zeigt, ist sein Interesse an der Geschichte seiner Vorfahren geweckt. Diese wird in (**2**) und (**3**) näher beleuchtet.

➜ FöFo 2.4

1 The memory box

NEUER WORTSCHATZ

(to) **tune** · (to) **tighten** · **string** · **closet** · **I would have screamed too.** · (to) **belong to** sb. · **great-grandfather/great-grandmother** · **porch** *(AE)* · °**most every night** *(AE)* · **honey** · **Box "one/ones"**, *Voc.*, SB-Seite 205 · **he** had killed it **himself** · **Box "German 'selbst'"**, *Voc.*, SB-Seite 205 · **jewellery** *(BE)* / **jewelry** *(AE) (no pl)* · **style** · **pile** · **wedding** · °**sit-in** · **segregation**

EINSTIEG

SB geschlossen. Zum Einstieg bringt L zwei oder drei Gegenstände von persönlichem Wert mit (z.B. eine Postkarte, ein altes Foto, ein Poesiealbum, ein altes Spielzeug). In einem kurzen Vortrag erläutert L zunächst die Bedeutung der mitgebrachten Gegenstände.

L: Today I've brought something very personal to class with me. Look at this … I got/ bought this when … I've kept these things all these years because …

Anschließend bearbeiten die S im ▶*Think-Pair-Share*-Verfahren folgende Fragen: Are there any objects in your family that are important to you? Which ones? Can you tell us why?

ÜBERLEITUNG

Zur Einstimmung auf den Text äußern sich die S im Plenum zur Aufgabe aus dem SB.

L: Say what you think a memory box is. What kind of things would you put in it?

Dann leitet L über: Tyler is about to discover several family objects in Grandma Betty's house. Let's find out which ones.

Part B   Unit 2

ERARBEITUNG
SB geöffnet. Die S lesen den Text still in EA. Dabei schlagen sie unbekanntes Vokabular selbstständig nach und bearbeiten folgenden Arbeitsauftrag.
L: Name the family objects Tyler learns about and take notes on what you find out about them.
Die Ergebnisse werden zunächst in PA, anschließend im Plenum verglichen.

→ Audio online

LÖSUNG
– gourd banjo: old instrument, used to belong to Tyler's great-grandfather
– alligator teeth: pair of earrings given to Grandma Betty when she was 16; she never wore them; the boy who gave them to her said he had killed the alligator
– old photos: show Tyler's great-grandfather Ray, who took Betty to protest demonstrations

→ FöFo 2.4
→ Your task, SB-Seiten 52–53

2 Grandma Betty's memories

ERARBEITUNG
SB geöffnet. Die Aufgabe dient der vertieften Auseinandersetzung mit dem Text. Die S sind aufgefordert, Bettys Gefühlslage zu beschreiben. Zunächst machen sich die S Notizen, anschließend tauschen sie sich wahlweise in PA oder in ▶ *Buzz groups* aus.
L: Analyse Grandma Betty's feelings. Make notes and give reasons for your answers.

Weitere Differenzierung
Als sprachliche Hilfestellung hält L auf Folie oder auf einem A3-Poster Adjektive bereit, die Gefühlslagen beschreiben: angry – annoyed – confused – embarrassed – frightened – lonely – upset – cheerful – enthusiastic – joyous – proud – relieved.

→ FöFo 2.4

MUSTERLÖSUNG
At first, Grandma Betty is not happy about Tyler's dad playing the banjo (l. 4), and she is not as excited about the instrument as D'Avila (ll. 13–14). It seems that she doesn't want to talk or think about the banjo. When she starts playing the instrument, she becomes emotional and sad. When talking about the earrings, Grandma Betty is much happier (ll. 35–39).

ERARBEITUNG (www)
Follow the link bietet Informationen über die Geschichte des *gourd banjo* und einen Song.

→ www.englishg.de/access

3 Civil rights

NEUER WORTSCHATZ
civil rights *(pl)* · **diner** · **in downtown New Orleans** *(AE)* · **counter** · **in the 1960s** · **movie theater** *(AE)* · **streetcar** · **tram** · **public** · **restroom** *(AE)* · °**drinking fountain** · °**colo(u)red** · **all over the city / the world** · **discrimination (against)** · (to) **beat** sb. **up** · (to) **murder** · **courage** · (to) **speak out** · (to) **call** sb. **names** · **prejudice (against)** · **generation** · **system**

EINSTIEG
SB geöffnet. Die S lesen die Überschrift des Zeitungsartikels, betrachten das Foto und äußern Vermutungen, wieso Grandma Betty und ihr Mann vor 50 Jahren demonstrierten.
L: Look at the headline and the photo. Then speculate why Grandma Betty and Tyler's grandpa took part in a protest demonstration in New Orleans fifty years ago.

Ergänzung
Aktivierung des Vorwissens der S zur Bürgerrechtsbewegung in Form einer ▶ *KWL*-Übung. L: What do you know about the Civil Rights Movement in the US? (K) And what would you like to know about the topic? (W) Make notes. Die S vergleichen ihre Notizen in PA, bevor sie sich im Plenum äußern.

65

Unit 2   Part B

ERARBEITUNG

SB geöffnet. Die S bekommen zwei Minuten Zeit, um den Artikel zu scannen und Informationen über Tylers Urgroßvater zu entnehmen.
L: Scan the text for information on Rudy Lombard and Lanny Goldfinch. You have two minutes. Anschließend werden die Informationen im Plenum zusammengetragen.

LÖSUNG

Rudy Lombard and Lanny Goldfinch
– were arrested in 1960
– sat down in a diner where only white people were supposed to sit
– were leaders of the Civil Rights Movement in New Orleans

4 Protests

ERARBEITUNG

SB geöffnet. Die S lesen den Text nun genau und bearbeiten die Aufgabe im ▸ *Think-Pair-Share*-Verfahren. Abschließend sollte im Plenum Zeit für offene Fragen zum Text oder zur Bürgerrechtsbewegung allgemein reserviert werden.

LÖSUNG

types of discrimination against black people:
– discrimination happened everywhere
– different movie theaters, parks, schools, public telephones, drinking fountains etc. for white and black people (signs: "white only", "colored only")
– in streetcars black people had to sit at the back or give up their place when a white person wanted it

personal experience that moved people to protest:
– Dodie Smith-Simmons: lost her white friends when she was young because their parents didn't want them to play with her; was called names; thinks her friends were good people but were taught to hate her
– John Hubbard: couldn't sit in the front of a streetcar like white people when he was little; he was encouraged by his mother to stand up for his rights

how people protested:
– with sit-ins in public places
– the dangers of protest: arrests by police, violence from police, murder, going to prison, losing one's job

Ergänzung

Zum Abschluss der Textarbeit reflektieren die S im letzten Teil der ▸ *KWL*-Übung (HRU-Seite 65) in EA über ihren eigenen Erkenntnisgewinn.
L: What have you learned about the Civil Rights Movement in the US? Make notes.

5 Have a go

ERARBEITUNG

SB geöffnet. Die S versetzen sich in die Lage der Bürgerrechtler und sagen, was sie an deren Stelle getan hätten – unter Verwendung der Struktur *would + have + past participle*.

➜ Text File 3 (p. 118)
➜ FöFo 2.4

Part B Practice   Unit 2

S. 42

TIPPS FÜR IHRE PLANUNG

In *Part B Practice* lernen die S auszudrücken, was sie in einer bestimmten (vergangenen) Situation getan hätten (*would have + past participle; I wish I + past perfect*). Die neue grammatische Struktur wird zunächst in *Looking at language* mit Hilfe des Lesetextes **1** von SB-Seite 40 bewusst gemacht. In **4** (EXTRA) können die S fakultativ mit dem *Conditional 3* vertraut gemacht werden.

➜ Interaktive Übungen zum Workbook 2.6

Looking at language

ERARBEITUNG

a) SB geöffnet. Die Aufgabe wird in EA erledigt. Die S machen sich den Aufbau der Struktur bewusst und greifen dabei auf Beispiele aus dem Lesetext **1** (SB-Seite 40) zurück. Die Ergebnissicherung erfolgt im Plenum.

LÖSUNG

The people are talking about the past.

ERARBEITUNG

b) SB geöffnet. Die Aufgabe wird wiederum in EA erledigt. Zunächst klären die S die Bedeutung der Struktur (die Beispielsätze wurden Lesetext **1** auf SB-Seite 40 entnommen), indem sie sich jeweils für eine der beiden Antwortalternativen entscheiden. Im Plenum begründen sie ihre Wahl.

LÖSUNG

– The would have-form is followed by the past participle form of a verb.
– When you wish something about the past, use the past perfect after wish.
– In an if-clause about the past, you use the past perfect.

1 I would have stayed inside (would have-form)

EINSTIEG

Zwei S werden gebeten, den Beispieldialog mit ausdrucksstarker Betonung vorzulesen bzw. vorzuspielen. Dann leitet L über:
L: Please work in pairs. One of you reads out a statement, the other one comments on it. Say what you would have done differently. Take turns to play A and B.

ERARBEITUNG

👥👥 **SB geöffnet.** Die S arbeiten paarweise zusammen und bearbeiten die Aufträge im SB.

MUSTERLÖSUNG

2 I would have waited a bit longer. · 3 I would have asked for something else. · 4 I would have left early. · 5 I would have bought a different colour. · 6 I would have given him a book or a DVD.

AUSWERTUNG

Die Auswertung erfolgt im Plenum, indem unterschiedliche S-Paare ihre Lösungen präsentieren.

➜ Interaktive Übungen zum Workbook 2.6

67

Unit 2   Part B Practice

2 Would've, could've, … 🎧

NEUER WORTSCHATZ
native speaker · pattern

ERARBEITUNG
a) SB geöffnet. Die S lesen zunächst den *Listening Tip* auf SB-Seite 42. Vor dem Hören der Beispielsätze sollte den S zunächst Gelegenheit gegeben werden, die zu erkennenden Satzteile laut vorzulesen. Anschließend gemäß SB. **1. Hören.**

LÖSUNG
5a · 4b · 2c · 3d · 6e · 1f

ERARBEITUNG
b) SB geöffnet. Die S notieren die vollständigen Formen, bevor sie die gesprochenen Sätze erneut hören (**2. Hören**) und sich auf die Aussprache der Hilfsverben konzentrieren.

LÖSUNG
1 it could not have been · 2 I would have helped · 3 they should not have told · 4 I could have given · 5 we would not have come · 6 she would have texted

ERARBEITUNG
c) SB geöffnet. Gemäß SB.

LÖSUNG
1 He'd've helped you if you'd asked him.
2 If he hadn't helped, we couldn't've done it.

➡ 1 ▷ 29–34 Transkript online

Weitere Differenzierung
Leistungsstärkere S versuchen vor dem Hören die Satzteile so zu ergänzen, dass sich sinnhafte Aussagen ergeben, z.B. It could've been a problem if I had been late this morning.

➡ Interaktive Übungen zum Workbook 2.6

S. 43

3 I wish I had been more careful (wish + past perfect)

ERARBEITUNG
a) SB geöffnet. Die S erledigen die Aufgabe schriftlich gemäß Anweisungen im SB.

MUSTERLÖSUNG
A: I wish I had kicked the ball and not the goal. · I wish I hadn't gone to the ski resort.
B: I wish I hadn't driven so fast. · I wish I hadn't used my mobile. · I wish I had asked Mum to drive. · I wish I had seen the tree.
C: I wish I hadn't gone into the shop. · I wish I had taken off my backpack. · I wish I had seen the lamp on the table. · I wish I hadn't taken so much stuff with me.
D: I wish I hadn't gone outside. · I wish I had read the weather forecast. · I wish I had taken an umbrella. · I wish I had worn a coat.
E: I wish had woken up before. · I wish I had run faster. · I wish I hadn't gone to bed so late. · I wish I had done more sport.

ERARBEITUNG
b) 👥 SB geöffnet. Die S arbeiten zu dritt zusammen und kommentieren die Bilder reihum mündlich. Dabei ist jedes Gruppenmitglied aufgefordert, mindestens einen Kommentar pro Bild zu formulieren.

MUSTERLÖSUNG
A You poor thing. I bet you wish you had kicked the ball and not the goal. …

Part B Practice   Unit 2

DIFFERENZIERUNG   More help

a) /b) Leistungsschwächere S arbeiten auf SB-Seite 133. Dort finden sie vorformulierte Sätze, in denen sie die richtigen Verbformen einfügen müssen.

AUSWERTUNG

Die Auswertung erfolgt exemplarisch im Plenum. Zu einem der Bilder werden im Plenum möglichst viele unterschiedliche Kommentare vorgetragen, L korrigiert ggf. bzw. lenkt die Aufmerksamkeit auf die Struktur.

4 EXTRA ... if you had been more careful (Conditional 3)

ERARBEITUNG

a) SB geöffnet. Mit Hilfe der Lückensätze im SB formulieren die S schriftlich angeleitete Sätze im *Conditional 3*.

MUSTERLÖSUNG

You wouldn't have fallen ...
if you hadn't climbed that tree. / if you hadn't run down the stairs so quickly. / ...

ERARBEITUNG

b) SB geöffnet. Die S erledigen die Aufgabe schriftlich in EA.

MUSTERLÖSUNG

➡ GF 2.3: Conditional 3 (p. 174)

1 If I hadn't driven so fast, I wouldn't have crashed into the tree.
2 If I had taken off my backpack, I wouldn't have broken the lamp.
3 If I hadn't forgotten my umbrella, I wouldn't have got so wet.
4 If I had left home earlier, I would have been in time for the bus.

ERARBEITUNG

c) 👥 SB geöffnet. Gemäß SB.

DIFFERENZIERUNG   More help

Leistungsschwächere S arbeiten auf SB-Seite 133. Dort sind die Dialoge bereits als Lückentexte angelegt.

MUSTERLÖSUNG

➡ LAS 2.2

➡ Interaktive Übungen zum Workbook 2.6

A
A: Hi, I'm in hospital. My leg is broken.
B: I bet you wish you hadn't gone on holiday.
A: Right, if I hadn't gone, I wouldn't have broken my leg.

C
A: I had an accident in a shop with a lamp.
B: Do you wish you hadn't taken your backpack?
A: Yes, if I had taken off my backpack, I wouldn't have broken the lamp.

D
A: I got very wet yesterday.
B: I bet you wish you hadn't gone outside.
A: Well, if I had worn a coat, I wouldn't have got wet.

E
A: I missed the bus this morning.
B: I guess you wish you had run faster.
A: Or if I had woken up earlier, I wouldn't have been late.

Unit 2   Part B Practice

5 Something went wrong ⟲

ERARBEITUNG

👥 SB geöffnet. Die S bearbeiten die Aufgabe in PA gemäß den Aufträgen im SB.

MUSTERLÖSUNG

Text A

My text is about two kids who went down a street on a sledge when there was snow. At the bottom of the hill they couldn't stop and crashed into a car.
I bet they wish …
they hadn't gone out with their sledge. / they hadn't been bored. / the street hadn't been on a hill. / they hadn't gone so fast. / the mirror hadn't been broken. / …

Text B

My text is about a girl who went on a kayak trip with her friends. The kayak turned over, she fell into the water and lost the kayak.
I bet Emma wishes …
she had gone faster. / hadn't been behind the others. / hadn't tried to get to the others. / the water hadn't been high. / there had been enough room under the bridge. / the kayak hadn't turned. / she hadn't been under water.

AUSWERTUNG

Die Auswertung erfolgt exemplarisch im Plenum. Einige S lesen Halbsätze vor, Mit-S ergänzen diese. Inhaltlich oder grammatisch falsche Äußerungen werden im Plenum verbessert.

➡ Workbook 11 (p. 22)

Background file EXTRA African American Q & A   Unit 2

S. 44–45

NEUER WORTSCHATZ

°African American · °race · °factor · °society · °legacy · °accident · °experience · °crime rate · °wealth · °racial · °cite · °civil war · °(to) free sb. · °reality · °violence · °lynch · °keep sb. down · °politics · °(to) vote · °vote · °law · °voter · °tax · °(to) separate +separate · °citizen · °(to) accept · °Supreme Court · °theory · °so: ..., but so was my teacher. · °mob · °lesson · °(to) judge sb. by ... · °skin · °protection · °turning point · °(to) call for sth. · °equal · °opportuni-ty · °(to) pass (a law) · °(to) act · °milestone · °equality · °success-ful · ° likely: be likely to do sth. · °underweight · °poverty · °trained · °college · °progress · °(to) put: how he put it · °qualified · °march

INFO-BOX

The **American Civil War** (1861–1865) had its roots in the conflicts between the northern and southern states, which were divided over the issue of slavery. When Abraham Lincoln was elected president in 1860, he promised to keep slavery out of the territories that were yet to become states. The war started when seven states in the South broke away from the Union and formed the Confederate States of America. Four years later, 625,000 sol-diers had died, but the North had won. The United States remained one nation, and slavery was ended.

The **Ku Klux Clan** (or KKK) was formed in 1865 by white supremacists to threaten, terrorize and kill African Americans. Members often dressed in robes and hoods to hide their identities. The KKK still exists today, promot-ing its racist views and staging marches.

Jim Crow describes a system of laws that enforced racial segregation in the South after the Civil War. From the late 1870s, southern states passed legislation requiring "persons of color" to be separated from whites in public facilities such as schools, parks, theatres, restaurants and public transportation. In 1954 the Supreme Court declared segregation in public schools unconstitutional. This ruling was later applied to other public places.

The **American Civil Rights Movement** was a protest movement against racial segregation in the southern U.S. In December 1955, Rosa Parks refused to give up her seat to a white man on a bus in Montgomery, Alabama. This sparked a bus boycott and led to mass demonstrations across the U.S. for civil rights reform. The protests cu mi-nated in August 1963 in the March on Washington, attended by over 200,000 people, including Dr Martin Luther King, who gave his famous "I Have a Dream" speech. In 1964 the Civil Rights Act was passed, prohibiting all forms of segregation. The subsequent Voting Rights Act of 1965 ensured voting rights for African Americans.

EINSTIEG

SB geöffnet. Die S beschäftigen sich zunächst mit dem Foto von Präsident Obama.

L: Look at the photo. Do you recognize the man? What do you know about him?

Die S äußern sich. Anschließend leitet L zum Zitat über.

L: Please read the quote. Then work together with a partner and para-phrase it. Use your own words to describe what President Obama is telling us here.

Die S tauschen sich zunächst zu zweit aus, dann stellen sie ihre Ergeb-nisse im Plenum vor.

S: President Obama says it is important to look at American history to understand why African Americans have so many problems today: they are poorer than white people and commit more crimes.

L sollte die Besprechung des Zitates dafür nutzen, den Schlüsselbegriff Jim Crow (Jim Crow = laws that were passed in the southern U.S. after the Civil War to keep blacks down) vorzuentlasten. Das UG sollte auch dazu genutzt werden, das Vorwissen der S zu reaktivieren.

L: What do you know about black people in the U.S.? What do you know about slavery? (S äußern sich.) Dann leitet L über: Let's follow President Obama's advice and learn more about African Americans and their history.

KV 5: African American history: a timeline.

Die KV dient der Überprüfung des Textverständnisses.
Lösung: (5) · (6) · (3) · (2) · (1) · (4) · (7)

71

Unit 2 Background file EXTRA African American Q & A

ERARBEITUNG

a) SB geöffnet. Die S bearbeiten die Aufgabe gemäß SB. Die Ergebnisse werden im Heft unter der Überschrift "How Jim Crow affected African Americans before 1965" festgehalten.

LÖSUNG

How Jim Crow affected African Americans before 1965
- Black people were kept from voting.
- Black people were segregated (in cinemas/ buses ....).
- Black people were treated as second-class citizens (in the school system).
- Black people suffered violence (for example from the Ku Klux Klan).
- Hatred continued even after segregation was outlawed (in 1954).

ERARBEITUNG

b) 👥 **SB geöffnet.** Die S arbeiten in ►*Buzz groups* und besprechen ihre Ergebnisse. Bevor sie sich über ihr Vorwissen über die heutige Lage der afro-amerikanischen Bevölkerung austauschen, erhalten sie Gelegenheit, im Plenum Fragen zu stellen.

Weitere Differenzierung

L hält sprachliche Hilfsmittel für die Diskussion in ►*Buzz groups* bereit (z.B. auf Folie): The situation for African Americans has (not) improved because ...
(not) be allowed to vote/ go to the polls
(not) be segregated
(not) have the same rights/ opportunities/ chances as ...
(not) be successful

➜ FöFo 2.5

➜ www.englishg.de/access

➜ Workbook 12–13 (pp. 22–23)

➜ Interaktive Übungen zum Workbook 2.8

ERARBEITUNG (www)

Follow the link bietet einen zusätzlichen Hörtext an, in dem sich afro-amerikanische Schüler/-innen zu dem Tod von Michael Brown in Ferguson äußern. Es empfiehlt sich, den Text zweimal hören zu lassen. Beim **1. Hören** sammeln die S Informationen über Michael Brown.

L: Listen and collect information on Michael Brown. (– a black teenager who was shot and killed by a white police officer, didn't have any weapons, officer said he was under attack).

Beim **2. Hören** konzentrieren sich die S auf die Reaktion eines amerikanischen Schülers, Zyon Adams.

L: Listen again and concentrate on Zyon Adams and his reaction to the shooting (– he is scared that he might be shot when he's older; he is confused because it's only black teenagers that get killed; he is determined to make the world a better place; he wants to become a lawyer because justice is important to him).

Part C   Unit 2

KOMMUNIKATIVE KOMPETENZEN

Die S können …

Lesen: einem Text Informationen entnehmen und wichtige Inhalte wiedergeben. Dabei wenden sie auch die Lesetechnik *skimming* an (SB-Seite 46, 1 und 2, SB-Seite 48, 4)

INTERKULTURELLE KOMMUNIKATIVE KOMPETENZ

Gemeinsamkeiten und Unterschiede zur eigenen Kultur detailliert beschreiben, analysieren und differenziert Stellung dazu nehmen (SB-Seite 46, *Access to cultures*)

METHODISCHE KOMPETENZEN

Texterschließungstechniken selbstständig anwenden, um einen fiktionalen Text im Detail zu verstehen (SB-Seite 46, 1+2).

S. 46

TIPPS FÜR IHRE PLANUNG

In *Part C* lernen die S einen der berühmtesten amerikanischen Feiertage kennen: *Thanksgiving*. Tyler und seine Familie feiern gemeinsam mit Grandma Betty (**1**). Beim Abendessen macht Tyler Bekanntschaft mit Eugene, einem Freund seiner Großmutter Betty, der durch *Hurricane Katrina* sein Zuhause verloren hat. Die S sind eingeladen, gemeinsam mit Tyler Eugenes Berichten von der Alligatorenjagd zuzuhören, darüber zu reflektieren (**2**) und den Bericht mit ihrer eigenen Lebenswelt kritisch in Verbindung zu setzen (**Access to cultures**).

➜ FöFo 2.5

1 The guest

NEUER WORTSCHATZ

°madhouse · **cook** · **oval** · **cranberry** · **sauce** · **pumpkin** · **pie** · °**bayou** · **real fast** *(AE, infml)* · (to) **hunt** · (to) **flash through** sb.'s **mind +mind** · **round** · **line** · **hook** · **sharp** · **impatient** · (to) **shoot, shot, shot** · **advice** · **a little** · **Box "a little – a few"**, *Voc.*, SB-Seite 207 · **harmonica** · **strict** · **permission** · **limited**

EINSTIEG

Zur Vorbereitung auf die Lektüre des Lesetextes **1** führen die S als Hausaufgabe eine Internet-Recherche zum geschichtlichen Hintergrund von *Thanksgiving* durch. Dabei sammeln sie zu folgenden Fragen Informationen: (1) When was Thanksgiving celebrated for the first time? (2) Who celebrated it? (3) Why did they do this?
Die Ergebnisse werden im UG an der Tafel gesammelt und verglichen.

MUSTERLÖSUNG

> **The First Thanksgiving Celebration**
>
> **When?** Fall 1621
>
> **Who?** 56 pilgrims (surviving settlers from the Mayflower); 91 Native Americans (Wampanoag tribe) who had helped them survive the winter
>
> **Why?** Giving thanks for a rich harvest

Hinweis:
Es empfiehlt sich, den S für die Bearbeitung des Auftrages eine Auswahl an zuverlässigen Quellen im Internet zur Verfügung zu stellen (z. B. die Seiten von National Geographic oder der New York Times).

Alternative
Die S arbeiten in Kleingruppen à max. 4 S zusammen und entwerfen mit Hilfe der von ihnen recherchierten Informationen ein Quiz über die historischen Hintergründe von *Thanksgiving* (samt Musterlösung). Die Quizzes werden unter den Gruppen ausgetauscht und gelöst.

ÜBERLEITUNG

SB geöffnet. L: What do you think the man in the photo is telling Tyler? Write a speech bubble. Die Ergebnisse werden zunächst in PA, dann im Plenum vorgetragen.

ERARBEITUNG

SB geöffnet. 1. Lesen. L: Read the text and enjoy it. Then decide which of the speech bubbles that you have written comes closest to the story. Im UG begründen die S ihre Entscheidung.

➜ FöFo 2.5

Unit 2   Part C

2 Thanksgiving – southern style

ERARBEITUNG

a) SB geöffnet. Die Aufgabe fokussiert auf den Handlungsstrang der Geschichte. L: Describe what happened at the party. Say what happened <u>before</u> dinner, <u>during</u> the meal and <u>after</u> dinner. Die S erzählen im UG den Ablauf der Thanksgiving-Party nach. Er wird an der Tafel stichwortartig festgehalten.

➡ Musterlösung auf Folie oder als AB (von L selbst erstellt)

MUSTERLÖSUNG

> **Thanksgiving at Grandma Betty's – southern style**
>
> · before dinner: cooking, arrival of guest (Eugene)
> · Thanksgiving meal: lots of food (turkey, sweet potatoes, cranberry sauce, pumpkin pies) and conversation (gator hunt)
> · after dinner: music

ERARBEITUNG

b) SB geöffnet. Die S üben sich im genauen Lesen und tragen Informationen über die Hauptfigur Eugene zusammen.
L: Look carefully at the text again and take notes on Eugene. Note down all the information you can find on him and add line numbers to your notes.
Die S arbeiten zunächst alleine und vergleichen ihre Notizen anschließend in PA. Schließlich vergleichen die S ihren Aufschrieb mit der Musterlösung.
L: Look at the model solutions. Is your answer complete?
Zum Abschluss äußern sich die S im Plenum zur Frage: What does Tyler want to find out? (S: He's interested in alligators and wants to know everything about alligator hunts from Eugene. He's also curious about Eugene's chain.)

MUSTERLÖSUNG

Eugene: – wears a safari hat (ll. 9–10)
         – wears a chain with an alligator tooth (ll. 10–11)
         – lives in Slidell now (ll. 12–13)
         – used to live on the edge of the Bayou (ll. 14–17)
         – his old home was destroyed by Katrina (l. 17, ll. 28–29)
         – his family has been living in New Orleans for a long time (l. 16)
         – great storyteller (l. 20)
         – started hunting gators as a kid (l. 36)
         – knows a lot about hunting gators (ll. 37–45)
         – plays the harmonica (l. 50)

➡ FöFo 2.5

📖 Access to cultures: Alligator hunting

ERARBEITUNG

Die S lesen die Informationen zur Alligatorenjagd durch und äußern sich zu den Fragen im SB im Plenum. Im UG können folgende zusätzliche Impulsfragen hilfreich sein:
– Why do states like Louisiana or countries like Germany allow hunting? (– It is sometimes necessary to control the population of animals within an ecosystem so they don't pose a threat to other species.)
– Why is it necessary to set up rules and regulations for hunting? (– If there aren't any rules, people might just go hunting for fun and species could die out. If you don't have a licence, you might endanger yourself and others.)
– Comment on the difference between hunting and poaching (you may use a dictionary). (– Poaching is an illegal activity but hunting is legal.)

Alternative
Die zusätzlichen Impulsfragen werden zunächst in ▶ *Buzz groups*, anschließend im Plenum besprochen.

Part C Practice   Unit 2

S. 47

TIPPS FÜR IHRE PLANUNG

In *Part C Practice* bauen die S ihren Wortschatz aus (**1**, **2**), üben sich in der Verwendung der *adverbs of manner* (**3**) und trainieren die Lesetechnik des *skimming* (**4**). Aufgabe **1b)** kann durch eine HA vorentlastet, Aufgaben **2** als HA bearbeitet werden.

➜ FöFo 2.4

➜ FöFo 2.5

➜ LAS 2.3

1 WORDS It's round and made of glass (Describing objects)

NEUER WORTSCHATZ

cotton · leather · medium · square · tiny · triangular · centimetre (cm)

EINSTIEG

Als motivierender Einstieg stellt L einen persönlichen Gegenstand vor (z.B. ein Mitbringsel aus dem Urlaub) und beschreibt Größe, Form, Farbe und Material genau.

L: Today I've brought another personal object with me. Look at it carefully. What do you think is the story behind this object? (Die S äußern sich.) Before I tell you more about it, let's describe this object in detail.

L beschreibt den Gegenstand und führt dabei das neue Vokabular ein. Anschließend ergänzt L: Now that we know what this thing looks like, let's talk about what you do with it ... (L ergänzt Informationen.) Schließlich leitet L über: Let's practise how to describe objects in detail.

➜ Your task, SB-Seiten 52–53

ERARBEITUNG

a) SB geöffnet. Die S bearbeiten den Auftrag in EA.
Die Lösungen werden in PA verglichen und ergänzt.

LÖSUNG

size	colour	shape	materials
big	black	round	glass
small	white	oval	plastic
medium	dark blue	square	cotton
tiny	light brown	triangular	leather
	pink	xx centimetres long	metal
	purple		paper
			wood

ERARBEITUNG

b) 👥👥 SB geöffnet. Die Übung trainiert das genaue Beschreiben von Objekten. Erarbeitung gemäß SB.

MUSTERLÖSUNG

My object is made of plastic. It's transparent, with some black colour on it. It's triangular in shape and fairly small, about 16 cm long on its longest side. What is it? (set square)

DIFFERENZIERUNG **Early finisher**

Leistungsstärkere S finden weitere Rätsel auf SB-Seite 141, die sie lösen. Die Auflösung der Rätsel stehen im SB auf Seite 258. Anschließend verfassen die S eigene Rätsel, die andere schnelle S wiederum lösen.

Alternative

Die S fertigen die Beschreibung eines Gegenstandes als HA an. Dafür nutzen Sie ggf. ein Wörterbuch, um den Gegenstand möglichst genau zu beschreiben. In den nachfolgenden Unterrichtsstunden kann das Ratespiel wiederholt als kommunikativer Einstieg in den Unterricht durchgeführt werden, z.B. in Form eines ▶ *Kugellagers*, mittels ▶ *Appointment*-Methode oder als ▶ *Milling around activity*.

➜ Your task, SB-Seiten 52–53

75

Unit 2   Part C Practice

2 So many books, not much time
(Quantifiers with countable and uncountable nouns)

EINSTIEG

L bittet die S zunächst, ihr Vorwissen zum Thema zu aktivieren.

L: Do you remember the difference between countable and uncountable nouns? (Die S äußern sich.) Can you give examples? (Die S äußern sich.) Ggf. erinnert L an die Unterscheidung zwischen zählbaren und nicht zählbaren Substantiven und präsentiert Beispiele.

L: Countable nouns are things that you can count. There can be more than one of them, like 'books', 'pencils' ... Uncountable nouns are usually things that cannot be counted, like 'water' or 'sugar'. That's why uncountable nouns cannot have a plural form.

Zusatz

Die S trainieren den Umgang mit Wörterbüchern. L: Please look up the words 'book' and 'water' in your dictionaries. How can you find out that 'book' is countable and 'water' uncountable?

ERARBEITUNG

a) SB geöffnet. L macht zunächst auf den Hinweis unter der Aufgabenstellung aufmerksam und weist darauf hin, dass bei der Bearbeitung der Aufgabe im Zweifel ein Wörterbuch konsultiert werden darf. Die S bearbeiten nun die Aufgabe gemäß SB.

LÖSUNG

uncountable	countable
advice	book(s)
equipment	car
furniture	chair
homework	dollar
information	minute
jewellery	ring
money	tip
news	
time	
traffic	
experience	

ERARBEITUNG

b) SB geöffnet. Die Aufgabe wird in EA bearbeitet. Zunächst lesen die S die *Language help*-Box durch und schlagen im *Grammar File* nach. Dann bilden sie die Sätze.

➜ GF: Uncountable nouns (pp. 176–177)

LÖSUNG

2 There isn't <u>much</u> traffic in our street at night, but there are too <u>many</u> cars during the day.

3 Maybe you can give me <u>some</u> advice. – Sure, I can give you <u>a lot of</u>/ <u>some</u> tips.

4 I don't have <u>much</u> time – only <u>a few</u> minutes.

5 You have so <u>many</u> rings and earrings! – Yes, you don't have as <u>much</u> jewellery as I do.

6 If you need <u>some</u> money, I can give you <u>a few</u> dollars.

AUSWERTUNG

Die Sätze werden zunächst in PA verglichen, anschließend im Plenum vorgetragen und ggf. verbessert (Tipp: Musterlösung als Folie oder Poster präsentieren).

➜ GF 4: Uncountable nouns (pp. 176–177)

➜ FöFo 2.5

➜ LAS 2.3

➜ Interaktive Übungen zum Workbook 2.7

Part C Practice   Unit 2

3 REVISION It was raining so heavily

ERARBEITUNG
SB geöffnet. Gemäß SB.

➜ GF 11.1 Adverbs of manner (p. 188)

LÖSUNG
1 It was raining so heavily that they decided to stay at home.
2 He speaks English so well that you can't hear his German accent.
3 We played badly, so the other team won.
4 We didn't run fast enough to catch the bus.
5 He smiled at us sadly and left the room.
6 She sings beautifully, but she doesn't act well

DIFFERENZIERUNG `More help`
Leistungsschwächere S arbeiten auf SB-Seite 133.

AUSWERTUNG
Die Lösungen werden im Plenum verglichen und besprochen.

S. 48

4 Study skills: Skimming a text

NEUER WORTSCHATZ
(to) **skim a text** · **heading** · **sub-heading** · **graphics** *(pl)* · **wildlife**

➜ SF 1: Skimming and scanning (pp. 152–153)

EINSTIEG
SB geschlossen. Der Einstieg erfolgt thematisch über eine Impulsfrage, die per ► *Think-Pair-Share* bearbeitet wird.
L: What is your favourite holiday and how do you normally celebrate it?

➜ FöFo 2.5

➜ Interaktive Übungen zum Workbook 2.8

INFO-BOX
Thanksgiving is celebrated in the United States on the fourth Thursday each November, in Canada on the second Monday in October. It originated as a religious harvest festival. A number of other countries around the world observe similar celebrations, like the *Erntedankfest* in Germany and Austria.
The event that many Americans call the **"First Thanksgiving"** was celebrated by the Pilgrims after their first harvest in the New World in 1621. After the Pilgrims' arrival on the Mayflower, they were supported by Wampanoag Indians living along the coast, who welcomed the newly-arrived with open arms and helped them survive the extremely harsh winter. When the harvest turned out rich the following year, the pilgrims and Native Americans celebrated Thanksgiving together. More than two hundred years later, in 1863, Thanksgiving became a regular public holiday. Today people typically celebrate Thanksgiving among family and friends. Popular Thanksgiving traditions include having turkey and pumpkin pie for dinner – and watching a football game on TV.

ÜBERLEITUNG
L: Let's find out more about Thanksgiving in the U.S., which is one of the most popular holidays there.

ERARBEITUNG
a) SB geöffnet. Die S bearbeiten den Auftrag gemäß SB. Sie erhalten 15 Sekunden Zeit, um die gesuchte Jahreszahl aus dem Text herauszufiltern. (Tipp: L stoppt die Zeit, die S schließen nach 15 Sekunden das Buch.)

LÖSUNG
– Thanksgiving became a federal holiday in 1863.
– Scanning is about looking for specific information in texts.

Unit 2   Part C Practice

ÜBERLEITUNG

SB geschlossen. Zunächst erläutert L den Begriff *Skimming*.

L: Beside scanning, there's another important reading strategy, skimming. Skimming can help you to quickly find out the main ideas of a long text. When skimming, you don't have to read the whole text, but you look at the title or headline, sub-headings, pictures and the first sentence of every paragraph, the so-called topic sentence. This should normally be enough to have a general idea of what a text is about.

Dann werden die S aufgefordert, Anwendungsbeispiele für *Skimming* zu benennen.

L: When do we usually skim texts in real life? (S: … when browsing through a newspaper, magazine or book to find out whether you're interested in it and want to read it all …)

ERARBEITUNG

b) SB geöffnet. L: Let's try out skimming ourselves. Follow the procedure given in the book and skim the text about Thanksgiving. You'll have 30 seconds for that.

(Tipp: L stoppt die Zeit, die S schließen nach 30 Sekunden das Buch). Anschließend berichten die S zunächst einem Partner, wovon der Text handelt und welche Informationen er über *Thanksgiving* bereithält.

LÖSUNG

- Thanksgiving is America's favorite holiday.
- Thanksgiving is the busiest traveling time of the year; people visit their relatives on Thanksgiving.
- Thanksgiving is a federal holiday since 1863, but the tradition is much older.
- The traditional Thanksgiving dinner is roast turkey with cranberry sauce, sweet potatoes and pumpkin pie.
- "Black Friday", the beginning of the Christmas shopping season, is the day following Thanksgiving.

ERARBEITUNG

c) 👥👥 **SB geöffnet.** Die Lerngruppe teilt sich in Dreiergruppen ein und bearbeitet den Auftrag gemäß SB. Hierfür bekommen die S zwei Minuten Zeit. L stoppt die Zeit, die S schließen nach zwei Minuten das Buch und begründen innerhalb ihrer Gruppe ihre Textauswahl.

LÖSUNG

Partner A: Text 2
Partner B: Text 1
Partner C: Text 3

ERARBEITUNG Study skills

Die Bearbeitung der *Study skills*-Box dient der Reflexion. In EA übertragen die S die Box ins Heft und vervollständigen sie. Anschließend vergleichen sie ihre Einsichten mit den Informationen im *Skills File*.

Weitere Differenzierung

Um den S zu helfen, ihre Entscheidung differenziert zu begründen, stellt L sprachliche Hilfsmittel bereit:

I've chosen text … /
What I found particularly useful was the heading / the photo / the sub-headings / the topic sentences … because …

➜ SF 1: Skimming and scanning (pp. 152–153)

➜ Workbook 16–17 (pp. 24–25)

➜ FöFo 2.5

> ▶ **The world behind the picture** **Unit 2**

KOMMUNIKATIVE KOMPETENZEN

Die S können …

Hör-/Seh-
verstehen: sich den Inhalt eines Films erschließen, indem sie Informationen zu einer Person entnehmen und *Film stills* analysieren (SB-Seite 49, 1 und 3) · Filmtechniken beschreiben, die Filmemacher benutzen, um unterschiedliche Zeitebenen darzustellen (SB-Seite 49, 2).

METHODISCHE KOMPETENZEN

gesehene Informationen (Gestik, Mimik, Bilder usw.) zum Verstehen eines Filmes nutzen

---

S. 49

1 A musician in New Orleans

NEUER WORTSCHATZ
documentary · rebuild, rebuilt, rebuild

EINSTIEG

SB geschlossen. Zunächst klärt L den Begriff *"Documentary (film)"*.
L: Today we're watching a short <u>documentary</u> film about New Orleans. Can you explain what a documentary is? (S: It's a film that tells a story from the real world and has real people in it/ a film that teaches us about an event or a problem or a person).
Anschließend bittet L die S, Dokumentarfilme aufzuzählen, die sie privat oder im Unterricht bereits gesehen haben.
L: Which documentaries have you watched on TV or in class before?

ÜBERLEITUNG

L: Let's watch the documentary film about New Orleans. You're going to meet an interesting person who comes from Louisiana and lives and works in New Orleans these days.

ERARBEITUNG

a) SB geöffnet. 1. Sehen (Globalverstehen). L stellt die Aufgabe im SB vor. L: Please write down two alternative titles for the film.
Einige S-Antworten werden nach dem ersten Betrachten des Films laut vorgelesen, aber noch nicht kommentiert.

➜ Transkript online

MUSTERLÖSUNG

New Orleans – the capital of music
Music can bring people together

ERARBEITUNG

b) SB geöffnet. 2. Sehen (Detailverstehen). Die S übertragen die Tabelle in ihr Heft und vervollständigen sie während des zweiten Betrachtens des Films. Die Ergebnisse werden zunächst in PA verglichen, bevor die S die Möglichkeit erhalten, im Plenum offene Verständnisfragen zum Film zu stellen. Anschließend erhalten die S die Möglichkeit, ihre Titelvorschläge zu überarbeiten.

➜ Transkript online

LÖSUNG

where from	Charenton, Louisiana; small country town
family	mom; brothers and sisters
learning to sing	at church
early days in New Orleans	used to sing in a band with friends, had a great time
now	solo artist, stage name Ado, wants to stand on his own two feet

79

Unit 2 ▶ The world behind the picture

ERARBEITUNG

c) 👥 SB geöffnet. Die S stellen sich ihre Ideen gegenseitig vor und entscheiden sich für den ihrer Meinung nach geeignetsten Titel. Im Plenum werden die Ideen vorgestellt, gesammelt (z.B. auf Folienschnipseln oder auf A4-Papier, das an der Tafel befestigt wird) und miteinander in Beziehung gesetzt.

2 Making the documentary: Picture material

ERARBEITUNG

3. Sehen. Die S schauen den Film und machen sich Notizen zur filmischen Gestaltung.
L: Watch part of the film again and say what time in Ado's life it shows. What materials does the film-maker use for the different times?
Die Ergebnisse werden im Plenum besprochen und analysiert.
L: Why does the film-maker use these different materials? (S: to make the film more interesting / more touching / more emotional to watch, to illustrate Ado's comments, to present New Orleans as a diverse / colourful place, to make the film more authentic.)

➡ Transkript online

LÖSUNG

- Old photos are used when Ado is talking about his childhood and youth.
- A short video clip showing Ado together with his former band is used when he's talking about his first few years in New Orleans.
- Footage of destroyed houses is shown when he's talking about the spirit of New Orleans after Hurricane Katrina.
- Footage of rehearsals, clips of a concert and images of New Orleans street life are used when he's talking about his life today.

3 Youth Rebuilding New Orleans

ERARBEITUNG

a) SB geöffnet. *Pre-viewing.* Die S äußern im Plenum ihre Vermutungen über den Inhalt des Films, indem sie die vier Standbilder beschreiben und miteinander in Beziehung setzen.

Alternative
Der Auftrag wird in ▶ *Buzz groups* bearbeitet. Jede Gruppe vervollständigt den Satz *The film wants to show that …* und stellt ihre Lösung im Plenum vor.

MUSTERLÖSUNG

The film clip is about a group of young people in New Orleans who are working together to rebuild the city (title) after Katrina (still 1), for example by cleaning up (still 3) and repairing (still 2) houses. The message could be that teamwork (still 4) is important.

ERARBEITUNG

b) SB geöffnet. 1. Sehen (Globalverstehen). Die S machen sich Notizen zu den vier auf SB-Seite 49 genannten Aspekten. Die Lösungen werden im Plenum verglichen.

Alternative
Der Auftrag wird arbeitsteilig bearbeitet. L lässt hierfür von 1 bis 4 durchzählen und weist den S jeweils einen unterschiedlichen Teilaspekt zu.

➡ Transkript online

LÖSUNG

- the people in YRNO: young volunteers from all over the U.S.
- the work they do: repair work, construction work, woodworking, carpentry, painting, gardening, tiling
- how they feel about their work: good, enthusiastic, pleased, happy, satisfied
- the person they help: arts teacher, could not afford any other house, wants to get other people/students involved

The world behind the picture Unit 2

ERARBEITUNG

c) SB geöffnet. *Post-viewing.* Die S äußern sich im Plenum oder in ▶ *Buzz groups* zu der Frage, ob sie gerne selbst Teil dieses Projektes wären.

Weitere Differenzierung

Zur Unterstützung gibt L sprachliche Mittel in Form von *Lexical chunks* vor (z.B. auf einer Folie):
to work alone / in a team
to do practical work
to help/support /assist s.o.
to learn about the world of work / carpentry / building a house / gardening / ...
to improve one's people skills / management skills / organization skills ...

MUSTERLÖSUNG

I would love to be part of this project, because that way I would be able to help people in need. I could work in a team and learn new things, for example woodworking. Maybe I would find out what kind of job I want to do later in life.

I wouldn't want to be part of this project. I don't think I would be any good when doing practical work like woodworking. Being part of this project would take up a lot of time, too, which I don't really have. I'm already doing some volunteer work in my sports club.

Zusatz

Die S diskutieren im Plenum oder in ▶ *Buzz groups* die Bedeutung folgender Zitate aus dem Film:
"If you give a man a fish, he eats for a day, but if you teach a man how to fish, he'll eat for a lifetime."
"I'm rebuilding the world – one nail at a time." Die Zitate können auch als HA schriftlich kommentiert werden.

Unit 2 ☐ Text **EXTRA**

KOMMUNIKATIVE KOMPETENZEN

Die S können …

Lesen: einer Geschichte weitgehend selbstständig explizite und implizite Detailinformationen entnehmen und dabei die Gefühle der handelnden Person verstehen (SB-Seite 51, 2) · einen Text sinngestaltend laut lesen (SB-Seite 51, 3)

Sprechen: Informationen über einen Text wiedergeben, kommentieren und sie in einen größeren Zusammenhang stellen (SB-Seite 51, 3)

METHODISCHE KOMPETENZEN

Unbekanntes Vokabular mit Hilfe verschiedener Worterschließungstechniken verstehen (SB-Seite 51, 1)

S. 50–51

TIPPS FÜR IHRE PLANUNG

Im *Text*-Teil der Unit klärt sich das Geheimnis der geheimnisvollen Ohrringe, die sich in Grandma Bettys Memory Box befinden. Die S erfahren, wie der junge Eugene beim Fischen beinahe sein Leben verlor und es ihm nur durch Mut und Glück gelang, einen Alligator in die Flucht zu schlagen.
Für die Auseinandersetzung mit der Geschichte sollten zwei Schulstunden veranschlagt werden. **1** dient der Bewusstmachung der Worterschließungsstrategien, die bei der Lektüre der Geschichte zur Anwendung kommen. **2** und **3** laden zur vertieften Auseinandersetzung mit der Geschichte und ihrer Einordnung in den Kontext der *Storyline* der Unit ein.

➡ FöFo 2.5

➡ FöFo 2.6

➡ Your task, SB-Seiten 52–53

🖐 Three teeth

NEUER WORTSCHATZ
°fisherman · °canoe *(n)* · (to) paddle +°paddle *(n)* · °cypress tree · °pull · °still *(adj)* · °Damn. · °(to) wake · °whispering *(n)* · °mosquito · °once · °(to) wave one's arms

EINSTIEG

SB geschlossen. In einer ▶*Quickwrite activity* spekulieren die S zunächst über den Inhalt der Geschichte. Hierfür hält L als Schreibimpuls sechs Zitate aus der Geschichte auf Folie bereit (neues Vokabular wird bei Bedarf erläutert):

– … he heard a quiet splash as his fishing pole fell out of the <u>canoe</u> …
– … the moon began to rise. In its light the boy could see the <u>cypress trees</u> that rose like ghosts through the low mist …
– "Ow! … Damn!" he shouted out loud. He felt around with his hand in the muddy water …
– He held his breath and slowly turned his head to watch a long snake move onto an old log on the water …
– He pulled off his shirt, jumped in and swam towards the cypress roots that stood in the water …
– The boy <u>waved his arms</u> and kicked his free leg in fear …

Aufgabe der S ist es, mittels der Zitate über den Inhalt der Geschichte zu spekulieren. L: These six quotes are from the story we are going to read. Think about them for a minute. Then write down what you think the story is all about. Write in complete sentences, not just key words. You will have five minutes.
Anschließend tauschen sich die S paarweise aus. Sie lesen sich ihre Texte gegenseitig vor, verbessern und vergleichen sie.
L: Find a partner and share your ideas by reading out your texts to each other. Compare and discuss your ideas.
Zum Abschluss werden die Ideen der S im Plenum vorgestellt und an der Tafel geordnet. Dabei achtet L darauf, dass die S-Aussagen anhand der Zitate begründet werden.

📄 **KV 8A/B: Text: Three teeth.**
Die doppelseite KV bietet eine Zusammenfassung der neuen Vokabeln zum Lernen. Darüber hinaus finden die S dort Sätze, mit Hilfe derer sie die Verwendung der neuen Vokabeln üben können.

Alternative
📄 **KV 6: Three teeth –**
Milling around activity.
Jeder S erhält ein Zitat aus der Geschichte auf einem Papierstreifen (→ KV). In einer ▶*Milling around activity* bewegen sich die S durch das Klassenzimmer, sprechen mit möglichst vielen Mit-S und stellen sich dabei ihre Zitate vor. Gemeinsam überlegen sie, worum es in der Geschichte gehen könnte. Im Plenum werden die Ideen zusammengetragen und geordnet.

MUSTERLÖSUNG

Three teeth: your ideas

Who?
young boy
Where?
in the swamps (cypress trees, water, canoe, snake)
When?
night-time (moon)
What?
something strange / scary happens to the boy while fishing (fear)
Atmosphere:
scary, gloomy (moon, ghosts, mist, snake)
→ an adventure / fantasy / ghost story?

ERARBEITUNG

SB geöffnet. 1. Lesen/Hören (Globalverstehen). Die S lesen die Geschichte und überprüfen, welche der zuvor geäußerten Ideen zutreffend sind und welche nicht. Die Ergebnisse werden im Plenum besprochen.

 37–38 Audio online

2. Lesen. Die S Lesen die Geschichte erneut und beantworten schriftlich fünf Fragen, die auf das Detailverständnis abzielen:
1 Why doesn't the boy simply cut off the fishing line when it gets trapped?
2 Why doesn't the boy call out for help when he hears a small boat?
3 What is his first plan and why does it not work out?
4 How does the boy manage to protect himself from the gator?
5 How does he escape in the end?
Die Lösungen werden zunächst in PA, dann im Plenum besprochen.

Alternative
Die Fragen werden zunächst mündlich in PA oder GA bearbeitet, z.B. im ▶ *Kugellager* oder in ▶ *Buzz groups*, daran anschließend auch verschriftlicht (z.B. als HA).

MUSTERLÖSUNG

1 The boy doesn't want to lose his lucky lure, a special lure that means a lot to him because it's the one he used when catching his biggest fish.
2 There are two reasons. The boat is very far away, so the boy probably won't be heard. But the boy is also afraid that people like René LaPlace will make fun of him if they find him trapped like this.
3 His first plan is to pull the canoe towards himself, get out the knife and cut himself free. The plan doesn't work out because the pole falls into the water when he's pulling the line. The canoe is too far away for him to get the knife.
4 He moves very fast, waves his arms, picks up a log and holds it in front of himself when the gator attacks.
5 He's lucky that the canoe has moved towards him so he can get out his knife and cut himself free.

Unit 2 Text EXTRA

1 The story

ERARBEITUNG

SB geöffnet. Die S machen sich bewusst, welche Erschließungstechniken angebracht sind, um den neuen Wortschatz selbstständig zu erarbeiten. Offene Fragen werden anschließend im Plenum besprochen.

MUSTERLÖSUNG

– The following words are like German words: cypress (Zypresse), sink (versinken), distance (Distanz).
– The following words can be understood from the context: pole (context: fishing pole; things you need when catching fish), root (context: cypress roots; bottom part of a tree standing in the water), trap (context: he was trapped; he couldn't move), rise (context: the moon began to rise; the moon can be seen at night), glow (context: two eyes glowed; the eyes can be seen even though it's dark), drift (context: his canoe had drifted up behind him; the canoe had slowly moved towards him)
– The following words are like other English words: sweat (sweatshirt, sweatpants), pull off (pull), invisible (vision, television)

➜ FöFo 2.5

➜ Interaktive Übungen zum Workbook 2.8

2 Understanding the story You choose

ERARBEITUNG

Die Aufgabe dient der vertieften Auseinandersetzung mit der Geschichte. Die S bearbeiten je nach Interesse Teilaufgabe **a)** oder **b)**. Die Aufgaben werden in EA erledigt. Sie bieten sich auch als schriftliche HA an. Die Besprechung erfolgt in PA (S mit gleichem Arbeitsauftrag vergleichen ihre Ergebnisse), anschließend im Plenum (zwei S stellen exemplarisch ihre Antworten vor).
a) SB geöffnet. Die S erledigen die Aufgabe gemäß SB.

Zusatz/Alternative

KV 7: Three teeth – Dramatic reading.
Die S interpretieren einen Teil der Geschichte, indem sie ihn sinngestaltend laut vorlesen (▶ Dramatic reading).

MUSTERLÖSUNG

A boy goes out fishing in the Louisiana swamps on a late-summer afternoon. When his fishing line gets stuck in the roots of a cypress tree, he jumps into the water to get back his lucky lure, but gets trapped in the roots himself. As it gets dark, he is attacked by a gator but can protect himself with a log. He can finally escape when his canoe drifts up behind him. He finds three gator teeth in the log.

ERARBEITUNG

b) SB geöffnet. Die S erledigen die Aufgabe gemäß SB.

MUSTERLÖSUNG

ll. 27/28: calm → surprised (the fish didn't pull his line a second time)
ll. 31/32: scared (he thought he might lose his lucky lure)
l. 43: angry (because his ankle was trapped)
l. 59: scared (something – a snake – touched his leg)
l. 73: happy (he has thought of a plan))
l. 83: disappointed (his plan doesn't work)
ll. 86–89: nervous (darkness, scary atmosphere)
ll. 98–99: scared (alligator)
l. 102: very scared (alligator is getting closer)
ll. 107–12: joyful, relaxed (the alligator has gone, his boat floats back)
ll. 124–125: surprised (three teeth in the log)

➜ FöFo 2.5

➜ FöFo 2.6

KV 8A/B: Text: Three teeth.

Text EXTRA   Unit 2

3 Dramatic reading

ERARBEITUNG
a) SB geöffnet. Gemäß SB.

→ Workbook 18 (p. 25)

MUSTERLÖSUNG
– The reader's speed is moderate, not fast, but not too slow.
– He pauses for a moment after every comma and full stop.
  He also pauses after '.... next to him', even though there is no comma.
  He makes this pause to show that there are two different actions
  (the fish came … and disappeared)
– He stresses a lot of different words, e.g.,
  · words that help the reader to imagine how the scene looked (swamp, frogs, owl, etc.)
  · words that help the reader to imagine sounds (sighs, whisperings)
  · important verbs (wake, was, disappeared)

→ FöFo 2.6
→ VAS 2.1, 2.2
→ LM Unit 2

As night fell on the <u>swamp</u>, **(pause)** the <u>night</u>-time animals
began to <u>wake</u>. **(pause)** He could hear <u>frogs</u> **(pause)** and an <u>owl</u>
and, **(pause)** although there <u>was</u> no <u>wind</u>, **(pause)** strange <u>sighs</u>
and <u>whisperings</u> in the <u>leaves</u> of the <u>trees</u>. **(pause)**
Mosquitoes flew <u>round</u> <u>his</u> <u>face</u>, **(pause)** a fish came up to
the surface <u>next</u> to him **(pause)** and <u>disappeared</u> with
a <u>splash</u>.

ERARBEITUNG
b) Die S erarbeiten selbständig in PA weitere Zeilen und üben das sinngestaltende laute Vorlesen ihrer Zeilen (►*Dramatic reading*).

MUSTERLÖSUNG
II. 107–112:
The reader's speed is moderate, not fast, but not too slow.
He pauses for a moment after every comma and full stop.
He also pauses in two places where there is no comma or full stop.
– after '… became calm again' (because a new verb follows … and he
  was sure …)
– after '… felt on this face' (to make the end of the sentence sound
  more dramatic).

He stresses a lot of different words, e.g.,
– important adjectives (deep, calm, sure)
– important verbs (sighed, screamed, jumped round)
– important nouns (gator, joy, pain).

The boy took a <u>deep</u> breath and <u>sighed</u>. **(pause)** As the
water became <u>calm</u> again **(pause)** and he was <u>sure</u> that the
gator was really <u>gone</u>, **(pause)** something touched his
<u>back</u>. **(pause)** He <u>screamed</u> out loud and <u>jumped round</u>, **(pause)**
hurting his ankle <u>even more</u>, **(pause)** but the tears he
soon felt on his face **(pause)** were tears of <u>joy</u>, <u>not</u> <u>pain</u>.

Unit 2   Your task

KOMMUNIKATIVE KOMPETENZEN

Die S können …

Lesen: detaillierte Arbeitsaufträge verstehen und umsetzen (SB-Seite 52, Step 1–3)

Sprechen: ein selbstständig erarbeitetes Thema zusammenhängend und medial unterstützt vor ihren Mit-S präsentieren und sich dabei zur eigenen Person und über persönlich Erlebtes äußern (SB-Seite 52, Step 4)

METHODISCHE KOMPETENZEN

Notizen zur Vorbereitung eigener Texte verfassen (SB-Seite 52, Step 2)

S. 52

TIPPS FÜR IHRE PLANUNG

Die bereits im *Lead-in* angekündigte Lernaufgabe (*Your task*) dieser Unit fordert die S auf, eine eigene *Memory box* zu erstellen und sie im Rahmen eines mediengestützten Kurzvortrages den Mit-S zu präsentieren. Dabei bringen sie die in Unit 2 und in den vorangehenden Units erlernten sprachlich-kommunikativen und methodischen Fertigkeiten und Kompetenzen zur Anwendung.

SB-Seite 52 wird von den S weitgehend in EA bearbeitet. Zunächst suchen sie sich Gegenstände (z.B. Fotos, Souvenirs, Glücksbringer usw.) für ihre *Memory box* aus (**Step 1**). Im nächsten Schritt ist der Kurzvortrag inhaltlich und sprachlich vorzubereiten. Hierfür folgen die S der Anleitung auf SB-Seite 52 (**Steps 2 und 3**). Zunächst präzisieren sie den Inhalt ihres Vortrages und erstellen Karteikarten (**Step 2**). Anschließend üben sie ihren Vortrag und greifen bei Bedarf auf die abgedruckten sprachlichen Hilfsmittel zurück (**Step 3**). Die Kurzvorträge werden anschließend in Kleingruppen gehalten (**Step 4**). Dabei ist darauf zu achten, dass die Gruppenmitglieder nach jedem Vortrag die Möglichkeit erhalten, Fragen zu stellen.

Die Selbst-Evaluation auf SB-Seite 53 findet anschließend in englischer Sprache statt. Hier schätzen die S ihre in der Lernaufgabe gezeigten Leistungen und Kompetenzen mit Hilfe von Kriterien zu Inhalt (*content*), Aufbau (*structure*) und Vortragsstil (*delivery*) selbstständig ein. Eine Reihe von Lerntipps und Verweise auf SB-Seiten, die weitere Übungen und Hilfen anbieten, gibt den S die Möglichkeit, ihre selbst diagnostizierten Schwächen aufzuarbeiten.

ERARBEITUNG STEP 1–3

Gemäß SB.

ERARBEITUNG STEP 4

SB geöffnet. Die Klasse teilt sich in Gruppen von je 4 S ein. Reihum stellen die S ihre *memory box* vor und beantworten die Fragen ihrer Mit-S.

AUSWERTUNG

Die Auswertung erfolgt schülerzentriert mit Hilfe der Evaluation auf SB-Seite 53. Um die Auswertungsphase zu lenken, kann L, nachdem die S ausreichend Zeit hatten, sich individuell mit den Fragen zur Selbsteinschätzung auseinanderzusetzten, die S bitten, sich im Plenum noch einmal gezielt zu Fragen des Inhalts, Aufbaus und Vortragsstils zu äußern und Tipps auszutauschen.

➡ SF 16: Giving a presentation (p. 164)

➡ Workbook Wordbank 7, 8

KV 2: Giving feedback on a presentation.

Unit 3

The Golden State

Kommunikativer Kompetenzschwerpunkt	**Writing:** Im Mittelpunkt der Unit stehen der Ausbau und die Schulung der Schreibkompetenz. Die S können … Einen Text über Kalifornien mit Hilfe vorher gewonnener Informationen verfassen (SB-Seite 63, 1e) · EXTRA sich in frühere Zeiten zurückversetzen und die jeweilige Faszination an Kalifornien in einem Brief formulieren (SB-Seite 65, b) · eine *outline* zusammenstellen, um einen Bericht (*report*) vorzubereiten. Nutzen der Struktur eines Berichts (*title, introduction, main body, conclusion, headings, subheadings* und *keywords*) (SB-Seite 69, 4) · einen Bericht über ein Event in der Heimat verfassen (SB-Seite 73, Your task)
Sprechabsichten	Bilder von Kalifornien beschreiben, Informationen dazu sammeln und zusammen mit ihrem eigenen Wissen wiedergeben (SB-Seite 54, 1 und SB-Seite 55, 2) · verstehen, dass sich Amerikaner in zwischenmenschlichen Situationen oft anders verhalten als Deutsche. Sie können diesen Unterschied in (Hört-)Texten wiederfinden und wissen, wie sie sich höflich und angemessen ausdrücken können (SB-Seite 57, 3a), b)) · sich in andere Personen hineinversetzen, sagen, wie sie sich in einer bestimmten Situation fühlen und wie sie an ihrer Stelle handeln würden (SB-Seite 60, 2b) und SB-Seite 61, 4) · EXTRA Klatsch und Tratsch über Starts kritisch hinterfragen (SB-Seite 66)
Language skills	**Grammatische Strukturen:** *REVISION The passive: simple present & past · The passive: present perfect · Personal passive: simple past / present perfect · The passive with may, can, should, etc. · The passive: will-future* **Wortfelder:** *Opposites · Negative prefixes* **Mediation course:** *Cultural differences* (SB-Seite 59)
Study skills	**Making an outline for a report.** Eine *outline* zusammenstellen, um einen Bericht (*report*) vorzubereiten (SB-Seite 69)
Kooperative Lernformen	*Think-Pair-Share* (SB-Seite 61, 4) · Jigsaw (SB-Seite 63, 1)
Hör-/Sehverstehen: The world behind the picture	**California road trip.** Einem Film Informationen über Kalifornien entnehmen und wiedergeben (SB-Seite 63, 1 a)–d)) **Making the film: Atmosphere.** Die Atmosphäre einer Szene beschreiben und Filmtechniken (*shots, music, light, colour*) nennen, die die Atmosphäre beeinflussen (SB-Seite 63, 2)
Access to cultures	**Being polite.** (SB-Seite 57)
Portfolioarbeit: MyBook	Einen *review* über den Text oder einen *„How-to" guide* über das eigene Hobby schreiben (SB-Seite 72, 2)
Lernaufgabe: Your task	**Write a report.** Einen Bericht über ein Event in der Heimatstadt verfassen (SB-Seite 73)

Unit 3　Lead-in

KOMMUNIKATIVE KOMPETENZEN
Die S können …

Hören: Bildbeschreibungen ihrer Mit-S folgen (SB-Seite 54, 1) · Informationen ihrer Mit-S über Kalifornien verstehen (SB-Seite 55, 2b))

Sprechen: Bilder von Kalifornien beschreiben (SB-Seite 54, 1) · gesammelte Informationen sowie eigenes Wissen über Kalifornien wiedergeben (SB-Seite 55, 2b))

METHODISCHE KOMPETENZEN
Notizen zu Bildern von Kalifornien machen (SB-Seite 54, 1b))

S. 54–55

TIPPS FÜR IHRE PLANUNG
Unit 3 stellt das Leben von Hailey Miller im Bundesstaat Kalifornien in den Mittelpunkt. Das *Lead-in* dient der sprachlichen und inhaltlichen Vorbereitung darauf. Die S reaktivieren ihren Wortschatz zu den Themen Landschaft und Stadt und erhalten dabei einen ersten optischen Eindruck verschiedener Plätze in Kalifornien (**1**). Unter Zuhilfenahme der Kaleidoskop-Seiten (SB S. 30–31) erarbeiten die S anschließend wesentliche Hintergrundinformationen zu dem Bundesstaat (**2**). Zusätzlich verweist das *Lead-in* auf die *Your task*, bei der die S am Ende der Unit einen Bericht über ein spannendes Ereignis in ihrer Gegend schreiben.

➜ FöFo 3.1

➜ Interaktive Übungen zum Workbook 3.1

➜ Kaleidoscope, SB-Seiten 30–31

INFO-BOX
Venice Beach is a famous Pacific coast beach in Los Angeles. It is known especially as a popular filming location for movies and TV productions. It attracts millions of visitors a year with its 4.5 kilometres of sandy coastline, its famous promenade, graffiti art and open-air sports facilities, such as the skatepark and Muscle Beach, an outdoor fitness area.

The **Golden Gate Bridge** spans the channel between San Francisco Bay and the Pacific Ocean. The approximately 2.7-km six-lane suspension bridge was designed by Joseph Strauss, Irving Morrow and Charles Ellis and opened in 1937. Since then, it has become one of the most popular symbols of San Francisco and California.

Los Angeles (from the Spanish *Los Ángeles*: die Engel; original name "El Pueblo de Nuestra Señora la Reina de Los Ángles del Rio de Porciúncula): The city on the Pacific coast of California has approximately 3.9 million inhabitants and is the second-largest city in the USA (after New York). It is known for its mild climate, its ethnic diversity and its business and research facilities. Los Angeles, often referred to as L.A., is the world's most important location of the aerospace industry and is the centre of the American entertainment industry (Hollywood).

Joshua Tree National Park is a national park in the southeast of California. It is named for the so-called Joshua trees (tree-like yucca plants) that grow there and give the landscape its characteristic image. The park has an area of about 320,000 ha and includes parts of the Mojave Desert and lower Colorado Desert.

EINSTIEG
SB geschlossen. Zur Einstimmung in das Thema spielt L einen Song über Kalifornien vor, z. B.: *California Dreamin* von The Mamas and the Papas (alternativ: *California Gurls* von Katy Perry o. a.). Nach dem **1. Hören** beschreiben die S ihre Höreindrücke und die Stimmung des Songs. Hierfür reicht es, nur einen Teil des Songs zu hören. Anschließend hören die S den kompletten Song und achten dabei auf den Text, dessen Aussage sie nachfolgend reflektieren.

Sollte L keinen passenden Song parat haben, kann das Heraussuchen und Mitbringen eines Songs über Kalifornien auch als vorbereitende HA an die S gestellt werden.

L: Let's listen to a song about a special place. (**1. Hören** des Songs)
L: Describe the song and the atmosphere that it creates. (S: …) L: Now we'll listen to the song again. Please pay attention to the words, so we can talk about the message of the song afterwards. (**2. Hören** des Songs)
L: Please tell us what you have found out. (S: …)

Alternative
SB geschlossen. Die S finden sich in das Thema ein, indem sie sich notieren, wie ihre eigene Vorstellung von Kalifornien aussieht und diese dann in PA detailliert beschreiben.
L: Today we're going to discuss California. Take the next two minutes to make notes on what you know about California and what you think it's like, so you can describe your idea of California to your partner afterwards.

Lead-in Unit 3

1 Images of California

NEUER WORTSCHATZ
image · desert · completely · skyscraper · contrast

ERARBEITUNG
a) **SB geöffnet.** Gemäß SB. Die S stellen einen persönlichen Bezug zu dem Thema her, indem sie ihre eigene Vorstellung von Kalifornien mit Hilfe eines Bildes illustrieren.

ERARBEITUNG
b) **SB geöffnet.** Gemäß SB.

MUSTERLÖSUNG
Picture A: (Venice Beach) the photo shows: people in the foreground who are skating: skatepark, skaters, skateboards, people, railing; in the background: beach, sand, sea, palm trees, lifeguard tower, sign, buildings, hills, sky
Picture B: (Golden Gate Bridge, San Francisco) the photo shows: a bridge in the foreground: water, coast, green cliff, sailing boat, red bridge (Golden Gate Bridge), clouds around the bridge, cars on the bridge; in the background: skyscrapers (downtown San Francisco), skyline, another bridge (Bay Bridge), an island (Treasure Island), buildings, hills
Picture C: (Los Angeles) the photo shows: a huge city; in the foreground: railing, dark trees, bright street, street lights; in the background: city, skyline, skyscrapers, street lights, dark sky
Picture D: (Joshua Tree National Park) the photo shows: desert in the foreground: desert, sand, rocks, a path, plants, shrubs, trees, Joshua trees; in the background: hills with small plants, mountains with snow, blue sky

AUSWERTUNG
Die S erklären einander im Plenum oder in PA, was sie bei der Bildbetrachtung wahrgenommen und notiert haben und vergleichen dabei auch die Bilder untereinander.

2 Facts and figures

ERARBEITUNG
a) **SB geöffnet.** Gemäß SB.

MUSTERLÖSUNG
- California is on the border to Oregon in the north, Nevada and Arizona in the east and Mexico in the south. Its complete western border is the coastline of the Pacific Ocean.
- There are four national parks in California: Yosemite National Park, Sequoia National Park, Death Valley National Park and Joshua Tree National Park.
- Nearly all the big cities are at the coast. From south to north, there are: San Diego, San Clemente, Los Angeles, San Jose and San Francisco.
- Sacramento is located on a river north of San Francisco.
- California seems to have a flat landscape next to the Pacific Coast and the more you go into the country, the more hills and mountains you find.
- There is a big lake in the south and the border between California and Arizona is a river.

Weitere Differenzierung
In leistungsschwächeren Lerngruppen arbeiten die S erst in einer ▶ Murmelphase oder in PA um sich auf ihre Äußerungen im Plenum sicher vorzubereiten.

➔ FöFo 3.1
➔ SF 17: Describing and presenting pictures (p. 164)
➔ Interaktive Übungen zum Workbook 3.1

Weitere Differenzierung
In leistungsschwächeren Lerngruppen bietet sich die Verwendung von KV 9 zur Bearbeitung dieser Aufgabe an. Diese KV strukturiert die Bearbeitung von Aufgabe **2b)** und stellt Vokabelhilfen in Hinblick auf spezielle Bildinhalte und Vokabular zur Bildbeschreibung bereit. Alternativ können vor der Bearbeitung der Aufgabe auch entsprechende Wortlisten an der Tafel gesammelt werden.

📄 KV 9: Images of California.

✏️ **Zusatz**
Die S suchen sich eines der vier Bilder aus und schreiben eine Kurzgeschichte dazu.

➔ Kaleidoscope, SB-Seiten 30–31

➔ FöFo 3.1

89

Unit 3   Lead-in

ERARBEITUNG
b) 👥 **SB geöffnet.** Gemäß SB.

AUSWERTUNG
Die Gruppen tragen ihre Ergebnisse im Plenum vor und vergleichen bzw.
korrigieren sich.

➜ Workbook 1 (p. 30)

Weitere Differenzierung
In leistungsstärkeren Lerngruppen
können die S Referate oder
Informationsbroschüren zu bestimmten Themen bezüglich Kalifornien
(z. B.: Orte: Venice Beach, San
Francisco, Los Angeles, Joshua Tree
NP, Yosemite NP, …) zusammenstel-
len. Die Bearbeitung dieser Aufgabe
kann sowohl in EA als auch in GA
erfolgen.

Your task

L kann im Sinne der Lernzieltransparenz auf die Lernaufgabe am Ende der
Unit hinweisen, bei der die S einen Bericht über ein spannendes Ereignis
in ihrer Gegend schreiben sollen.

➜ Your task, SB-Seite 73

Part A   Unit 3

KOMMUNIKATIVE KOMPETENZEN
Die S können…
Lesen: einen Text lesend erschließen, Fragen zu dessen Inhalt beantworten und Aussagen am Text belegen (SB-Seite 56, 1, 2a)) · einen Text sinngestaltend vorlesen (SB-Seite 56, 2c))
Sprechen: Informationen aus einem Text in eigenen Worten wiedergeben und reflektieren (SB-Seite 56, 2) · sich in der Kommunikation mit Amerikanern höflich und angemessen ausdrücken (SB-Seite, 57, 3)
Hören: Gesprächen folgen und Aussagen über Sprecher und Situation treffen (SB-Seite 57, 1, 2, SB-Seite 59, a)) · Gespräche verstehen, in denen Wörter ineinander überfließen (SB-Seite 57, 2)
Schreiben: einen typischen Teil der deutschen Alltagsgestaltung für einen Amerikaner erklären (SB-Seite 59, d))

Interkulturelle Kompetenz
den Unterschied im Verhalten von Deutschen und Amerikanern in zwischenmenschlichen Situationen erkennen und sich in diesen höflich und angemessen ausdrücken (SB-Seite 57, 1, 3) · Amerikanern deutsche Gewohnheiten und Eigenarten erklären (SB-Seite 59, *Mediation course*)

S. 56

TIPPS FÜR IHRE PLANUNG
In *Part A* begleiten wir die Lehrwerksfigur Hailey Miller bei ihrer ehrenamtlichen Arbeit im Küstenreservat Moss Beach, wobei sie von den Umgangsformen eines deutschen Paares irritiert ist. Die S erwerben hier anhand eines Lesetextes Wissen über das Leben an der kalifornischen Küste. Sprachlich begegnen die S hier einigen Passivformen in der Vergangenheit. Zusätzlich erleben sie das Aufeinandertreffen kulturbedingt unterschiedlicher Umgangsformen, was anschließend in *Part A Practice* in Hinblick auf höfliches Verhalten in den USA vertieft wird.

→ FöFo 3.1

INFO-BOX
The **Fitzgerald Marine Reserve** at Moss Beach is a county park and nature reserve on California's Pacific coast. Managed by San Mateo County, it includes a 4.8-km stretch of beach with tide pool habitat, as well as the adjacent clifftop area and forests. California sea lions, harbour seals and various types of birds can be observed on the beach. The tidepools are home to diverse, in part rare, species such as different types of starfish, anemones, sea urchins, hermit crabs and even octopuses.

1 At the marine reserve

NEUER WORTSCHATZ
marine · **reserve** · °**anemone** · **the week before** · **parking lot** *(AE)* · **car park** *(BE)* · **foreign** · (to) **stretch** · **motel** · **comfortable** · **Sorry?** · **Box "sorry"**, *Voc.*, SB-Seite 209 · (to) **give** sb. **directions (to)** · °**tide pool** · °**starfish** · (to) **spot** sb./sth. · **shell** · **Mrs.** Miller **/ Mr.** Miller *(AE)* · **I'd like you to** be/do … · **sunset**

→ 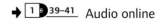 Audio online

EINSTIEG
SB geschlossen. Die S werden für das Thema sensibilisiert, indem sie Einblick in die außergewöhnliche Lebenswelt in die *tide pools* von Moss Beach bekommen. Dazu sammeln sie Wissen über die Lebewesen in dem Naturreservat anhand eines Quiz (KV 10).

Alternative
Die S sehen ein kurzes Informationsvideo zum Moss Beach, beispielsweise auf der Website des Fitzgerald Marine Reserves zu finden. Die S sehen die unterschiedlichen und vielfältigen Tiere, die am Moss Beach vorkommen. Einige wenige Minuten reichen aus.

KV 10: Quiz: Marine Sealife at Moss Beach, California.

Unit 3   Part A

ÜBERLEITUNG
L: Why do you think people visit marine reserves? (S: …)

ERARBEITUNG
SB geöffnet. Die S lesen den Text **1** und stellen danach im Plenum ggf. Fragen zum neuen Wortschatz.

2 Hailey's Saturday

ERARBEITUNG
a) SB geöffnet. Gemäß SB.

LÖSUNG
Hailey shows visitors at Moss Beach the tide pools. She explains what people can see there and makes sure that the visitors follow the rules and do not disturb or destroy the wildlife.
We know Hailey likes her job a lot because:
– "she couldn't stop talking about what she had seen the week before." (ll. 4–5)
– when Mr. Miller asks her how her day was, she says: "Awesome! I can't wait for next weekend." (l. 43)
– when her dad asks her to come to L.A. the next weekend, Hailey is not happy and says: "Dad, I want to come here". (l. 49)

ERARBEITUNG
b) SB geöffnet. Die S schulen ihre interkulturelle Kompetenz, indem sie anhand von Beispielen aus dem Text erklären, ob Hailey zu den deutschen Besuchern höflich ist. Anschließend überlegen sie, ob Hailey von der Art, wie die Touristen mit ihr sprechen, überrascht ist, und begründen ihre Meinung.

LÖSUNG
We can see that Hailey is polite to the German visitors because:
– she listens to their problems: "Oh, I'm sorry. I hope everything else was OK" (l. 19) ; "I'm really sorry…" (l. 22).
– she offers help: "Oh, right, they're that way. Let me give you directions" (ll. 25–26).
– she says "excuse me" and "please" when she tells the man not to pick anything up (ll. 38–39).
Hailey is surprised when the woman interrupts her: "Sorry? (…) Oh, right, …" (l. 25).
Hailey wants to show them the tide pools, but they just walk away.

ERARBEITUNG
c) SB geöffnet. Gemäß SB.

MUSTERLÖSUNG
First Hailey is happy because she has had a good day at Moss Beach ("Awesome!"). She is surprised/excited when she hears that her father is going to interview Brandon Williams ("The TV star?"). She is disappointed/unhappy when her father asks her to go to L.A. with him ("Dad, I want to come here."). She is angry when her mother asks her to go to L.A. with her father ("I'm 15, you know.).

The way the reader pronounces "awesome" shows that Hailey really enjoyed herself. The reader reads "The TV star?" very slowly and you can hear a question mark in his voice very clearly. This shows how amazed/excited Hailey is. The reader reads the sentence "Dad, I want to come here." in a disappointed voice, so the listener can understand better how she is feeling. The reader also stresses the word "here" to show that Hailey feels angry.

Language Awareness
Marine wildlife in English:
barnacle: Seepocke
(SB-Seite 56, im Bild links unten)
starfish: Seestern

Zusatz
Die S berichten über eigene Erfahrungen mit Schwierigkeiten in der Kommunikation mit anderen Menschen.
L: Tell us about an experience of your own when you were surprised by how people talked to you

➜ Workbook 2 (p. 31)

➜ FöFo 3.1

➜ [1] [41] Audio online

Part A Practice   Unit 3

S. 57

TIPPS FÜR IHRE PLANUNG

Der Schwerpunkt in *Part A Practice* liegt auf der Sensibilisierung für Unterschiede in der Kommunikation zwischen Deutschen und US-Amerikanern sowie dem Einüben passender Reaktionsmuster. Nach einer Hörübung, in der die S typische Irritationen bei Begegnungen zwischen Deutschen und Amerikanern erleben (**1**), erhalten sie im **Access to cultures** Hinweise zu in den USA als angemessen empfundenem Verhalten. Im Anschluss an eine Hörübung zu umgangssprachlicher Aussprache (**2**), wenden die S ihr in Aufgabe **1** erworbenes Wissen in einer vorstrukturierten Kommunikationsübung an (**3**). Im Folgenden wird das *passive* im *simple present* und *simple past* wiederholt (**4**) und um die Form des *present perfect* erweitert (**5**), bevor abschließend Sätze mit einem Objekt mit *to*-Infinitiv nach bestimmten Verben eingeübt werden (**6**).

➜ FöFo 3.2, 3.3

➜ Your task, SB-Seite 73

➜ Interaktive Übungen zum Workbook 3.2, 3.3

➜ LAS 3.1, 3.2

---

1 At the restaurant 🎧

NEUER WORTSCHATZ

hostess · **social** · **line** *(AE)* · (to) **look out for** sb./sth. · °seat: Wait to be seated. · **stranger** · **saying** · **not** (…) **at all** · Box "**not** (…) **at all**", *Voc.*, SB-Seite 209 · (to) **pronounce** · **separately** · (to) **flow** · **common**

EINSTIEG

Bei Beginn einer neuen Unterrichtsstunde: L: During the last lesson, we read a story about two German tourists at Moss Beach. Please tell us what you remember about them. (S: They wanted to see the tide pools. They complained about the motel. The man wanted to pick something up.)

ÜBERLEITUNG

L: Now, let's listen and find out how their story goes on.

ERARBEITUNG

a) SB geöffnet. Gemäß SB.

➜ `1 ▸ 42` Transkript online

LÖSUNG

3 The German couple have to wait.
4 The waiter asks if they've had a good day.

ERARBEITUNG

b) SB geöffnet. Gemäß SB.

➜ `1 ▸ 43` Transkript online

LÖSUNG

Hailey thinks the German visitors are weird because:
– they didn't like many things: the bed, the bathroom …
– they just came into the restaurant and sat down.

ERARBEITUNG

c) SB geöffnet. Gemäß SB.

➜ `1 ▸ 44` Transkript online

MUSTERLÖSUNG

Hailey now thinks the German visitors are nice because:
– the woman thanks Hailey for her help.
– the man says sorry for touching things in the tidepools.
– they talk positively about California.

➜ FöFo 3.2

➜ Interaktive Übungen zum Workbook 3.2

93

Unit 3 Part A Practice

🌐 Access to cultures: Being polite

ERARBEITUNG
Die S erweitern ihr Wissen zur interkulturellen Kommunikation, indem sie den Informationstext zu Verhaltensweisen, die in den USA anders sind als in Deutschland, durchlesen.

Zusatz 1
Zur Absicherung und Vertiefung erklären die S, welches Verhalten in Deutschland in der jeweiligen Situation üblich wäre und vergleichen die beiden Reaktionsmuster.

Zusatz 2: Mediation
Die S erstellen für deutsche Touristen eine Kurzanleitung für angemessenes Verhalten in den USA, welche sie mit Zeichnungen und deutschen Texten gestalten. Als HA geeignet.

2 Wotcha mean? (Pronunciation: Word flow) 🎧

NEUER WORTSCHATZ
° flow

ÜBERLEITUNG
L: When people talk to each other, they often say words very fast, so they sound different from what you expect. Let's listen to another conversation to find out about this.

ERARBEITUNG
a) SB geöffnet. 1. Hören Die S lesen zunächst den *Listening tip,* um ihre Aufmerksamkeit auf die Aussprache zu lenken. Dann hören sie das Gespräch an und vertiefen ihre Fertigkeiten im Hörverstehen, indem sie lernen, in Gesprächssituationen trotz umgangssprachlicher Aussprache Aussagen zu verstehen.

➜ 1 ▷ 45 Transkript online

LÖSUNG
Two foreign girls are talking to a receptionist at a hotel (in the UK). The girls want to know where they can have breakfast nearby and if they can pay with a credit card there.

ERARBEITUNG
b) 👥 SB geöffnet. 2. Hören Die S hören den Text und bestimmen dabei die Reihenfolge, in der die im SB gegebenen Redewendungen vorkommen.

Hinweis: Hierfür empfiehlt es sich, die S die Redewendungen zunächst aus dem Buch abschreiben zu lassen, sodass sie dann beim Hören die Nummern für die Reihenfolge direkt hinter die Sätze schreiben können.

AUSWERTUNG
Die Auswertung erfolgt im Plenum.

LÖSUNG
2, 7, 8, 1, 6, 4, 5, 3

ERARBEITUNG
c) SB geöffnet. Die S üben eine authentische Aussprache häufiger Redewendungen ein, indem sie diese ein weiteres Mal anhören und dann so nachsprechen, wie sie sie gehört haben.

Hinweis: Es ist hilfreich, wenn L das Hörbeispiel nach jeder Redewendung anhält und dann alle S gemeinsam diese nachsprechen.

➜ FöFo 3.2

➜ Interaktive Übungen zum Workbook 3.2

94

Part A Practice   Unit 3

3 Everyday English: Saying the right thing 💬

ERARBEITUNG

a) SB geöffnet. Die S wenden ihr in Aufgabe **1** und insbesondere im *Access to cultures*-Text gesammeltes Wissen an, indem sie unpassende Kommunikationsmuster erklären und korrigieren.

AUSWERTUNG

Die S besprechen ihre Antworten in PA.

LÖSUNG

1 not good because: You should give a short, positive answer if you are asked a polite question. better way to reply: I'm fine, thank you.
2 not good because: You should say things in a nice and friendly way. better way to reply: Well, thank you, but not quite. I'm afraid I have a problem with …
3 not good because: You shouldn't say anything negative if a stranger asks you a polite question. better way to reply: I think it's fantastic here.
4 not good because: You should wait in line until the host or hostess shows you your table. better way to reply: Oh, I'm sorry.
5 not good because: You should do the same if somebody introduces himself by his first name. better way to reply: My name is Nikolas. Nice to meet you.
6 not good because: You should give a short and positive answer if somebody asks you a polite question. better way to reply: Thank you so much, but I can manage it.

ERARBEITUNG

b) 🎬 SB geöffnet. Die S erstellen auf der Grundlage ihrer Ergebnisse aus **3a)** kurze Dialoge, die eine höfliche Konversation in den USA darstellen, und führen diese vor. Dabei denken sie sich höfliche und ausführliche Antworten für die Fragen 1–6 aus.

AUSWERTUNG

Einige Paare führen ihre Dialoge im Plenum auf. Die beobachtenden S achten dabei auf die Höflichkeit der Dialoge und geben Rückmeldung.

MUSTERLÖSUNG

A: Hi, how are you this morning?
B: I'm fine, thank you. How are you?
A: I'm fine, thanks.

A: Is everything all right, sir?
B: Well, thank you for asking. Not quite. I'm afraid I have a problem with the TV. It doesn't work.
A: I'll come and look at it.
B: That's very kind of you.

A: How do you like our town?
B: I think it's fantastic here.
A: Have you visited the castle? It's a great place.
B: That sounds interesting. How do I get there?
A: Take the bus to Castle Hill from the station. It stops at the castle.
B: Thank you very much.

A: Could you wait in line, please?
B: Oh, yes, of course. Sorry.

A: My name's Tim, by the way.
B: Hi Tim, I'm Alex. Nice to meet you.

A: Can I help you?
B: No, thank you. It's very nice of you to ask.

➡ Workbook 3 (p. 31)

➡ Interaktive Übungen zum Workbook 3.2

Unit 3   Part A Practice

S. 58

4 REVISION Volunteering at Moss Beach (The passive: simple present & past)

NEUER WORTSCHATZ
program · (to) support · ecology · season · °naturalist

EINSTIEG
Zur sicheren Vorbereitung der Übung wird die Bildung des Passiv im *simple present* und im *simple past* sowie dessen Funktion mit einem TB bzw. im UG wiederholt.

L: Moss Beach is visited by a lot of tourists because a lot of animals can be seen there. What animals can be seen there? (S: Seals can be seen there. / Starfish can be seen there.) L: To say that something is done to something we use a special form: the passive. Let's have a short revision of how the passive is formed. Please put this sentence into the passive: People often see seals at Moss Beach. (S: Seals are often seen at Moss Beach (by people).) L: (notiert den Satz an der Tafel) Please explain how the passive is formed here. (S: A form of be and the past participle / 3rd form) (L hält die Antwort im TB fest) L: Please tell us what tense this is. (S: It's the simple present.) L: Now, please put this sentence into the simple past.

The Passive		
Seals are often seen at Moss Beach.	am/is/are + 3rd form	simple present
A seal was seen there yesterday.	was/were + 3rd form	simple past

ERARBEITUNG
SB geöffnet. Gemäß SB.

DIFFERENZIERUNG More help
Leistungsschwächere S arbeiten auf SB-Seite 134. Dort ist in den Lücken bereits das jeweils passende Verb vorgegeben.

AUSWERTUNG
Die S korrigieren einander im ▶ *Partnercheck*-Verfahren.

LÖSUNG
2 are found · 3 was started · 4 are taken · 5 are taught · 6 are trained · 7 is asked · 8 were given

➡ Your task, SB-Seite 73

➡ FöFo 3.3

➡ Interaktive Übungen zum Workbook 3.3

5 A baby whale has been seen near Moss Beach (The passive: present perfect)

ÜBERLEITUNG
L: You already know that when we are talking about the past, but not about a specific point in time, we need another tense: the present perfect. The next exercise shows you how you form the present perfect passive.

ERARBEITUNG
SB geöffnet. Gemäß SB.

AUSWERTUNG
Die Auswertung erfolgt im Plenum.

LÖSUNG
1 A baby whale has been seen near Moss Beach. · 2 Giant footprints have been found in the sand. · 3 These windows haven't been cleaned for years. · 4 He hasn't been invited to Sam's party. · 5 She has been chosen for the school team. · 6 The bike has been stolen.

Part A Practice   Unit 3

DIFFERENZIERUNG Early finisher
Leistungsstärkere S schreiben einen Dialog zu Bild 4, 5 oder 6 und setzen diesen anschließend schauspielerisch um.

SICHERUNG
Die Form des Passiv im *present perfect* wird kognitiviert und gesichert, indem die S erklären, wie diese gebildet wird. Sie wird im TB festgehalten bzw. dem TB von **4** (HRU-Seite 96) hinzugefügt.

> ### The Passive
> Seals have been seen there for years. have/ has + 3rd form present perfect

➡ GF 5: The passive (pp. 178–179)

➡ Your task, SB-Seite 73

➡ FöFo 3.3

➡ LAS 3.1

➡ Interaktive Übungen zum Workbook 3.3

6 I'd like you to come with me (Verb + object + *to*-infinitive)

ERARBEITUNG
SB geöffnet. Die S üben die Struktur von Sätzen mit Objekt und *to*-Infinitiv nach bestimmten Verben ein, indem sie entsprechende Sätze vervollständigen. Zum besseren Verständnis ist es sinnvoll, vor der Bearbeitung der Aufgabe die *TIP*-Box lesen zu lassen sowie den Beispielsatz gemeinsam ins Deutsche zu übersetzen.

LÖSUNG
1 I'd like you to come with me. · 2 She wants me to help her. · 3 Or would you like me to explain it to you? · 4 Please tell him to phone me later. · 5 I don't expect you to pay anything for it. · 6 Tell them to wait for me.

➡ Workbook 4–6 (p. 31–32)

➡ GF 6: The *to*-infinitive (pp. 180–181)

➡ LAS 3.3

AUSWERTUNG
Die S korrigieren einander im ▶ *Partnercheck*-Verfahren.

Unit 3   Mediation course 🇬🇧🇺🇸 Cultural differences (1)

S. 59

TIPPS FÜR IHRE PLANUNG

Im *Mediation course* setzen sich die S mit der Vermittlung von kulturellen Unterschieden zwischen Deutschland und den USA auseinander. Dazu finden sie sich zunächst anhand von Hörtexten mit interkulturellen Missverständnissen in die Problematik ein (**a**) und nehmen anschließend die Rolle des interkulturell vermittelnden Mediators ein, indem sie Dialoge entwickeln, die diese Missverständnisse aufklären (**b, c**). Abschließend vermitteln sie die Informationen aus einem deutschsprachigen Text zur Mülltrennung in schriftlicher Form, indem sie einen erklärenden Text an eine amerikanische Person schreiben (**d**).

NEUER WORTSCHATZ
trash can *(AE)* +**rubbish bin** *(BE)* · **explanation**

EINSTIEG

Die S finden sich in das Thema ein, indem sie benennen und begründen, was sie einem Besucher aus Amerika in Deutschland gerne zeigen würden. Dadurch sensibilisieren sie sich für Dinge, die sie als typisch oder bemerkenswert für Deutschland erachten und setzen sich mit landestypischen Unterschieden auseinander. L: Imagine somebody from the USA visits you. Please explain what you would show him or her here in Germany and why. (S: I would like to show my American visitor the old castle because it is very pretty and it is very old. I think this would be very special for an American because they don't have such old buildings. / I would like to take my visitor to school. It might be boring for her but she could see now my life at school. / I would …)

ERARBEITUNG

a) SB geöffnet. Die S lesen den Arbeitsauftrag der Aufgabe durch und hören anschließend drei kurze Dialoge, die sich jeweils auf eines der Bilder im SB beziehen und Kommunikationsprobleme aufgrund von interkulturellen Unterschieden darstellen. Die S arbeiten daran heraus, mit welchen Schwierigkeiten ein amerikanischer Besucher in Deutschland jeweils konfrontiert ist.

Anhand dieser Missverständnisse erkennen die S ihre besondere Rolle als Mediator, die es erfordert, kulturspezifische Hintergrundinformationen bei der Vermittlung bestimmter Sachverhalte hinzuzufügen.

AUSWERTUNG
Die Auswertung erfolgt im Plenum.

LÖSUNG

1 The American visitor thinks the temperature is really cold, but it isn't really cold for Germany. (22°C = 71.6°F; 22°F = −5°C)
Explanation: The American expects temperatures in Fahrenheit instead of Celsius. To change Celsius to Fahrenheit, you take the Celsius number twice, then add 30. The table shows temperatures in Celsius with their exact number in Fahrenheit:

°C	−5	−4	−3	−2	−1	0	1	2	4
°F	23	24.8	26.6	28.4	30.2	32	33.8	35.6	39.2

➜ Interaktive Übungen zum Workbook 3.3

➜ FöFo 3.2

➜ 1 ▶46–48 Transkript online

Hinweis: Sollten die S aufgrund von fehlendem Hintergrundwissen sich nicht erklären können, warum in den einzelnen Situationen Irritationen entstanden sind, kann L mit einem kurzen Vortrag die hier relevanten Informationen zur Verfügung stellen (siehe: explanation in der Lösung). Alternativ können die S wesentliche Informationen auch im Bereich More help, SB-Seite 134 finden.

Mediation course 🏴 Cultural differences (1)   Unit 3

2 The American visitor thinks the student has a weird-looking school bag. She says that they don't have anything like that in America. Explanation: The tradition of school cones (Schultüten) that are given to students when they start primary school is famous in Germany. It isn't known in the USA.

3 The American visitor doesn't know what St Martin lanterns are. Explanation: St Martin's Day in Germany is the 11th of November and celebrates the soldier Martin, who gave half of his coat to a freezing poor man. On this day, children walk through the streets with lanterns and sing songs. Often there is a person who looks like a soldier from the past on a horse leading the lantern march. This holiday isn't known in the USA.

Hinweis:
school cone [skuːʟ kəʊn], AE [skuːʟ koʊn] *Schultüte*

ERARBEITUNG
b) 👥 SB geöffnet. Die S trainieren Mediation vor dem Hintergrund interkultureller Unterschiede. Dazu erstellen sie eine Liste an Informationen, die ein Amerikaner bräuchte, um die Situation in einem der Bilder zu verstehen. Anschließend schreiben sie einen kurzen Dialog, in welchem das Bild erklärt wird, und üben diesen ein.
Vor der Bearbeitung dieser Aufgabe empfiehlt es sich, die S auf die Mediation skills am Ende der Seite aufmerksam zu machen.

DIFFERENZIERUNG   `More help`
Leistungsschwächere S arbeiten auf SB-Seite 134. Dort finden sie zu jedem Bild eine Stichwortliste mit relevanten Informationen sowie Beispiele für die Anfänge situativ passender Dialoge.

ERARBEITUNG
c) 👥 Die S führen ihren in **b)** erarbeiteten Dialog einem anderen S-Paar, welches sich für ein anderes der drei Bilder entschieden hat, vor und verfolgen anschließend die Vorführung von dessen Dialog. Dabei achten Sie auf die Qualität und Zweckmäßigkeit der Dialoge.

Alternative
Einige S-Paare führen ihre Dialoge im Plenum auf.

AUSWERTUNG
Die S geben sich gegenseitig Feedback über die Qualität und Zweckmäßigkeit der jeweils vorgestellten Dialoge.

MUSTERLÖSUNG
1 A: Wait, you know that Germans use a different system for temperatures, right?
  B: No, I've never heard about that. Please explain.
  A: Here in Germany, we use Celsius to talk about temperatures, so the numbers that are given are different.
  B: So, what do the numbers mean?
  A: In Celsius, water freezes at 0°C, and when the temperature is 22°C, it's nice and warm because that's like 72°F. If it were 22°F, it would be really cold: that's -6°C.
  B: Oh, OK. Now I understand. Thank you!

2 A: My brother didn't use that bag every day!
  B: Why did he need it?
  A: Here in Germany, parents give their children a "Schultüte" which is filled with candy and little presents when they start school. This is a present to celebrate the first day of school and, of course, you have to take lots of photos of it.
  B: Do the students have real school bags too?
  A: Of course! The "Schultüte" is only a present. Every student has a real school bag too: it's called a "Schultasche". They have to bring it on their first day of school.
  B: Oh, I see. That's interesting.

99

Unit 3   Mediation course   Cultural differences (1)

3 A: Well, on 11th November we remember St Martin. We have a parade in the evening with lanterns that we've made in school. Sometimes there's also a man on a horse who leads the parade and looks like St Martin.

B: Who is St Martin?

A: He lived a long time ago. He was a soldier and one night he met a very poor man who was very cold, so Martin cut his own coat into two halves and gave one half to the very poor man.

B: Oh, that's very nice.

ERARBEITUNG

d) Die S schreiben einen Text, in welchem sie das deutsche System der Abfalltrennung für eine amerikanische Person beschreiben. Als Informationsgrundlage steht den S ein erläuternder Text in deutscher Sprache zur Verfügung.

AUSWERTUNG

Die S lesen ihre Texte in PA oder im Plenum vor. Dabei achten sie darauf, ob alle wichtigen Informationen für eine amerikanische Person verständlich erklärt wurden, und machen ggf. Verbesserungsvorschläge.

➜ SF 12: Cultural differences (p. 161)

➜ Workbook 7 (p. 33)

➜ FöFo 3.2

➜ Interaktive Übungen zum Workbook 3.4

MUSTERLÖSUNG

Hi, welcome to Germany. I can understand that all those colourful trash cans might be difficult to understand if you haven't seen them before.

In Germany we collect the trash in different trash cans. Each trash can is for different materials so it can be recycled more easily.

When you want to throw something away, you have to put everything that's made of paper into the blue trash can. Everything that's natural, like vegetables, bread, teabags, flowers or plants, must be put into the green or brown trash can. The yellow can is used for all the things that have the symbol of the "Green Dot" ("Grüner Punkt") on them – which are things that are made from plastic or metal. All the other things – the things that aren't recycled – are put into the grey can.

I hope that helps you. Have fun recycling!

Part B   Unit 3

KOMMUNIKATIVE KOMPETENZEN

Die S können …

Lesen:	Lesetexten entnehmen, wie sich Personen in bestimmten Situationen fühlen und dafür Belege finden (SB-Seite 60, 1, 2) · Informationstexte verstehen und Überschriften für einzelne Textteile finden (EXTRA, SB-Seite 65, a))
Sprechen:	sich in andere Personen hineinversetzen, sagen wie sie sich in bestimmten Situationen fühlen und wie die eigene Reaktion in einer solchen aussehen könnte (SB-Seite 60, 2b), SB-Seite 61, 5)
Hören:	einem Hörtext entnehmen, wie Personen in bestimmten Situationen reagieren (SB-Seite 61, 5 und SB-Seite 62, 3a)
Schreiben:	einen Text über Kalifornien verfassen, indem sie vorher gewonnene Informationen verarbeiten (SB-Seite 63, 1e) · sich in frühere Zeiten zurückversetzen und die damalige Faszination für Kalifornien in einem Brief formulieren (SB-Seite 65, b)
Hören und Sehen:	einem Film Informationen entnehmen und wiedergeben, die Atmosphäre einer Szene unter Bezug auf Filmtechniken beschreiben (SB-Seite, 63, 1, 2)

S. 60–61

TIPPS FÜR IHRE PLANUNG

In *Part B* begleiten die S Hailey und ihren Vater zu einem Interview mit dem 16-jährigen TV-Star Brandon Williams in Hollywood. Anhand einer Bildergeschichte (**1**), in der Hailey auf ihren Vater im Starview Hotel wartet, setzen sich die S mit Haileys Gefühlswelt in dieser Situation auseinander (**2**). Anschließend lesen sie einen Artikel von Haileys Vater, Dan Miller, über das Interview (**3**) und arbeiten daran die Herausforderungen, mit denen der junge Schauspieler Brandon konfrontiert ist, heraus (**4**). Ein Hörtext vermittelt den weiteren Verlauf des Geschehens, in dem Hailey, ihr Vater und Brandon aufgrund eines Buschfeuers in der Nähe von Brandons Haus dorthin fahren und dabei schon von den Paparazzi erwartet werden (**5**).

Sprachlich begegnen die S in diesem Teil erstmals lesend dem *personal passive*. Dieses reproduzieren die S in (**6**) vorbewusst, bevor Bewusstmachung und Einübung in *Part B Practice* erfolgen.

➜ FöFo 3.3

1 At the Starview Hotel

NEUER WORTSCHATZ

noon · **VIP (very important person)** · °**lounge** · °**killer** · **fumes** *(pl)* · I'm **feeling faint.** · °**Achoo!** · **ID** · **reaction (to)**

EINSTIEG

SB geschlossen. Die S finden sich in das Thema „Hollywoodstars" ein und stellen einen persönlichen Bezug her, indem sie über ihre Lieblingsstars berichten. L: Please tell us about your favourite stars and why you like them. (S: …) L: Explain why so many stars live in California. (S: Hollywood; film industry; entertainment industry.)

Alternative

Die S setzen sich mit dem Thema „Stars in den Medien" auseinander, indem sie ein Cover für ein Starmagazin gestalten, auf dem mit selbstgewählten Bildern und Überschriften für dessen Inhalt geworben wird.

ERARBEITUNG

SB geöffnet. Lesen. Die S verfolgen Haileys Erlebnisse im Starview Hotel in Hollywood, indem sie die Bildergeschichte mit verteilten Rollen (narrator, Mr. Miller, Hailey, doorman) gemeinsam lesen.

Zusatz

Die S können an dieser Stelle die Aufgabe bekommen, die Bildergeschichte in Gruppen (ca. 6 S) schauspielerisch umzusetzen. Dazu sollten sie die in den Erklärungen angedeuteten Dialoge/Monologe selbst ergänzen.

101

Unit 3   Part B

2 Reactions

ERARBEITUNG
a) SB geöffnet. Gemäß SB.

MUSTERLÖSUNG
Picture 1: bored, angry, sad (because she can't be at Moss Beach)
Picture 2: surprised, afraid, scared, worried
Picture 3: curious, thirsty
Picture 4: bored
Picture 5: sorry
Picture 6: happy

Feelings

☺ happy, relaxed

☺ curious, interested, excited, surprised

☹ angry, sad, lonely, bored

☹ worried, scared, afraid

☹ embarrassed, sorry

Alternative
Diese Aufgabe kann auch als Ratespiel in PA durchgeführt werden. Dabei beschreiben die S Haileys Gefühle in Stichworten auf einem Zettel, ohne aber das entsprechende Bild dazu zu nennen. Anschließend tauschen die S die Zettel mit ihrem Partner aus und erraten, um welches Bild es sich bei den Beschreibungen jeweils handelt.

Weitere Differenzierung
In leistungsschwächeren Klassen ist es sinnvoll, als Wortschatz-arbeit und Vorentlastung vor der Bearbeitung dieser Aufgabe eine Liste an Vokabeln zu Gefühlen an der Tafel zu sammeln und diese von den S nach Stimmungen ordnen zu lassen.

ERARBEITUNG
b) SB geöffnet. Gemäß SB.

3 The interview

NEUER WORTSCHATZ
(to) **reveal** · **emergency** · **wildfire** · **canyon** · **limousine** · **process** · **script** · **season** · **grade** · (to) **tutor** sb. · (to) **set** sth. **up, set, set** · **take** · (to) **switch** · **although** · (to) **pat** · **cute** · **change** · °**set**

EINSTIEG
L: Imagine you could interview your favourite star. Tell us who you would interview and what you would like to ask them. (S: …) L: Hailey's father is now doing an interview with Brandon. Tell us what you think he might ask Brandon. (S: …)

Hinweis: Nicht alle Passive in diesem Text sind Beispiele der Zielstruktur (*personal passive*). Die anderen dienen dem Vergleich.

ERARBEITUNG
SB geöffnet. 1. Lesen. Die S lesen den Artikel über das Interview gemeinsam durch und klären unbekannten Wortschatz im Plenum.

4 A young star's life

ERARBEITUNG
SB geöffnet. 🧩 ▸ *Think-Pair-Share*. Gemäß SB.

LÖSUNG
– learns all his lines very fast
– goes to school
– does schoolwork during breaks on set
– he is tutored on set when he can't go to school
– on set, it's difficult to concentrate because people interrupt him

102

Part B   Unit 3

5 Paparazzi and VIPs 🎧

NEUER WORTSCHATZ
°paparazzi (pl)

ERARBEITUNG
Die S verfolgen, wie die Geschichte von Hailey und Brandon weitergeht. Zur Absicherung beschreiben sie anschließend die Situation und vergleichen die Reaktionen von Brandon und Hailey. Es empfiehlt sich, nach möglichen Gründen für das unterschiedliche Verhalten von Brandon und Hailey zu fragen.

➜ 1 ▶ 49 Transkript online

LÖSUNG
When Mr. Miller, Hailey and Brandon arrive there, paparazzi are already waiting for them. They take lots of photos of Hailey and one reporter tries to interview her (she asks for her name, where she was when she heard about the fire, if she was with Brandon).
Hailey's reaction: She answers the reporter's questions because … (S: …).
Brandon's reaction: He tells Hailey not to answer the questions and walks away with Hailey and Mr. Miller because … (S: …).

Alternative
An dieser Stelle können die S Vermutungen zum Fortgang der Geschichte anstellen, insbesondere in Hinblick auf das Verhalten der Paparazzi.
L: Describe how the story could go on.

6 Have a go

ERARBEITUNG
a) SB geöffnet. Die S bilden das *personal passive* in einer vorbewussten Anübung.

AUSWERTUNG
Die S vergleichen Ihre Sätze in PA.

MUSTERLÖSUNG
Hailey was given directions to the wrong VIP lounge.
Hailey was given 10 dollars for a drink.
Brandon was given a week to learn all his lines.
Mr. Miller was given 20 minutes for an interview.

Weitere Differenzierung
In leistungsschwächeren Lerngruppen kann L mit Hilfe mehrerer Beispielsätze bzw. durch das Aufschreiben eines kompletten Beispielsatzes an der Tafel vor der Bearbeitung Hilfestellung geben.

ERARBEITUNG
b) SB geöffnet. Gemäß SB.

AUSWERTUNG
Die S vergleichen ihre Antworten im Plenum.

MUSTERLÖSUNG
I was given a bike for my last birthday.
My sister was given a lot of homework by her teacher.

Weitere Differenzierung
In leistungsschwächeren Lerngruppen präsentiert L vor der Bearbeitung mehrere Beispielsätze.
Leistungsstärkere S können aufgefordert werden, auch die Verneinung und Fragen im *personal passive* zu bilden.

➜ FöFo 3.3

103

Unit 3   Part B Practice

S. 62

TIPPS FÜR IHRE PLANUNG
Part B Practice beginnt mit der Bewusstmachung des *Personal passive* mit Hilfe der *Looking at language*-Box. Das Lesen des *Grammar File* (S. 179-180) wird als zusätzliche Lernhilfe empfohlen. Anschließend üben die S das *personal passive* im *simple past* (**1**) sowie im *present perfect* (**2**) ein und erarbeiten die Inhalte eines Hörtextes mit dem *personal passive* im *will-future* (**3a**), die sie abschließend in das *simple past* umformen (**3b**).

➜ LAS 3.2

➜ FöFo 3.3

➜ Interaktive Übungen zum Workbook 3.5

Looking at language

EINSTIEG

Am Beginn einer neuen Unterrichtsstunde wiederholen die S die vorbewusste Anwendung von Sätzen mit dem *personal passive*. Dazu gibt L einige Beispielsätze vor und lässt anschließend die S weitere Sätze formulieren. L: In the last lesson, we read about Brandon Williams. He was offered a role in a sitcom. And he was only given a week to learn all of his lines. But he liked it because the TV company gives him so much in return. Tell us what you think Brandon is given by the TV company. (L schreibt den Satzanfang "Brandon is given …" an die Tafel, damit die S damit Sätze bilden können.) (S: Brandon is given money/food/presents.)

ERARBEITUNG

SB geöffnet. Die S erarbeiten sich ein Verständnis für die Form des *personal passive*. Dazu vervollständigen sie die deutschen Übersetzungen in der *Looking at language*-Box. Anschließend vergleichen sie die Anfänge der deutschen Sätze mit denen der englischen Sätze. Im Anschluss lesen sie die Informationen in der *Looking at language*-Box durch und suchen aus den Texten (**1** und **3**) weitere Sätze mit dem *personal passive* heraus.

LÖSUNG

Mir wurde die Rolle angeboten.
Ihr wurde ein Handy zu ihrem Geburtstag versprochen.
Den Schülern wurden viele Fragen gestellt.

In the German sentences there is a personal pronoun in the object form (dative) at the beginning of the sentence. But the English sentences start with personal pronouns in the subject form.

More examples:
(SB-Seite 60, 1)
I've been given twenty minutes to interview Brandon, …
At the bar, **Hailey is offered a menu**.
Hailey is given directions to the wrong VIP lounge.
She is asked lots of questions before they let her in.
(SB-Seite 61, 3)
Three months later, **I was offered the role**.
I was given just one week to learn all my lines.
I've been told there'll be surprises.

➜ GF 5.3: The passive with different kinds of verbs (p. 179-180)

Part B Practice   Unit 3

1 We were promised a sea view (Personal passive: simple past)

NEUER WORTSCHATZ
stay · receptionist

ERARBEITUNG
a) SB geöffnet. Gemäß SB.

AUSWERTUNG
Die Auswertung erfolgt im Plenum.

LÖSUNG
1 We were promised a sea view …
2 … but we were given a room with a view of the car park.
3 We were not told breakfast was later on Sundays.
4 I ordered a brochure, but I was not sent one.
5 I was not shown the way to the dining room.
6 I was offered a free drink, but I never got one.

ERARBEITUNG
b) SB geöffnet. Die S verwenden Sätze mit dem *personal passive* im *simple past*, indem sie einen Dialog unter Verwendung von Ideen aus **1a)** schreiben und diesen anschließend schauspielerisch umsetzen.

AUSWERTUNG
Die S führen ihre Dialoge im Plenum oder in Kleingruppen vor. Die beobachtenden S achten dabei auf die korrekte Verwendung des *personal passive* im *simple past* und korrigieren sich ggf. gegenseitig.

MUSTERLÖSUNG
Receptionist: I hope you enjoyed your stay here.
Guest: I'm afraid I wasn't so happy.
Receptionist: Oh, I'm sorry. What was the problem?
Guest: Well, I was promised a quiet room, but I was given a room next to the disco.
Receptionist: Oh, I'm very sorry about that. I hope everything else was all right.
Guest: Well, I wasn't told breakfast was only until 10 o'clock and I also wasn't shown the way to the dining room, so I missed breakfast on my first day here.
Receptionist: I'm so sorry. Can I offer you a free drink in compensation?
Guest: Well, I was already offered a free drink, but I never got one.
Receptionist: I am so, so sorry.

➔ FöFo 3.3
➔ LAS 3.2
➔ Interaktive Übungen zum Workbook 3.5

2 I've been promised a new guitar (Personal passive: present perfect)

ERARBEITUNG
SB geöffnet. Gemäß SB.

AUSWERTUNG
Die S vergleichen ihre Ergebnisse im ▶ *Partnercheck*-Verfahren.

MUSTERLÖSUNG
1 I've been promised a new guitar.
2 She hasn't been given enough food.
3 We've just been told the good news.
4 He's been paid too much for the job.
5 I haven't been shown how to turn on the hot water.
6 She hasn't been offered a role in the play.
7 We've been sent the wrong theatre tickets.

105

Unit 3   Part B Practice

DIFFERENZIERUNG   *More help*
Leistungsschwächere S arbeiten auf SB-Seite 135. Dort finden sie die Sätze der Aufgabe mit dem jeweils passenden Verb in der Infinitiv-Form und bilden lediglich die korrekte Passivform.

DIFFERENZIERUNG   *Early finisher*
Leistungsstärkere S arbeiten zusätzlich auf SB-Seite 142. Dort finden sie acht Textabschnitte, die sie in die richtige Reihenfolge bringen. Dabei entscheiden sie, welche Abschnitte aus Sicht des Interviewten und aus Sicht des Managers geschrieben sind und ordnen die Textteile der jeweiligen Person zu.

➜ FöFo: 3.3
➜ Interaktive Übungen zum Workbook 3.5

3   At the casting 🎧

NEUER WORTSCHATZ
casting · microphone

ERARBEITUNG
a) SB geöffnet. **1. Hören** (Globalverstehen): Die S verstehen das *personal passive* im *will-future*, indem sie die Anweisungen bei einem Casting verfolgen. **2. Hören:** (Detailverstehen): Die S notieren sich die Anweisungen in Stichworten.

➜ 1 50   Transkript online

LÖSUNG
Briefing: You will be…
- given a script to read
- shown the stage, microphone, props
- given 30 minutes to prepare
- asked onto the stage after 30 minutes
- told who your partner is
- allowed five minutes to perform
- offered the role if you are good
- sent home if you are not good
- paid for your travel costs

Hinweis: prop [prɒp] *Requisite*

ERARBEITUNG
b) SB geöffnet. Die S übertragen die zuvor gehörten Passivsätze in das *simple past*, indem sie für eine andere Person erzählen, welche Anweisungen gegeben wurden. Diese Aufgabe kann sowohl schriftlich erfolgen als auch mündlich in PA durchgeführt werden.

AUSWERTUNG
Einzelne S tragen ihre Ergebnisse im Plenum vor und werden ggf. korrigiert.

MUSTERLÖSUNG
It was really tough in there. We were given a script to read. Then we were shown the stage, the microphone and the props. After that we were given exactly 30 minutes to prepare. Then we were asked onto the stage and told who our partner was. We were allowed five minutes to perform on stage. Finally I was/wasn't given the role. And/But I was paid for my travel costs.

✏️ **Weitere Differenzierung**
Leistungsstärkere S können an dieser Stelle zusätzlich einen Ratgeber mit Tipps für diese Castingsituation schreiben und dabei die Anweisungen im *simple present* formulieren.

➜ Workbook 8–10 (p. 34–35)
➜ FöFo 3.3
➜ LAS 3.2

106

⊙ The world behind the picture   Unit 3

S. 63

TIPPS FÜR IHRE PLANUNG
In diesem Unit-Teil steht die Videoarbeit im Mittelpunkt. Anhand eines Informationsvideos über Kalifornien erarbeiten die S wesentliche Informationen zu Landschaft, Städten, Menschen und möglichen Aktivitäten in dem Bundesstaat und äußern sich zu ihrer Sichtweise auf die dargestellten Inhalte (1). Anschließend analysieren sie die atmosphärische Wirkung der filmischen Mittel Einstellungslängen sowie Ton, Licht und Farben anhand der Gegenüberstellung von Hollywood und Skid Row im Film (2).

➜ Transkript online

EINSTIEG
SB geöffnet. Zur Vorentlastung machen die S sich Gedanken über mögliche Inhalte des Films. Dazu leiten sie aus den gegebenen Bildern aus dem Film ab, wofür Kalifornien berühmt ist und erzählen das der Klasse.

1 California road trip

NEUER WORTSCHATZ
landscape

ERARBEITUNG
a) SB geöffnet. Gemäß SB.

MUSTERLÖSUNG
Picture 1 shows a beach with surfers walking back from the water at sunset. There are some mountains in the background. Maybe this is Venice Beach in Los Angeles.
Picture 2 shows a view over a big city with lots of skyscrapers. This could be San Francisco.
In picture 3 you can see the famous Hollywood sign, so this is Hollywood in Los Angeles.
In picture 4 you can see some very high trees. This is probably in Sequoia National Park.

Alternative
Diese Aufgabe kann auch in PA durchgeführt werden.

ERARBEITUNG
b) SB geöffnet. Gemäß SB. **1. Sehen (Teil 1).**

➜ Transkript online

LÖSUNG
– California is one of the largest states in the USA.
– It has 800 miles of coast, hot deserts, mountains with snow, the world's tallest trees and huge cities.
– It's famous for its climate, wildlife, high-tech industry, farms and its people.

ERARBEITUNG
c) 👥 SB geöffnet. 🧩 ▶ *Jigsaw.* Gemäß SB. **1. Sehen (Teil 2).**

➜ Transkript online

Weitere Differenzierung
In leistungsschwächeren Lerngruppen ist es hilfreich, den Film zweimal ansehen zu lassen.

LÖSUNG
Landscapes:
– The coast: often wild and lonely (like in Big Sur), clear and cold water
– Sequoia National Park: giant sequoias (biggest and some of the oldest trees in the world)
– South: desert (Joshua Tree)
– Central Valley (450 miles long, 50 miles wide): big farms with fruit and vegetables

Unit 3 ▶ The world behind the picture

Cities:
– Los Angeles: California's biggest city (nearly 4 million people), busy place with problems with smog in summer
– Venice Beach: part of Los Angeles, many people from many different places
– Hollywood: most famous part of Los Angeles
– Beverly Hills: where the rich and famous live
– San Francisco: another big city with skyscrapers, lots of famous sights (Golden Gate Bridge, Alcatraz, Pier 39)

People:
– many different people come to Venice Beach
– rich and famous people live in Beverly Hills
– many poor people live on Skid Row in Los Angeles, thousands of poor people, have their own community
– many workers on the farms in California come from Mexico or other Central American countries, don't earn much money
– San Francisco: lots of tourists, a lot of people speak Spanish
– a lot of people speak Spanish in San Francisco, especially in the Mission District

Activities:
– you can't swim in the Pacific Ocean, water is too cold and there are tsunami warnings
– whales in the ocean
– Venice Beach: action and culture, or go surfing or skateboarding
– San Francisco: Golden Gate Bridge, Alcatraz, sea lions at Pier 39

ERARBEITUNG
d) 👥 **SB geöffnet.** 🧩 ▶*Jigsaw.* Gemäß SB.

ERARBEITUNG
e) 👥 **SB geöffnet.** Gemäß SB.

Alternative
Die S teilen sich die Arbeit in der Gruppe anteilig auf.

LÖSUNG
The film about California was very interesting. I learned a lot about California's different landscapes, its people, the big cities and the things you can do there.
I didn't know that there were such big and old trees like in Sequoia National Park. These trees are about 1000–2000 years old. That seems unbelievable. I really would like to visit that park and walk through one of the trees like the girl in the film did.
What I would also love to visit is the famous California coast. The beaches and the clear water must be awesome, although you can't go swimming there because the water is too cold and too dangerous.

ERARBEITUNG EXTRA
Die S lesen die Texte im Plenum vor. Die zuhörenden S achten auf sprachliche Richtigkeit.

The world behind the picture   Unit 3

2 Making the film: Atmosphere

NEUER WORTSCHATZ
atmosphere · dignified · optimistic · relaxed

ERARBEITUNG
a) SB geöffnet. Gemäß SB.

➜ Transkript online

MUSTERLÖSUNG
The atmosphere in Hollywood: busy, exciting, happy, optimistic …
because: nice views, nice houses, happy people in the pictures, colourful pictures, happy music, sunshine
The atmosphere on Skid Row: poor, sad, no hope …
because: poor people, the pictures are very sad, many dark colours (a lot of grey and blue), sad music, lots of shadow

ERARBEITUNG
b) SB geöffnet. Gemäß SB.

➜ Transkript online

LÖSUNG
The part about Hollywood has more shots (15) than the part about Skid Row (10).
The shots in the part about Hollywood are shorter and these shorter shots have less or no camera movement.
The shots in the part about Skid Row are longer. Often the camera moves along the street in this part.

ERARBEITUNG
c) SB geöffnet. Gemäß SB.

MUSTERLÖSUNG
A: There are a lot of short shots in the part about Hollywood. I think this makes an exciting, lively atmosphere.
B: Yes, this also makes it very fast. Many different things can be seen there in a short time.
A: Yes, you can't look at someone or something for a longer time, so you can't get an impression of how the things really are. You don't get the time to see any problems. I think the longer shots about Skid Row make it seem like not much is happening there because you always see very similar scenes.
B: Yes, I think so too. This gives the impression that the people don't have any hope.
A: And you have more time to really look at the people and feel how they might feel.

ERARBEITUNG
d) SB geöffnet. Gemäß SB.

MUSTERLÖSUNG
Hollywood: happy and fast pop music, bright (sun)light, colourful pictures → happy atmosphere

Skid Row: slow, very simple and scary background music, a lot of shadow, not many colours (often grey, blue and black) → sad atmosphere

Unit 3 Background file EXTRA Land of dreams

S. 64–65

NEUER WORTSCHATZ
°by 1849 · °Midwest · °gold rush · °surround: be surrounded by sth. · °unlike · °scenery · °capital · °hippie · °lifestyle · °shock · °colourful · °commune · °love · °sex · °experiment · °drug · °marijuana · °spiritual · °pacifist · °motto · °make love · °encourage · °above all · °tolerance · °contact sb. · °download · °possible · °digital · °revolution · °motherboard · °develop · °silicon chip · °attract · °hardware · °software · °microprocessor · °microcomputer · °device

EINSTIEG
Die S finden sich in das Thema ein und sammeln Wortschatz zum Thema „Traum" in einer Mindmap. Sie bekommen zunächst drei Minuten, um so viele Vokabeln wie möglich zu notieren. Anschließend werden die Ergebnisse in einer Mindmap an der Tafel gesammelt, die die S abschreiben. L: Make a mind map: Try to find as many words as possible that go with the word "dream". Think about the word "dream" in other contexts too. You have three minutes for this. L: (bereitet Mindmap an der Tafel vor) Let's collect the words that you have found and put them into categories in this mind map. (S: nightmare; sleep; goal; happiness; success; money; wonderful; …)

ÜBERLEITUNG
Die S stellen Vermutungen an, warum Kalifornien häufig als Traumland bezeichnet wird. L: When people talk about California, they often say the word "dreamland". Why do people call California a dreamland? Explain what you think. (S: …)

ERARBEITUNG
SB geöffnet. Die S lesen die Informationstexte über verschiedene Gründe, warum Menschen nach Kalifornien gezogen sind. Dabei arbeiten sie heraus, wann und warum die Menschen dorthin zogen. L: Read the texts and find out when and why people came to California.

MUSTERLÖSUNG
1 In 1948 many people came to California because of the gold rush. They had heard that gold could be found in California and hoped to get rich.
2 Starting in the early 1900s, many people came to Hollywood because of the movie industry that grew there because of the good weather.
3 In the 1960s, San Francisco became the centre of the hippie movement and people went there to live in hippie communes.
4 After the invention of the first silicon chips, many hardware and software engineers moved to Silicon Valley to work there.

ERARBEITUNG
a) SB geöffnet. Gemäß SB.

AUSWERTUNG
Die S besprechen ihre Ergebnisse in PA.

MUSTERLÖSUNG
1 The Gold Rush – dreaming of wealth
2 Hollywood – the dream factory
3 The hippie movement in San Francisco – dreams of love and peace
4 Silicon Valley – the birthplace of the digital revolution

ERARBEITUNG
b) SB geöffnet. Gemäß SB.

Background file EXTRA Land of dreams Unit 3

AUSWERTUNG
Die S tauschen ihren Text mit einem Partner und geben sich Feedback.

KV 4: Giving feedback on a text.

MUSTERLÖSUNG
Dear Charles,
I am writing this letter to you because I want to tell you that I will be rich in a few weeks! I am going to move to California to find gold and never be hungry again. They say that one man has found giant pieces of gold in a river near Sacramento, and I want to do that too. Tomorrow I am leaving on a ship to California and I hope I will arrive there safely. People say that the journey is very dangerous. Wish me luck! I will send you a letter when I find my first piece of gold!
Yours, David

➜ FöFo 3.4

Unit 3   Part C

KOMMUNIKATIVE KOMPETENZEN
Die S können …

Lesen: Aussagen aus Zeitschriftenartikeln auf ihre Richtigkeit überprüfen und Informationen daraus ziehen (SB-Seite 66, 1, 2 und SB-Seite 67, 4, 5) · zwei Artikel in Hinblick auf Thema und Sachlichkeit miteinander vergleichen (SB-Seite 67, 6)

Sprechen: über Erfahrungen mit Berichten über Stars erzählen und Gerüchte kritisch hinterfragen (SB-Seite 66, 3 EXTRA)

Hören: einem Hörtext entnehmen, wie Personen in bestimmten Situationen reagieren (SB-Seite 66, 3 und SB-Seite 69, b)–d))

Schreiben: einen Bericht über ein Ereignis in ihrer Heimatstadt verfassen (SB-Seite 73, Your task)

METHODISCHE KOMPETENZEN
eine Gliederung für einen Bericht erstellen (SB-Seite 69, 4)

S. 66–67

TIPPS FÜR IHRE PLANUNG   ➜ FöFo 3.5

In *Part C* setzen sich die S mit der unterschiedlichen Berichterstattung zwischen einem Klatschmagazin und einem sachlichen Zeitungsartikel auseinander. Dazu lesen sie zunächst einen Magazintext, in welchem über das Verhältnis von Brandon und Hailey spekuliert wird, da diese wegen des Buschbrandes im selben Auto zu Brandons Haus gefahren waren (**1**). Die S prüfen ihr Textverständnis (**2a**) sowie den Wahrheitsgehalt der Textaussagen im Vergleich zu den tatsächlichen Ereignissen ab (**2b**) und verfolgen die Reaktion von Hailey und ihrer Freundin auf den Artikel anhand eines Hörtextes (**3**). Anschließend lesen sie einen sachlichen Zeitungsartikel über den Buschbrand (**4**) und arbeiten daran die wesentlichen Textaussagen heraus (**5**). Abschließend vergleichen sie beide Artikel miteinander (**6**).

1   Celebrity news

NEUER WORTSCHATZ
celebrity · **flame** · **shiny** · **unstoppable** · (to) **go viral** · **security** · **environment** · **quote** +**quotation** · **Ms** Miller *(BE)*, **Ms.** Miller *(AE)* · (to) **have** sth. **in common** · **discovery** +(to) **discover** · **channel** · **the latest** · **Stay posted.**

EINSTIEG
SB geschlossen. Die S reaktivieren ihr Vorwissen zu den Lehrwerkscharakteren Hailey Miller und Brandon Williams, indem sie Informationen zu diesen zusammentragen. L hält dabei die Ergebnisse an der Tafel fest.
L: Let's collect what you remember about Hailey and Brandon.

Hailey Miller	Brandon Williams
15 years old	16 years old, in 10th grade now
from San Francisco	lives in Los Angeles
her father: Dan Miller, reporter	TV star
volunteers at Moss Beach	plays Toby in the sitcom "Dad, I'm home"
had to come with her father to L.A. for his interview with Brandon	goes to school or is tutored on set

ERARBEITUNG
SB geöffnet. Die S lesen einen Artikel aus einem Klatschmagazin, in welchem über das Verhältnis von Brandon und Hailey spekuliert wird.

112

Part C   Unit 3

2 True or false?

ERARBEITUNG
a) SB geöffnet. Gemäß SB.

AUSWERTUNG
Die S besprechen ihre Antworten in PA.

LÖSUNG
1 (ll. 18–20)
2 True (ll. 20–21)
3 True (ll. 22–24)
4 The beginning of the article (ll. 2–8) implies this.
5 False, but the article suggest it. (headline, ll. 11–16, 25)

ERARBEITUNG
b) Die S entwickeln eine kritische Haltung gegenüber dem Wahrheitsgehalt von Starmagazinen, indem sie die Aussagen des Magazintextes mit den eigentlichen Ereignissen aus den Texten auf SB-Seiten 60–61 vergleichen.

AUSWERTUNG
Die Auswertung erfolgt im Plenum.

LÖSUNG
1 True.
2 Not true: Hailey was waiting for her father.
3 Not true: She wanted to enter the VIP lounge to find her father.
4 True: Hailey and her father travelled home with Brandon in his car so he could finish the interview.
5 Not true.

3 Hailey's reaction 🎧

ERARBEITUNG
👥 **SB geöffnet** oder **geschlossen.** Die S hören ein Telefonat von Hailey mit ihrer Freundin Maria, die diesen Artikel gelesen hat. Anschließend beschreiben sie die unterschiedliche Reaktion der beiden Mädchen auf den Artikel und erklären, wie sie selber an Haileys Stelle reagiert hätten.

➜ 1 ▶ 51 Transkript online

LÖSUNG
Maria is very excited and believes everything the article says. She is very curious about the story. She even thinks that "[the article] says that Brandon Williams broke up with Margot Peters because of [Hailey]," which is not true because this was only put as a question in the article.

Hailey is a bit annoyed about the story and tells her friend what really happened. She gets angry when she is told that the magazine also published a photo of her.

ERARBEITUNG EXTRA
Die S berichten von eigenen Erfahrungen mit Nachrichten aus der Klatschpresse.

ÜBERLEITUNG
L: Let's read another text about the events of that day.

113

Unit 3   Part C

4 Wildfire

NEUER WORTSCHATZ
(to) **evacuate** · **resident** · **power** · (to) **be cut off from** sth. · **burnt** ·
mph +miles per hour · **cause** · **illegal** · **campfire** · (to) **investigate** ·
firefighter · **helicopter** · **My heart goes out to …** · **drought** · **expert** ·
climate · **powerful** · (to) **prevent** sth. · **effect (on)** · (to) **compare** ·
emotional · **neutral**

ERARBEITUNG
SB geöffnet. 1. Lesen (Globalverstehen). Die S lesen einen sachlichen
Zeitungsartikel über den Buschbrand in der Nähe von Brandons Haus.

5 Find the information

ERARBEITUNG
a) SB geöffnet. 2. Lesen (Detailverstehen). Die S lesen den Artikel still
und notieren sich dabei stichwortgeleitet wesentliche Aussagen des Textes.

LÖSUNG
- where and when the wildfire started: in Corral Canyon, yesterday
- the cause of the fire: not yet known (reports of an illegal campfire will
  be investigated)
- the effects of the fire: almost 50 homes in the Malibu canyons
  destroyed, thousands of residents evacuated, 1,300 more homes
  without power
- the work of the firefighters: more than 800 firefighters in action into
  early Sunday morning, 18 helicopters and 2 planes used

ERARBEITUNG
b) 👥 SB geöffnet. Die S vergleichen ihre Notizen und ergänzen bzw.
korrigieren ihre Ergebnisse ggf. gegenseitig.

ERARBEITUNG
c) SB geöffnet. Gemäß SB.

LÖSUNG
The drought and high temperatures are a main cause for wildfires in
California.
This problem will grow as climate change makes droughts even longer in the
future.
This year has been the driest year in California for over 100 years.
But not only the high temperatures and no rain are a cause for wildfires in
California. People who dont't care are a problem too.

6 Comparing the two articles ✎

ERARBEITUNG
a) SB geöffnet. Gemäß SB.

MUSTERLÖSUNG
Topics that come up in both articles:
Brandon Williams, wildfire
Main topics:
Brandon's new flame?: the private life of a TV star
Thousands evacuated from Malibu's Corral Canyon: the wildfire in Corral
Canyon

ERARBEITUNG (www)
Follow the link bietet Informationen und Bilder zum Klimawechsel an Beispielen aus den USA.

➜ www.englishg.de/access

114

Part C   Unit 3

ERARBEITUNG

b) 👥 SB geöffnet. Die S vertiefen den Vergleich der beiden Artikel, indem sie diskutieren und begründen, welcher der Artikel stärker emotional und welcher der Artikel stärker neutral geprägt ist, und welcher der Artikel mehr Fakten liefert.

AUSWERTUNG

Die S tragen die Ergebnisse im Plenum zusammen. Ggf. hält L die Ergebnisse an der Tafel fest.

LÖSUNG

More emotional: Brandon's new flame?; reasons: emotional questions ("really be so cruel?", l. 16), many adjectives ("unstoppable wildfire", l. 9)

More neutral: Thousands evacuated from Malibu's Corral Canyon; reasons: numbers are given, quotations, events are described, facts are given

More facts: Thousands evacuated from Malibu's Corral Canyon; reasons: numbers ("1300 homes" l. 5, "60 mph" l. 9, "800 firefighters" l. 13, …), times are given ("yesterday" l. 8, "early hours of Sunday morning" l. 14, …), background information (drought, climate change, …)

ERARBEITUNG

c) SB geöffnet. Gemäß SB.

AUSWERTUNG

Die Auswertung erfolgt im Plenum.

➜ FöFo 3.5

115

Unit 3   Part C Practice

S. 68

TIPPS FÜR IHRE PLANUNG
In *Part C Practice* üben die S zunächst die Bildung des Passivs mit Modalverben anhand von authentischen Regeln für Lagerfeuer in Kalifornien ein (**1**). Anschließend steht die Wortschatzarbeit zum Thema „Gegenteile" (**2**) sowie die Wortbildung von Gegenteilen durch Vorsilben (**3**) im Mittelpunkt. Im abschließenden *Study skills*-Kurs üben die S das Anfertigen einer Gliederung für einen Bericht anhand eines Hörtextes ein (**4**). Dies dient der Vorbereitung auf die *Your task* am Ende der Unit.

➜ FöFo 3.6

➜ Interaktive Übungen zum Workbook 3.5, 3.6

---

1   California campfire rules (The passive with *may, can, should* etc.)

NEUER WORTSCHATZ
permit · fire department

EINSTIEG
SB geschlossen. Die S finden sich in das Thema ein, indem sie über die Vor- und Nachteile von Lagerfeuern sprechen und anschließend eigene Regeln für einen verantwortungsvollen Umgang formulieren. L: Imagine you are on a camping trip in the countryside. Explain what you would like to do there. (S: go hiking; take photos; sleep in a tent; …) L: What about a nice campfire? Would you like to have one? Please tell us why you would want to have a campfire or why you think it's better not to have one. (S: yes, because it's nice and warm, it gives light when it's dark outside, atmosphere, …; no, because the tent could burn, I'm afraid of fire, it destroys nature, …) L: Campfires can be very nice, but very dangerous as well. I think campfires should only be made in safe areas. Tell us what should be done to make campfires safe. (S: A bucket of water should be prepared. Children should be told not to come too close to the fire. …)

ERARBEITUNG
SB geöffnet. Die S üben die Bildung des Passivs mit Modalverben ein, indem sie Regeln für Lagerfeuer in den USA durch die passende Verbform vervollständigen. Zur Information empfiehlt es sich, die Tip-Box vor der Bearbeitung der Aufgabe durchlesen zu lassen.

AUSWERTUNG
Die Auswertung erfolgt im Plenum.

LÖSUNG
1 Campfires may not be lit without a permit.
2 Permits can be ordered online or from your local fire department.
3 Even with a permit, campfires should never be started in windy weather.
4 Dead wood must be cleared from the area around the campfire.
5 Campfires should not be built larger than necessary.
6 Children should never be left alone at a campfire.
7 Campfires must be put out completely after they have been used.
8 Remember! Wildfires can be prevented if everyone follows these rules.

➜ GF 5.2: The passive: form (p. 178)

➜ FöFo 3.6

➜ Interaktive Übungen zum Workbook 3.5

---

2   WORDS Dangerous or safe? (Opposites)

NEUER WORTSCHATZ
safe · opposite

ERARBEITUNG
a) SB geöffnet. Gemäß SB.

Part C Practice Unit 3

LÖSUNG

dark - bright	interesting - boring	quick - slow
dirty - clean	kind - cruel	right - wrong
dry - wet	long - short	stupid - clever
easy - difficult	loud - quiet	sad - happy
expensive - cheap	married - single	tiny - huge

ERARBEITUNG
b) 👥 **SB geöffnet.** Gemäß SB.

ERARBEITUNG
c) **SB geöffnet.** Die S bilden mit sechs der Gegensatzpaare Sätze.

DIFFERENZIERUNG `More help`
Auf SB-Seite 135 sind Sätze/Fragen vorgegeben, zu denen die S Reaktionen/Antworten schreiben. Die Antworten sind den S als Satzfragmente vorgegeben.

AUSWERTUNG
Die S korrigieren ihre Sätze im ▶ *Partnercheck*-Verfahren.

MUSTERLÖSUNG
This car is too expensive. You can only buy the cheap one.
Yesterday I was sad, but today I'm happy.
You're right: the information in the article is wrong.
This exercise is easy. It's not as difficult as the last one.
I'm disappointed that they made such a boring film about this interesting story.
It's very loud in the city. It's more quiet in the countryside.

Weitere Differenzierung
In leistungsschwächeren Lerngruppen können die S Karten erstellen, auf denen die Gegensatzpaare bildlich dargestellt sind. Dies bietet sich auch als vorbereitende HA an. Anschließend zeigen sie sich gegenseitig die Bildkarten und erraten die gemeinten Gegensatzpaare. Dies kann als Wettbewerb im Plenum, oder im ▶ *Milling around*-Verfahren durchgeführt werden.

➜ FöFo 3.6

➜ Interaktive Übungen zum Workbook 3.6

3 WORDS Legal or illegal? (Opposites: negative prefixes)

NEUER WORTSCHATZ
prefix · possible

ERARBEITUNG
a) **SB geöffnet.** Die S erweitern ihren Wortschatz, indem sie durch das Hinzufügen negativer Vorsilben gegebene Adjektive in Wörter mit gegenteiliger Bedeutung umwandeln. Diese ordnen sie anschließend entsprechend der verwendeten Vorsilbe in eine Tabelle ein. Dafür verteilt L eine Kopie der Tabelle aus dem SB (KV 12). Die S können zum Überprüfen ihrer Ergebnisse ein Wörterbuch nutzen.

🗒 **KV 11: WORDS Legal or illegal?**

LÖSUNG

un-	il-	im-	in-	ir-
unhappy	illegal	imperfect	incorrect	irregular
uncomfortable		impolite	inexpensive	irresponsible
unfair		impossible		
uninteresting		improbable		
unlucky		impractical		
unnecessary				
unpopular				
unusual				

ERARBEITUNG
b) 👥 **SB geöffnet.** Die S üben die gebildeten Wörter ein, indem abwechselnd jeweils ein Partner ein Wort aus der Tabelle sagt und der andere Partner damit einen Satz bildet. Es empfiehlt sich, eine feste Zeit vorzugeben oder die Anzahl der zu verwendenden Wörter einzuschränken.

117

Unit 3 Part C Practice

AUSWERTUNG
Die S korrigieren einander im ▶ *Partnercheck*-Verfahren.

MUSTERLÖSUNG
A: Improbable.
B: It's improbable that there will be rain today.

B: Uncomfortable.
A: This chair is very uncomfortable.

A: Irresponsible.
B: It's irresponsible to start a campfire in windy weather.

➜ Workbook 12–13 (p. 36)

➜ FöFo 3.6

➜ Interaktive Übungen zum Workbook 3.6

S. 69

4 Study skills: Making an outline for a report

NEUER WORTSCHATZ
outline · (to) experience · catchy · briefly

EINSTIEG
SB geöffnet. Zum Einstieg fordert L die S auf, die Teile eines Berichts zu wiederholen. L: What are the four parts of a report? (S: title, introduction, main body, conclusion.) L: Before you write a report, it's always helpful to make some notes on what you want to write about in each part. This is called an outline. Let's find out how to write a good outline. Die S informieren sich über den Zweck und Aufbau einer Gliederung. Dazu lesen sie den einleitenden Text der Aufgabe und sichern ihr Textverständnis ab, indem sie die Inhalte anschließend in eigenen Worten wiedergeben und erläutern.

✎ **Weitere Differenzierung**
In leistungsschwächeren Klassen kann **KV 12: Outline for a report** als Hilfe zum Erstellen einer Gliederung genutzt werden, hier ist die Struktur vorgegeben.

⬚ **KV 12: Outline for a report.**

ERARBEITUNG
a) SB geöffnet. Die S lesen die Information zum ersten Teil (*the title*) durch und hören dann einen Text über eine Rettungsaktion für ein Walbaby bei Moss Beach. Anschließend denken sie sich einen Titel für ihren Bericht aus, mit dem sie ihre Gliederung beginnen.

➜ 1 ▷ 52 Transkript online

MUSTERLÖSUNG
1 <u>Title</u>: Rescuing a baby whale

ERARBEITUNG
b) SB geöffnet. Die S lesen die Informationen zum zweiten Teil (*the introduction*) durch. Danach hören sie den Text ein zweites Mal und achten dabei auf die Informationen, die davon in einer Einleitung verwendet werden (*wh-questions*). Diese ergänzen sie in ihrer Gliederung.

➜ 1 ▷ 52 Transkript online

MUSTERLÖSUNG
2 <u>Introduction</u>
 – Hailey, Mike (volunteer), Karen (reserve Ranger)
 – rescued a baby whale
 – caught in fishing lines
 – at Moss Beach
 – Saturday

ERARBEITUNG
c) SB geöffnet. Die S lesen die Informationen zum dritten Teil (*the main body,*) durch, ebenso wie die gegebene Beispielgliederung im SB mit den Untertiteln. Anschließend fügen sie die im SB gegebenen Überschriften in ihre eigene Gliederung ein. Danach hören sie den zweiten Teil des Hörtextes an und notieren sich die Hauptereignisse unter dem jeweils passenden Untertitel.

➜ 1 ▷ 53 Transkript online

118

Part C Practice   Unit 3

MUSTERLÖSUNG

3 <u>Main body</u>
- <u>Baby whale in trouble</u>
  Hailey arrives
  baby whale caught in some
  fishing lines
- <u>Preparing the rescue</u>
  taking ropes and knives
  getting on boat

ERARBEITUNG

d) SB geöffnet. Die S hören den dritten Teil des Hörtextes an und machen sich Notizen zu den darin präsentierten Ereignissen. Diese Notizen ordnen sie anschließend zwei bis drei selbst gewählten Untertiteln in ihrer Gliederung zu.

→ 1 ▶ 54 Transkript online

MUSTERLÖSUNG

3 <u>Main body</u>
- <u>Baby whale in trouble</u>
  Hailey arrives
  baby whale caught in some fishing lines
- <u>Preparing the rescue</u>
  taking ropes and knives
  getting on boat
- <u>The rescue</u>
  getting to the baby
- <u>In danger</u>
  mother's getting closer
  Karen pulled back to the boat

Weitere Differenzierung
In leistungsschwächeren Klassen ist es hilfreich, die S die Hörtexte zur Bearbeitung der Aufgabe ein zweites Mal anhören zu lassen.

DIFFERENZIERUNG `More help`

Leistungsschwächere S arbeiten auf SB-Seite 135. Dort finden sie ein Beispiel für eine erste Notiz zu den Ereignissen, welches sie als Ausgangspunkt für ihre Notizen nutzen können, und eine umfangreiche Auswahlliste an Untertiteln, die sie für ihre eigene Gliederung verwenden können.

ERARBEITUNG

e) SB geöffnet. Die S lesen die Informationen zum vierten Teil (*the conclusion*) durch und überlegen sich anschließend, wie sie ihren Text abschließen würden. Dies ergänzen sie dann in Stichworten in ihrer Gliederung.

AUSWERTUNG

Die S reflektieren darüber, inwiefern ihnen ihre *outline* für die Erstellung ihres Textes hilfreich war und wie sie ggf. effektiver gestaltet werden kann.

MUSTERLÖSUNG

4 <u>Conclusion</u>
- baby whale and mother are safe
- going to Alaska

→ SF 6: Making an outline (p. 157)
→ Workbook 14–16 (p. 37–39)

STUDY SKILLS ERARBEITUNG

Die S lesen die *Study skills* (SB-Seite 157) und vervollständigen die *Study skills*-Box. Dies kann auch als HA vorbereitet und in der folgenden Unterrichtsstunde im Plenum reflektiert werden.

MUSTERLÖSUNG

Eine Gliederung hilft mir, wenn ich meine inhaltlichen Ideen für einen Text strukturieren möchte.
Wenn ich eine *outline* erstelle, sollte ich
- *keywords* verwenden,
- die *outline* in vier Teile unterteilen (*title, introduction, main body, conclusion*)
- *sub-headings* verwenden
- die *wh*-Fragen beantworten

→ Your task, SB-Seite 73
→ FöFo 3.6
→ Interaktive Übungen zum Workbook 3.7

119

Unit 3 EXTRA 📄 Text

KOMMUNIKATIVE KOMPETENZEN

Die S können …

Sprechen: Vermutungen über das Erlebnis des Surfens formulieren und die eigene Position dazu äußern (SB-Seite 70) · eine Vorgangsbeschreibung in eigenen Worten wiedergeben (SB-Seite 72, 1)

Lesen: einen erklärenden Text über das Surfen verstehen und wesentliche Informationen herausarbeiten (SB-Seiten 70–72)

Schreiben: eine Rezension zu einem erklärenden Text schreiben (SB-Seite 72, 2a)) oder eine Anleitung für ein Hobby schreiben (SB-Seite 72, 2b))

S. 70–72

TIPPS FÜR IHRE PLANUNG

Im *Text* von Unit 3 setzen sich die S mit der Technik des Wellenreitens auseinander. Vor dem Lesen stellen sie sich gestützt durch ein Bild die Erfahrung des Surfens vor. Nach dem Lesen erstellen sie mit Hilfe eines Bildes als visuelle Hilfestellung eine Stichwortliste zur Surftechnik. Anschließend erklären sie den Vorgang selbst (**1**). Danach wählen die S aus, ob sie eine Rezension über den Lesetext schreiben oder eine Anleitung für ein selbst gewähltes Hobby erstellen wollen und setzen dies dann im Sinne der Portfolioarbeit (MyBook) um.

📄 **KV 13A/B: Text: Surfing.** Die doppelseitige KV bietet eine Zusammenstellung der neuen Vokabeln zum Lernen. Darüber hinaus finden die S dort Sätze, mit Hilfe derer sie die Verwendung der neue Vokabeln üben können.

Surfing

EINSTIEG

SB geschlossen. Die S entwickeln eine eigene Vorstellung vom Surfen und sammeln Wortschatz zu diesem Thema, indem sie ein *graphic poem* dazu schreiben. Hierfür werden zunächst passende Vokabeln zum Thema *surfing* an der Tafel gesammelt. Anschließend bekommen die S ca. 15 Minuten Zeit, um ein eigenes Gedicht zu schreiben, welches in einem ▶*Gallery walk* in der Klasse präsentiert wird. Dafür erklärt L mit Hilfe einer Skizze an der Tafel und weiteren Vorschlägen der S, wie ein *graphic poem* zu diesem Thema aussehen könnte.

Die Gedichte können die S auch in einer vorbereitenden HA erstellen.

ERARBEITUNG

SB geöffnet. Die S lesen den Einführungstext neben dem Bild und stellen mit Bezug zu dem Bild Vermutungen an, wie es sich anfühlt, zu surfen. Anschließend erklären sie, ob sie selbst gerne so surfen würden bzw. ob sie sich das zutrauen würden.

1. Lesen (Globalverstehen). Die S lesen die Anleitung zum Surfen laut vor, um eine erste Vorstellung von diesem Vorgang zu entwickeln.

2. Lesen. Die S lesen die Anleitung zum Surfen still durch, um die einzelnen Schritte genauer zu verstehen.

---

1 Riding the wave

ERARBEITUNG

SB geöffnet. Nachdem die S den Text gelesen haben, sehen sie sich das Foto auf SB-Seite 70 an. Das Bild illustriert den Vorgang des Surfens und erleichtert es den S somit, Notizen zum Vorgang anzufertigen, ohne den Text noch einmal zu lesen. Sie erstellen eine Liste mit Stichworten, die das Surfen erklären. Anschließend erklären sie sich diese in PA gegenseitig.

MUSTERLÖSUNG

- surfer moves down the wave with gravity (like downhill skiing)
- speed (generated by gravity) makes the surfer plane on the water
- surfer must find the glide zone (constantly moving area steep enough to let the surfboard start planing)
- surfer lets wave catch up with him/her
- when the glide zone moves underneath him/her, he/she stands up
- for longer rides: chooses a wave that breaks gradually from one end to the other and points surfboard sideways so it moves along the wave with the glide zone

2 Give advice

ERARBEITUNG
a)/b) **SB geöffnet.** Die S schreiben eine Rezension über die Anleitung zum Surfen bzw. eine für ein eigenes Hobby, die sie mit Zeichnungen illustrieren.

AUSWERTUNG
Die S tauschen ihren Text mit einem Partner und geben sich ▶ *Feedback*.

KV 4: Giving feedback on a text.

MUSTERLÖSUNG
a) Have you ever wondered how surfing really works, but never had the courage to ask? Don't worry, because there is a book now that can help you with this. "Surfing Illustrated" by John Robison explains the surfing technique in short texts with very helpful illustrations. You get an understanding of the physics in surfing as the book tells you about gravity, speed and the movement of the famous glide zones. If you are interested in surfing, I would highly recommend this book. But don't expect to be a surfer after reading it. As the book shows, surfing is about a difficult technique and understanding of the waves – if you want to learn it, you need to grab a surfboard and get to know the waves yourself.

Zusatz
Die S stellen eine Verbindung zwischen dem Thema des Lesetextes und den Inhalten vom Beginn der Unit her, indem sie das Zitat: "I think when a surfer becomes a surfer, it's almost like an obligation to be an environmentalist at the same time." Kelly Slater (berühmte Surferin) diskutieren.

➜ Workbook Checkpoint 3 (pp. 40–43)

➜ Workbook 17 (p. 39)

➜ VAS 3.1, 3.2

➜ LM Unit 3

Unit 3   Your task

S. 73

Write a report

EINSTIEG

SB geschlossen. Einstimmung auf das Thema und Aktivierung von Vorwissen:
L: Tell us about an exciting event you have heard about recently. (S: ...)
L: Which of these events do you think would be especially interesting to a
visitor from the USA? (S: ...) L: Now it's your turn to be a journalist who
tells people from America about a special event. Please open your books
at page 73.
SB geöffnet. Die S lesen die Aufgabenbeschreibung auf SB-Seite 73
durch und bereiten sich auf die Lernaufgabe vor.

ERARBEITUNG STEP 1   **You choose**

Die S sammeln Informationen für ihren Bericht. Dazu wählen sie eine der
gegebenen Möglichkeiten aus:

a) Die S gehen zu einem Ereignis ihrer Wahl und machen sich Notizen und
Fotos davon.

b) Die S führen ein Interview mit einer Person, die bei dem von den S
gewählten Ereignis war. Dafür bereiten sie Fragen an die Person vor.

c) Die S sammeln Informationen zu einem von ihnen gewählten Ereignis
mit Hilfe von Print- und Online-Medien und notieren sich ihre Ergebnisse.

ERARBEITUNG STEP 2

Für die Planung ihres Berichtes erstellen die S eine Gliederung mit den in
STEP 1 gesammelten Informationen.
Anschließend tauschen sie ihre Gliederungen mit einem Partner aus und
geben sich gegenseitig Ratschläge dazu.

➡ SF 6: Making an outline (p. 157)

ERARBEITUNG STEP 3

Die S schauen sich zunächst noch einmal die beiden Artikel auf den SB-
Seiten 66–67 an. Nachdem sie sich deren Unterschiede ins Gedächtnis
gerufen haben, entscheiden sie sich für die Variante als Beispiel für ihren
Report, die ihnen als geeigneter erscheint.
Anschließend schreiben sie ihren Bericht über ein Ereignis auf Grundlage
ihrer in STEP 2 erstellten Gliederung.

➡ SF 4: Structuring texts (p. 155)

ERARBEITUNG STEP 4

👥 Die S tauschen sowohl ihre Gliederung als auch die erste Fassung
ihres Berichtes mit einem Partner aus. Mit Hilfe des Feedback-Bogens
(KV 6) geben sich die S gegenseitig eine Einschätzung ihrer Arbeiten.

➡ SF 18: Giving feedback (p. 165)

📄 **KV 6: Giving feedback on
a text.**

ERARBEITUNG STEP 5

Aufgrund der in STEP 4 erstellten Feedback-Bögen entscheiden die S,
was sie an ihren Texten ändern wollen und überarbeiten diese. Ggf. fügen
sie ihren Berichten Bilder hinzu.

ERARBEITUNG EXTRA

Die S lesen einige Texte der Mit-S durch.

Alternative/Zusatz
Die Ergebnisse der S können auch
in einem ► *Gallery walk* oder einer
in der Klasse erstellten Zeitung
präsentiert werden.

➡ FöFo 3.6

Unit 4

Faces of South Dakota

Kommunikativer Kompetenzschwerpunkt	**Speaking:** Im Mittelpunkt der Unit stehen der Ausbau und die Schulung der Sprechkompetenz. Die S können … Fotos von South Dakota beschreiben und sie mit weiteren Informationen vergleichen (SB-Seite 74, 1) · amerikanisches Schulleben mit der eigenen Schule vergleichen (SB-Seite 77, *Access to cultures*) · amerikanische und deutsche Schulregeln miteinander vergleichen (SB-Seite 81, *Mediation course*) · Charaktere einer Erzählung malen/beschreiben und sich anschließend darüber austauschen · (SB-Seite 92, 2c)) · eine Präsentation über sich selbst und ihre Heimatstadt halten und von Erlebnissen, Eindrücken und Begegnungen in einer fremden Stadt berichten (SB-Seite 93, *Your task*).
Schreibanlässe	Fotos „sprechen lassen": aufschreiben, was Personen, Landschaften oder Tiere berichten würden (SB-Seite 75, 2a)–c)) · EXTRA das Leben in einer fremden Stadt anhand von Berichten mit dem in der Heimatstadt vergleichen und beschreiben, was einen an der fremden Stadt interessiert (SB-Seite 87, BF a)–b)) · Gefühle von Personen in einem inneren Monolog wiedergeben (SB-Seite 88, 3) · Argumente für und gegen ein umstrittenes Monument zusammentragen und in einem kurzen Statement bündeln (SB-Seite 89, 5) · EXTRA die Handlung eines Hörtextes in Form eines Dialogs weiterentwickeln (SB-Seite 89, 6) · einen Dialog verfassen, in dem Personen ihre Gefühle ausdrücken (SB-Seite 91, 1c))
Language skills	**Grammatische Strukturen**: *REVISIONS: Simple present or present progressive? · The past progressive · Simple past or past progressive · Indirect speech statements · Indirect wh-questions · Indirect yes/no questions · Indirect questions · The definite article · Question tags · Indirect speech: ask, tell, advise, suggest · Adverbs of degree* **Wortfelder**: *Countries · Travelling · Word building (suffixes -ful and -less)* **Mediation course**: *Cultural differences* (SB-Seite 81)
Study skills	**Finding the right English word in a dictionary.** Ein bilinguales Wörterbuch benutzen (SB-Seite 78, 1)
Kooperative Lernformen	*Gallery walk* (SB-Seite 75, 2c)) · *Buzz group* (SB-Seite 76, 3) · *Jigsaw* (SB-Seite 81, a)–c)) · *Partner A and B activity* (SB-Seite 81, d); 84, 2; 85, 5) · *Think-Pair-Share* (SB-Seite 92, 3)
Hör-/Sehverstehen: The world behind the picture	**Bloodlines.** Einem Kurzfilm Informationen über familiäre Beziehungen und Gefühle entnehmen (SB-Seite 91, 1) **Making the film: Shots.** Einem Kurzfilm Informationen über Einstellungsgrößen und deren Funktion entnehmen (SB-Seite 91, 2)
Access to cultures	**School in the USA.** Den Schulalltag in den USA kennenlernen und mit dem eigenen vergleichen (SB-Seite 77) **Native Americans and the United States.** Sich mit der Geschichte der Lakota auseinandersetzen (SB-Seite 83) **Storytelling among Native Americans.** Über die Tradition erzählter Geschichte lernen (SB-Seite 92)
Portfolioarbeit: MyBook	Ein Statement über das Für und Wider eines Besuches von Mount Rushmore verfassen. (SB-Seite 89, 5)
Lernaufgabe: Your task	**A presentation: Introduce yourself to your American class.** Eine Selbstdarstellung verfassen und präsentieren (SB-Seite 93)

Unit 4 Lead-in

KOMMUNIKATIVE KOMPETENZEN

Die S können …

Hören: Sounds dekodieren und in Beziehung zu Fotos im *Lead-in* setzen (SB-Seite 74, 1b))

Sprechen: Fotos von South Dakota beschreiben und ihnen den entsprechenden Hintergrund-Sound zuordnen (SB-Seite 74, 1a) und b)) · Informationen zu South Dakota austauschen und diese in Beziehung zu den Fotos im Lead-in setzen (SB-Seite 74, 1c))

Schreiben: Fotos „sprechen lassen" und aufschreiben was Personen, Landschaften oder Tiere sagen würden oder beschreiben, was sie bei einem Besuch der Orte erlebt hätten (SB-Seite 75, 2a) und b))

METHODISCHE KOMPETENZEN

mit Hilfe einer Karte Informationen über South Dakota sammeln (SB-Seite 30–31) · Mit-S kriterienorientiertes Feedback zu Texten geben (SB-Seite 75, 2c))

S. 74–75

TIPPS FÜR IHRE PLANUNG

In Unit 4 setzen sich die S mit den unterschiedlichen Lebenswelten zweier Jugendlicher in South Dakota auseinander. Anhand der Begegnungen von Drew Schmidt und Kaya Red Hawk, einer Schülerin vom Volk der Lakota, werden sie für kulturbedingte Konflikte in South Dakota sensibilisiert.

Das *Lead-in* dient der sprachlichen und inhaltlichen Vorbereitung darauf sowie der inhaltlichen Einfindung in die Lebenswelten in South Dakota. Die S reaktivieren ihren Wortschatz beim Beschreiben von Bildern und Hörbeispielen und erhalten dabei einen ersten Eindruck des Bundesstaates (**1a), b)**). Unter Zuhilfenahme der *Kaleidoscope*-Seiten (SB-Seite 30–31) erarbeiten die S wesentliche Hintergrundinformationen zu South Dakota (**1c**). In einer Einfühlungsaufgabe schreiben sie anschließend Texte über die Erlebniswelt der Bilder (**2a), b)**) und werten diese Texte gemeinsam aus (**2c**). Zusätzlich verweist das *Lead-in* auf die *Your task*, bei der die S am Ende der Unit eine Vorstellung ihrer eigenen Person für eine Schulklasse in South Dakota erarbeiten.

➔ FöFo 4.1

➔ Interaktive Übungen zum Workbook 4.1

INFO-BOX

South Dakota is a state in the Midwestern region of the USA. Its capital is Pierre (approx. 13,640 inhabitants). With an area of 199,729 square kilometres that is mostly covered with the typical grasslands of the Great Plains and a population of approx. 859,470 inhabitants, South Dakota is the fifth-least-densely populated state in the = US Key components of South Dakota's economy are the service sector, agriculture and tourism.

The state is named after the Native American **Sioux** tribes (Lakota, Dakota and Nakota) that had become the dominant group in the area in the 19th century. Today 8.5% of South Dakota's population are Native Americans. This is currently the third-highest percentage of Native American inhabitants in any state in the = US (after Alaska and New Mexico). There are seven large Indian **reservations** in South Dakota where most of the Native American population live today, facing low living standards and high unemployment rates.

EINSTIEG

SB geschlossen. Die S finden sich mit Hilfe einer Traumreise atmosphärisch in das Thema „South Dakota" ein. Anschließend beschreiben sie ihre Eindrücke im Plenum.

L: Close your eyes and concentrate on your breath. Imagine you are going to the airport and boarding a plane to the USA. It is a long flight over the Atlantic Ocean, but finally you see land below you again. Your plane flies over the east coast of the USA and over a number of states before it lands in Sioux Falls, South Dakota. When you get off the plane, you feel warm sunshine and a mild wind on your face. Then you get on a smaller plane that takes you on a flight over South Dakota. Now you fly low enough to see all the details of the landscape underneath you. It is very flat and green. There seems to be an infinite plain of green and yellow grassland beneath you and nothing blocks your view of the endless

Alternative

Als fantasievolle Hinführung zum Thema „Steinmonumente in South Dakota" bringt L verschiedene Steine mit (Natursteine und bearbeitete) und bittet die S zu beschreiben, welche Informationen über ihre Geschichte daran jeweils ablesbar sind oder was sich darüber vermuten lässt (L: What can a stone tell you?).

blue sky. Sometimes the wind makes the grass move like a dancing wave. The plane seems to move on endlessly over the flat yellow and green landscape. Suddenly you see a herd of wild horses running away from the noise of the plane. Those brown and white horses look beautiful as they gallop through a seemingly infinite field. Somewhere in the distance, you see some big dark rocks. As you come nearer, you realize that those are not rocks, but big animals: a buffalo herd is moving through the prairie towards some pine trees. The plane moves on and passes some smaller hills and there you see the first road. It leads to a very small town, almost a village. You see some people out in the streets. On a nearby field, a farmer is at work on his tractor. You can hear the tractor rumble. As the plane flies on westwards, you can see a river in the distance winding its way through the landscape. When you get closer and finally cross it, you see how very wide it is. From time to time, you see a small village. In most places, the houses look modern and comfortable, but some villages look very poor. The farther west you fly, the more hills rise from the plains. They get higher and higher, with more and more trees growing on them – mostly pine trees that make the hills appear black in the evening sun. As the daylight vanishes, it's time for you to come back from your trip to South Dakota. You land in Rapid City, the nearest airport to the Black Hills. You take a deep breath in the fresh evening air before you get on the plane that brings you back to Germany. You let all the impressions of South Dakota sink in while you cross the Atlantic Ocean again. Finally, you arrive back in Germany. You take a deep breath and then slowly open your eyes and arrive back in your classroom.

Now, please tell us what you saw on your journey.

1 Sounds and images

NEUER WORTSCHATZ
sculpture · badlands · (to) carve · dusty · engine · footstep · gallop · prairie · reservation · rodeo · silence · track

ERARBEITUNG
a) SB geöffnet. Aktivierung von Wortschatz anhand eines Bildimpulses.

➜ Interaktive Übungen zum Workbook 4.1

MUSTERLÖSUNG
A: mountains, sculptures, heads, US presidents, granite rocks, blue sky
B: small town/buildings, road, cars, shops, no trees, deserted
C: rodeo, horse, cowgirl, big can, green fence in the background
D: two Native Americans on their horses, prairie, yellow grass, wide blue sky, hills
E: colourful rocks/mountains (brown, red, green), valleys with green grass, rugged landscape
F: tractor/mower, field, green grass, some hills in the background, sunny

ERARBEITUNG
b) SB geöffnet. 👥👥 Gemäß SB. **1. Hören.** Zur Vorentlastung werden die Vokabelhilfen aus der Box auf SB-Seite 74 vor dem Hören gemeinsam geklärt.

➜ 2 🔊 01–06 Transkripte online

💬 **Alternative**
Die Beschreibung der Hör- und Seheindrücke kann auch als Ratespiel in Kleingruppen oder im Plenum erfolgen: Einzelne S beschreiben ihre Eindrücke, die anderen erraten, um welches Bild es sich handelt.

MUSTERLÖSUNG
Partner A: I saw a picture of a mountain with four heads carved into it, and I heard a man and a woman talk about how big and impressive this monument of the presidents' heads is.
Partner B: I heard two people talk about some kind of a ghost town. They said that everything was closed and nobody was around. Picture B shows a town with an empty street and the shops seem to be closed.

125

Unit 4 Lead-in

ERARBEITUNG

c) 🔊 **SB geöffnet.** Die S erarbeiten anhand der Karte auf SB-Seite 30–31 weitere Informationen über South Dakota. Anschließend erörtern sie inwieweit diese Informationen zu den Aussagen der Bilder und Hörbeispiele von South Dakota passen. Dies kann sowohl in PA, in Kleingruppen oder auch im Plenum erfolgen.

➡ Kaleidoscope, SB-Seiten 30–31

➡ Your task, SB-Seite 93

LÖSUNG

South Dakota is located in the north / in the Midwestern region of the USA. It's bordered by North Dakota to the north, Montana and Wyoming to the west, Nebraska to the south, and Minnesota and Iowa to the east. The borders are mostly straight lines.

The Missouri River runs through the state from north to south. The town of Mobridge is in the north, close to the Missouri River. There are two famous wilderness areas: Badlands National Park and Black Hills National Forest, where Mount Rushmore is located.

Except for the region around the Black Hills in the west, South Dakota seems to be rather flat. There are two time zones: Central Standard Time in the east and Mountain Standard Time in the west.

Pictures D and F show a mostly flat landscape with only small hills, which fits the information from the map. Picture E shows the rocky landscape of Badlands National Park. On the map, you can see that this is only a small part of the country. The mountains in picture A could be somewhere near the Black Hills because there aren't many mountains in South Dakota. The town of Mobridge seems to be relatively small. Picture B probably shows its main street. It seems that not many people live in South Dakota. I'm surprised that there wasn't a picture of the Missouri River. This river seems to be quite big.

➡ SF 17: Describing pictures (p. 164)

➡ FöFo 4.1

Weitere Differenzierung
Für leistungsschwächere S schreibt L die nötigen sprachlichen Mittel als Hilfestellung an die Tafel.

Zusatz / HA
Zur Vertiefung sowie als Vorbereitung auf Aufgabe **2** bereiten die S in Kleingruppen Referate zu relevanten Themen über South Dakota vor (z. B.: rodeo, Mount Rushmore, Badlands National Park, Native Americans, agriculture, towns, the Missouri River etc.).

2 Talking photos

NEUER WORTSCHATZ
talking

ERARBEITUNG `You choose`

a) SB geöffnet. Die S wenden im *Lead-in* gelernte Informationen beim kreativen Schreiben an, indem sie eines der Fotos auswählen und dessen Geschichte aufschreiben. Dazu versetzen sie sich in die Rolle des darauf gezeigten Lebewesens oder der Landschaft und überlegen, welche Geschichte es/sie erzählen könnte.

MUSTERLÖSUNG

Picture E (Badlands): Do you know the sound of the wind? Have you ever listened to its stories? Did you know those stories could actually be seen? Well, look at me. I am a work of art shaped by the wind, rain and sun. I have been here for millions of years – standing, not moving, but always changing because of the wind. With its heavy thunderstorms it broke away parts of me. It was painful to see that sand fly away. Over millions of years sun, wind and rain have worked my surface and painted me in these colours.

Weitere Differenzierung
Zur Hebung des inhaltlichen Anspruches kann L die S auffordern, vor dem Schreiben weitere Hintergrundinformationen zu den jeweiligen Bildinhalten zu recherchieren, um diese in ihre Texte einfließen zu lassen. Als HA geeignet.

ERARBEITUNG `You choose`

b) SB geöffnet. Die S wenden im *Lead-in* gelernte Informationen beim kreativen Schreiben an, indem sie sich vorstellen, sie hätten einen der in den Bildern gezeigten Orte besucht und schreiben dazu einen Erfahrungsbericht.

126

Lead-in   Unit 4

MUSTERLÖSUNG

Picture A (Mount Rushmore): In my last summer holidays I visited a friend in South Dakota. We went on lots of nice trips and one weekend his family took me to the Mount Rushmore National Memorial. It was really amazing! There are four giant heads of former U.S. presidents carved into the mountain. You can see them from very far away! I had never seen anything like that before. A guide told us a lot about U.S. history and the importance of those four presidents. It was very interesting, but I can't remember all of the information. I remember that the face on the left shows George Washington, who was the first president of the USA. The other three heads show Thomas Jefferson, Theodore Roosevelt and Abraham Lincoln. We also could read parts of famous speeches that these presidents once gave.

The site was packed with tourists. Most of them were Americans who were really proud of the sculptures. Some told me that they had driven all the way from another U.S. state to visit the memorial. Well, I came from another continent to see it. ☺ And it was worth the trip!

ERARBEITUNG

c) ✦ **SB geschlossen.** Die S präsentieren, lesen und bewerten ihre Texte in einem ▶ *Gallery walk*. Für die Bewertung haben die S jeweils fünf Punkte, die sie für ihrer Ansicht nach besonders gelungene Texte vergeben können.

Die Punktevergabe kann entweder mit Hilfe von Klebepunkten erfolgen, die L an die S verteilt, oder die S malen mit einem Stift entsprechende Punkte neben die Texte. Wenn auf den Texten nicht genug Platz für die Punktevergabe ist, kann auch ein zusätzliches Blatt mit dem entsprechenden Titel des jeweiligen Textes daneben gehängt werden.

➜ Realia: Klebepunkte für die Bewertung der S-Produkte durch die S

AUSWERTUNG

L verschafft sich einen Überblick über die Punktevergabe in der Klasse und lässt anschließend Texte mit besonders hohen Punktezahlen vorlesen oder verteilt diese als Kopie in der Klasse. Gemeinsam erörtern die S dann, was an diesen Texten besonders gelungen ist.

➜ Workbook 1 (p. 44)

➜ FöFo 4.1

📄 **KV 4: Giving feedback on a text.**

INFO-BOX

Mount Rushmore National Memorial consists of four 18-metre-high portraits of significant U.S. presidents that are carved into the granite rock of the mountain near Rapid City. Nearly three million visitors per year travel there to see this iconic symbol of the USA portraying (from left to right): George Washington (the first U.S. president, 1732-1799), Thomas Jefferson (1743-1826), Theodore Roosevelt (1858-1919) and Abraham Lincoln (1809-1865). As Mount Rushmore is located within the Black Hills, an area sacred to the Native American Lakota people, they perceive the monument as an insult to them.

Badlands National Park preserves a vast mixed-grass prairie as well as an area of rugged rocks that erosion has turned into bizarre shapes with colourful sedimentary layers (picture E, SB-Seite 74-75). The park is located in the southwest of South Dakota, partly within the Pine Ridge Reservation, which is inhabited by the Olgala-Lakota.

Rodeo is a competitive sport that originated from the working practices of cattle herding, like catching cows or breaking in horses. It is the official state sport of South Dakota.

Mobridge is a small town located in the north of South Dakota on the Missouri River. It is named after a railroad bridge, a smaller version of the Missouri Bridge. Mobridge has about 3,465 inhabitants, 20% of whom are Native American and 75% of whom are registered as white. Main Street in Mobridge can be seen in picture B (SB-Seite 75).

YOUR TASK

L kann zum Abschluss der Einführungsseiten zur Unit 4 im Sinne der Lernzieltransparenz auf die Lernaufgabe am Ende der Unit hinweisen. Bei dieser erarbeiten und präsentieren die S eine Vorstellung ihrer eigenen Person für eine Schulklasse in South Dakota.

➜ Your task, SB-Seite 93

127

Unit 4   Part A

KOMMUNIKATIVE KOMPETENZEN

Die S können …

Lesen: aus einem fiktionalen Text Informationen über Personen und deren Handeln herausarbeiten und sich in sie hineinversetzen (SB-Seite 76, 1–3) · aus einem Sachtext herauslesen, wie das Leben an einer amerikanischen High School abläuft und es mit dem an deutschen Schulen vergleichen (SB-Seite 77, a))

Sprechen: Aussagen über die Gefühlswelt und mögliches Verhalten von Lehrwerkscharakteren machen (SB-Seite 76, 2–3) · das Leben an einer amerikanischen High School mit dem an deutschen Schulen vergleichen (SB-Seite 77, a))

Hören/ Sehen: aus einem Video Informationen darüber herausarbeiten, wie das Leben an einer amerikanischen High-School abläuft (SB-Seite 77, b))

S. 76–77

TIPPS FÜR IHRE PLANUNG

In *Part A* begleiten wir die Lehrwerksfigur Drew Schmidt beim Beginn seines Schultages in der Mobridge-Pollock High School, wo er auf seinen Schwarm Kaya Red Hawk trifft, der er ein Date vorschlägt. Die S erwerben hier anhand des Lesetextes Wissen über die Lebenswelt von Schülern in South Dakota (**1**), setzen sich mit der Gefühlswelt von Drew auseinander (**2**) und stellen Vermutungen an, ob und warum sich die beiden Jugendlichen verabreden werden (**3**). Anschließend lesen die S einen Informationstext über Besonderheiten im amerikanischen Schulleben (**Access to cultures**) und sichern ihr Textverständnis ab, indem sie die Gemeinsamkeiten und Unterschiede zu ihrer eigenen Schule diskutieren (**a**). Die Auseinandersetzung mit dem amerikanischen Schulleben wird abschließend durch das Sehen eines Videos vertieft (**b**).

Sprachlich begegnen die S in *Part A* einer Vielzahl von Verben im *past progressive* oder *simple past*. Die Verbformen werden im anschließenden *Part A Practice* wieder aufgegriffen und geübt.

➜ FöFo 4.2

➜ Your task, SB-Seite 93

INFO-BOX

Teen drivers in South Dakota: In South Dakota, teenagers as young as 14 can get an Instruction Permit that allows them to drive a car under the supervision of an adult. After six months of violation-free driving, they can get a Restricted Minor's Permit that allows them to drive without supervision during daytime and with the supervision of a parent at night. When teenagers turn 16, they can apply for the Operation License, the driver's license that grants full driving privileges. Other U.S. states have similar systems, in some cases with differing minimum ages.

The family name **Schmidt** is of German origin and quite common in South Dakota, where 40.7% of the inhabitants have German ancestors, the largest ancestry group in that state.

Red Hawk refers to a predatory bird and is a well-known Native American surname.

Standing Rock Rez (Standing Rock Sioux Reservation) is an area of 9,251 sq km in North Dakota and South Dakota. It is home to approximately 8,500 members of the Lakota and Dakota Native American nations. It borders the western bank of the Missouri River and is linked by the Missouri Bridge to the town of Mobridge on the eastern side of the river.

1   A perfect morning

NEUER WORTSCHATZ

(to) **slap** · **counter** (AE)(kurz für: **countertop**) +**worktop** (BE) · °**it's all yours** · **wheel** (kurz für: **steering wheel**) · (to) **honk** · **coach** · Box **"(to) keep, kept, kept"**, Voc., SB-Seite 214 · **No wonder …** · **water fountain** (AE) +**drinking fountain** (BE) · (to) **tuck** · **mood** · **technique** · **excellent** · (to) **advise** sb. **to do** sth. · (to) **speed up** · (to) **qualify** · **it takes practice** · **somewhere**

128

Part A   Unit 4

EINSTIEG

SB geschlossen. Die S reaktivieren ihr Wissen über South Dakota und stellen einen persönlichen Bezug her, indem sie sich vorstellen, sie würden dort leben.

L: Imagine you lived in South Dakota. Please describe what your life would be like. (S: I would live on a farm and would have a very long way to school. / I would do rodeo as a hobby. / I would be outside a lot. That would be very healthy. / …)

ERARBEITUNG

SB geöffnet. Die S schauen sich zunächst das Bild auf SB-Seite 76 an und stellen Vermutungen an, an welchem Ort die Handlung stattfindet. Anschließend erfolgt das **1. Lesen/Hören.** Die S hören den Text an und lesen dabei still mit. Anschließend stellen sie Fragen zu unbekannten Wörtern, zudem klärt L in einem UG inhaltliche Besonderheiten (siehe Info-Box auf HRU-Seite 128). **2. Lesen.** Die S lesen den Text laut, ggf. mit verteilten Rollen, vor.

2 Drew's good mood

ERARBEITUNG

SB geöffnet. Die S setzen sich mit Drews Gefühlswelt auseinander und erklären, warum der Text einen perfekten Morgen für Drew beschreibt.

LÖSUNG

I think it's a perfect morning for Drew because …
… he is allowed to use his dad's truck for the next two weeks.
… he thinks his coach will send him to the school rodeo finals because his times were good.
… he met Kaya Red Hawk, the girl he likes, and asked her for a date.

3 What happens next?

ERARBEITUNG

SB geöffnet. 🧩. Gemäß SB.

MUSTERLÖSUNG

I think Drew and Kaya will go on a date because Drew offered to help Kaya with rodeo practice and Kaya wants to improve her rodeo skills. Besides, Drew really likes Kaya and I think she likes him too.
I don't think Drew and Kaya will go on a date because Kaya doesn't know Drew well enough to drive with him to her uncle's ranch. Her parents probably won't allow it. Maybe their parents won't want them to go on a date because Kaya is Native American and Drew is a white boy. Maybe they have prejudices against Native Americans.

🌐 Access to cultures: School in the USA

NEUER WORTSCHATZ

(to) **notice** · **whether** · **period** *(bes. AE)* · °**roll-call** · **register** · **literature** · **social studies** · **in recent years/months/…** · **assignment** *(AE)* · (to) **pass** · **grade** *(bes. AE)* +(BE auch: **mark**) · (to) **fail** · **extra** · **driver's licence** *(AE)* +**driving licence** *(BE)* · °**homecoming** · (to) **crown** · **support**

Weitere Differenzierung

Bei leistungsschwächeren Klassen empfiehlt es sich, die S zunächst Stichworte aufschreiben zu lassen bzw. eine kurze Murmelphase einzulegen.
L: You have two minutes to write down keywords before we talk about this in class. / Have a short talk about this with your partner before we compare ideas in class.

➜ 2 💿 07 Audio online

➜ FöFo 4.2

➜ FöFo 4.2

Alternative

Diese Aufgabe kann auch im
► *Think-Pair-Share*-Verfahren durchgeführt werden.

➜ FöFo 4.2

Unit 4   Part A

INFO-BOX
Homecoming is a traditional celebration at American schools and colleges to welcome back their alumni. These celebrations usually take place in the autumn and include sports and cultural events, a parade through town and the election of a Homecoming Queen and King.

EINSTIEG

SB geschlossen. Die S stellen zunächst Vermutungen an, was im amerikanischen Schulleben anders ist als im deutschen.
L: Let's talk about American schools. What do you think school in the USA is like? (S: schools are bigger, you eat lunch at school, different subjects …)

ERARBEITUNG

a) SB geöffnet. Die S lesen den Informationstext. Anschließend arbeiten sie möglichst viele Unterschiede und Gemeinsamkeiten zwischen dem amerikanischen Schulleben und ihrer eigenen Schule in einer tabellarischen Gegenüberstellung heraus. Sie vergleichen ihre Ergebnisse in einem UG und erklären, welche Gebräuche sie jeweils besser finden.

➜ Your task, SB-Seite 93

MUSTERLÖSUNG

American Schools / MPHS	German schools / my school
only one school for grades 9–12	different school types for grades 5–12/13, divided according to learning ability
9th grade at the age of 14	9th grade generally at the age of 15
lessons start at 8:10	lessons start at 8:00
periods last 48 minutes	periods last 45 minutes
school day lasts at least 7 hours	length of school day differs
different grades have lunch at different times	all grades have lunch at the same time
many clubs and sports take place after school	that is the same at German schools
roll-call twice a day	no roll-call, teachers note down missing students at the beginning of each lesson
all students have these subjects: language, writing, literature, maths, science, social studies	every grade has specific subjects: e.g. maths, German, English, 2nd foreign language, music, art, history, politics, geography, biology …
students can choose other subjects like PE, Spanish or building	students can sometimes choose a language as an additional subject; everything else is an extracurricular activity
students are given regular assignments	regular class tests
grades: A, B, C, D, F (F = fail)	grades: 1, 2, 3, 4, 5, 6 (5, 6 = fail)
if you fail, you have to go to extra classes until you pass	if you fail in two or more subjects at the end of a school year, you have to repeat that grade (year)
many students drive to school, driver's license at 14	students go to school by public transport, bike etc., driver's license at 18
homecoming celebrations	there is no such celebration at German schools
in small towns nearly everyone supports the school teams	sports teams are usually part of a club outside school

Part A Unit 4

ERARBEITUNG
b) SB geöffnet. 1. Sehen. Die S sehen einen kurzen Film (ca. 10 Minuten) über eine typische amerikanische High School und machen sich dabei
Notizen. Anschließend erklären sie, was sie am interessantesten oder über-
raschendsten fanden.

➜ Transkript online

➜ Your task, SB-Seite 93

MUSTERLÖSUNG
- way to school: by car (most students drive themselves), bus, bike or on foot
- 1,137 students, aged 14-18, grades 9-12
- Pledge of Allegiance: at the start of every school day
- flag of the USA in the classroom
- every day's announcements about: events, activities, news about the school's sport teams
- lockers: every student has one for books, lesson materials, their back-pack etc.
- most classes are in a normal desk-and-chair setting; drama class is different
- cafeteria: all students eat lunch there even if they bring their own lunch
- bulletin board: for job opportunities (lots of high school students have part-time jobs)
- lots of school clubs: drama, languages, music, robotics
- giant sports field with areas for different types of sport; summer/fall (autumn): American football, soccer, hockey; spring: softball, baseball, lacrosse
- when the senior students leave school, they leave their handprints and initials on a school wall

To me, the most surprising/interesting fact was … because … .

Zusatz
Die Ergebnisse aus **a)** und **b)**
können für eine Mediationsaufgabe
genutzt werden, in der die S einen
deutschsprachigen Leitfaden für
deutsche Gastschüler in den USA
verfassen.

➜ Workbook 2–4 (pp. 44–45)

➜ FöFo 4.2

➜ Workbook Wordbank 4

131

Unit 4 Part A Practice

S. 78–80

TIPPS FÜR IHRE PLANUNG
Der Schwerpunkt in *Part A Practice* liegt auf der *Past progressive*-Form. Nach einer Übung zum Umgang mit einem deutsch-englischen Wörterbuch (**1**) wiederholen die S die Bildung und Verwendung des *simple present* und *present progressive* (**2**). Anschließend wird das *past progressive* eingeführt, sofern dies nicht bereits in Klasse 6 stattgefunden hat, bzw. als *revision* abgesichert (**3**) und in der Gegenüberstellung mit dem *simple past* einge-übt (**4**). Abschließend kann das *past perfect progressive* in einer *Extra*-Aufgabe behandelt werden (**5**).

➜ FöFo 4.2

➜ Interaktive Übungen zum Workbook 4.2, 4.3

1 Study skills: Finding the right English word in a dictionary

NEUER WORTSCHATZ
bilingual

EINSTIEG
SB geschlossen. Die S reaktivieren ihr Wissen zu Möglichkeiten der Wortfindung im Englischen.
L: Imagine you want to say something specific, but you don't know the English word. What can you do then? (S: use other words to describe what I want to say / paraphrase it / act it out / draw a picture / look the word up in a dictionary / ask a search engine / …)

ERARBEITUNG
a) SB geöffnet. Die S üben aufgabengeleitet den differenzierten Umgang mit einem deutsch-englischen Wörterbuch ein.

➜ Deutsch-Englische Wörterbücher

➜ Your task, SB-Seite 93

Weitere Differenzierung
Leistungsstärkere S können mit Hilfe eines Wörterbuches weitere Übungsaufgaben zur Wortfindung entwickeln. die sie dann mit einem Partner austauschen und lösen.

LÖSUNG
1 *BE* mark, *AE* grade; The keyword in brackets (Schule) helped to find the right word here.
2 Aufsatz: 1. (Schularbeit) *BE* essay, *AE* paper, 2. (Abhandlung) paper, 3. (Möbel) top section
3 Aufsatz: *BE* essay, *AE* paper; Schulnote: *BE* mark, *AE* grade
4 do/sit/take an exam
5 sich <u>auf</u> etwas vorbereiten: prepare <u>for</u> sth.; einen Aufsatz <u>über</u> etwas schreiben: write an essay <u>on</u> sth.
6 deal with: behandeln

ERARBEITUNG
b) SB geöffnet. Gemäß SB.

➜ Interaktive Übungen zum Workbook 4.2

LÖSUNG
different meanings of a word · different words in *BE* and *AE* · pronuncia-tion · use with prepositions · example sentences · verbs that go with a word

ERARBEITUNG EXTRA
Die S vergleichen ihre Liste aus **b)** mit den Angeboten von Online-Wörter-büchern. Auf dieser Grundlage entscheiden sie, welches Online-Wörter-buch sie am hilfreichsten finden.

MUSTERLÖSUNG
Pons.eu: gives different meanings of a word, offers sound files with correct pronunciation, shows use with prepositions, shows use with verbs, gives example sentences, no clear distinction between BE and AE
dict.cc: gives different meanings of a word, different words in BE and AE, offers sound files with correct pronunciation, shows use with preposi-tions, provides a link to example sentences, often gives verbs that go with a word …

132

Part A Practice **Unit 4**

ERARBEITUNG Study skills
Die S sichern ihre Lernergebnisse ab, indem sie sich notieren, wozu sie ein deutsch-englisches Wörterbuch brauchen und worauf sie bei dessen Benutzung achten sollten. Zur Überprüfung ihrer Ergebnisse lesen die S das *SF 22: Using a dictionary* durch.

➡ SF 22: Using a dictionary (pp. 167-168)

➡ Workbook 5 (p. 45)

2 REVISION At break (Simple present or present progressive?)

ERARBEITUNG
Diese Wiederholung des *simple present* und des *present progressive* dient als Hinführung zum *past progressive* in den nachfolgenden Aufgaben. Gemäß SB.

LÖSUNG
1 is shining · 2 are relaxing · 3 is sitting · 4 is checking · 5 is taking · 6 help · 7 is · 8 doesn't live · 9 travels · 10 is learning · 11 gets (Hier wird das *Simple present* verwendet, um einen festgelegten Zeitplan der nahen Zukunft auszudrücken.) · 12 wants

Weitere Differenzierung
Zur Absicherung des grammatischen Grundlagenwissens kann mit schwächeren Lerngruppen hierzu GF 7 im UG besprochen werden. L erstellt ggf. ein TB als Hilfestellung.

➡ GF 7: Simple form and progressive form (pp. 182-183)

➡ Interaktive Übungen zum Workbook 4.3

DIFFERENZIERUNG Early finisher
Leistungsstärkere S schreiben einen Text über die beiden Jungen auf dem Foto (SB-Seite 79) und wenden dabei weitere Verben im *present progressive* oder *simple present* an.

MUSTERLÖSUNG
Ryan Abbott is sitting next to Tom Krüger. He is looking at Tom's smart phone. Tom likes to show his friend videos of his rodeo practice. Usually Ryan is very impressed by Tom's rodeo videos, but right now, both of them are just laughing because of the funny moves Tom is making in the video.

➡ FöFo 4.2

3 REVISION When the school bell rang ... (The past progressive)

ERARBEITUNG
Gemäß SB.

LÖSUNG
When the school bell rang, ...
... the boy in the blue pullover was putting up a poster on his locker.
... the girl with the brown hair was texting on her smart phone.
... the girl in the pink pullover was combing her hair.
... the girl and the boy in the red pullovers were taking a selfie.
... the two boys with caps on their heads were practising dance moves.
... the girl in the green shirt was opening/closing her locker.

Weitere Differenzierung
In schwächeren Lerngruppen kann hierzu GF 7 besprochen und das TB zu Aufgabe **2** ggf. ergänzt werden.

➡ GF 7: Simple form and progressive form (pp. 182-183)

Weitere Differenzierung
Leistungsschwächere Klassen können zur weiteren Einübung Sätze (ggf. auch mit Verneinungen und Fragen) entsprechend dem Beispielsatz über sich selbst verfassen.

➡ FöFo 4.2

➡ Interaktive Übungen zum Workbook 4.3

133

Unit 4   Part A Practice

4 REVISION Yesterday in Mobridge (Simple past or past progressive?)

ERARBEITUNG
Die S vertiefen ihr Verständnis für die Funktion des *Past progressive*.
Gemäß SB.

DIFFERENZIERUNG `More help`
Leistungsschwächere S finden auf SB-Seite 136 die Lückentexte, die die
jeweils einzusetzenden Verben bereits in beiden Zeitformen enthalten
und wählen lediglich die jeweils richtige aus.

LÖSUNG
A: 1 saw · 2 was walking · 3 smiled · 4 said · 5 didn't hear · 6 was listening · 7 wasn't looking · 8 called
B: 1 was walking · 2 came · 3 was looking · 4 asked · 5 was going ·
6 offered

Weitere Differenzierung

🗂 **KV 14: The past progressive.**
Die KV bietet weitere Übungen
zum Thema.
Lösung: **a) 1** was sitting · **a) 2** were
walking; **b)** simple past of *to be*
and the infinitive +ing-form;
c) 3; **d) 1** was doing · **2** were
talking · **3** was looking · **4** were
searching · **5** was trying · **6** was
lying; **e) 1** were walking, saw, was
drinking · **2** was asking, came,
pulled · **3** came, was practicing ·
4 was just having, called

➜ GF 7: Simple form and progressive
form (pp. 182-183)

➜ FöFo 4.2

➜ Interaktive Übungen zum
Workbook 4.4

5 REVISION He had been listening … (Past perfect progressive)

ERARBEITUNG
SB geöffnet. L bespricht mit den S zunächst die *Language help* und
ggf. *GF 7*. Anschließend erfolgt die Bearbeitung der Übung gemäß SB.
Die Ergebnisse werden im Plenum besprochen.

LÖSUNG
1e (had been listening) · 2f (had been working) · 3g (had been changing)
· 4i (had been crying) · 5h (hadn't been working) · 6c (had been waiting)
· 7b (had been riding) · 8a (hadn't been feeling) · 9d (had been
snowing).

➜ GF 7: Simple form and progressive
form (p. 182)

➜ LAS 4.1

➜ Interaktive Übungen zum
Workbook 4.5

DIFFERENZIERUNG `Early finisher`
Leistungsstärkere S arbeiten auf SB-Seite 143. Dort lösen sie sechs Rät-
selfragen, um den Namen der Hauptstadt von South Dakota herauszufin-
den (**a**). Anschließend erstellen sie ein ähnliches Rätsel (**b**).

LÖSUNG
a) 1 re**p**ly · 2 Cal**i**fornia · 3 Empire Stat**e** Building · 4 hai**r** · 5 d**r**ive ·
6 rod**e**o
→ The capital of South Dakota is Pierre.
b) Individuelle Lösungen

134

	Mediation course 🏴󠁧󠁢󠁥󠁮󠁧󠁿 Cultural differences (2) Unit 4

KOMMUNIKATIVE KOMPETENZEN

Die S können …

Mediation: US-amerikanische und deutsche Schulregeln miteinander vergleichen, diese jeweils in die andere Sprache übersetzen und erklären

Lesen: aus einem Sachtext Informationen zu US-amerikanischen Schulregeln herausarbeiten

Sprechen: einen Dialog über Schulregeln führen (SB-Seite 81, d))

METHODISCHE KOMPETENZEN

Note-taking (SB-Seite 81, a))

S. 81

TIPPS FÜR IHRE PLANUNG

Im *Mediation course* führen die S eine adressatengerechte und interkulturell vermittelnde Mediation von deutschen Schulregeln für US-amerikanische Austauschschüler durch. Hierfür sammeln sie zunächst anhand von Lesetexten Informationen über amerikanische Schulregeln (**a)**) und tragen sie dann auf Deutsch in GA zusammen (**b)**). Anschließend arbeiten sie die Unterschiede zwischen deutschen und amerikanischen Schulregeln heraus. (**c)**). Abschließend führen die S einen englischsprachigen Dialog, in welchem sie einem amerikanischen Schüler die deutschen Schulregeln erklären.

➔ FöFo 4.2

➔ Interaktive Übungen zum Workbook 4.4

Language awareness

book bag (*AE*): Schultasche

NEUER WORTSCHATZ

(late) pass · °lateness · (to) **attend** a course · **session** · **search (for)** · **property** · (to) **take care of** sth. · **for this reason** · **at any time** · **grounds** (*pl*) · **principal** (*bes. AE*)

EINSTIEG

Die S tragen zusammen, was sie bereits über amerikanische Schulen gelernt haben. Anschließend versetzen sie sich in die Lage eines deutschen Austauschschülers an einer amerikanischen Schule und erklären, in welchen Situationen sie dort ohne Vorwissen auf Erklärungen angewiesen wären.

L: Please tell us what you know about schools in America.

S: The grades are from A to F. / Many students drive to school themselves. / Every student has a locker. / There's a homecoming celebration. / They say the Pledge of Allegiance every day.

L: Imagine you are an exchange student at a high school in the USA and you don't know about the things we just talked about. In which situations would you need someone to explain these things to you?

S: When they say the Pledge of Allegiance, I wouldn't know what was happening. I would need someone to explain to me what they were doing and what I should be doing then. / I would be shocked to see a 14-year-old student driving if nobody explained that to me. / …

ERARBEITUNG

a)/b) 🧩 **SB geöffnet.** Die S bearbeiten die Aufgaben im *Jigsaw*-Verfahren (▶*Jigsaw*). Sie berichten sich in ihren Gruppen auf Deutsch, was sie herausgefunden haben.

135

Unit 4 Mediation course — Cultural differences (2)

LÖSUNG

Lateness	– 5 minutes late: You need a pass from a teacher or the central office to attend class. – 15 minutes late: marked as "late" – 10 times "late": two extra sessions at the end of the school day (3:30-5:00) + letter to parents
Classroom rules	– no food or drinks – no book bags – cell phones: turned off when entering the classroom – MP3 players, tablets, other electronic equipment: teacher's permission needed for use in the classroom
Lockers and locker searches	– given to every student – property of the school – locker searches: done by teachers, to make sure lockers are clean and nothing has been stolen; can take place at any time, student's permission not needed
Leaving the school grounds	– written permission from parents needed to leave during the school day – before leaving: get permission in principal's office

ERARBEITUNG

c) ▶ *Jigsaw*. Die S vergleichen die Unterschiede zwischen amerikanischen und deutschen Schulregeln. L kann den S ggf. ein Exemplar der eigenen Schulordnung zur Verfügung stellen oder diese auf der Schulhomepage nachlesen lassen.

MUSTERLÖSUNG

Lateness	
different	similar
If you are late, you don't need a pass from a teacher or the office. You can just walk into the classroom. Your teacher will ask for a note from your parents or will call them. You don't have to attend an extra session.	You will be marked as late. → The U.S. school rule seems stricter.

Classroom rules	
different	similar
You are allowed to eat in the classroom during breaks. You take your school bag into the classroom. Cell phones should be switched off at school at all times. ...	Electronic devices can be used in the classroom with the teacher's permission. → Apart from the cell phone rule, U.S. school rules are stricter. ...

Weitere Differenzierung

In leistungsschwächeren Lerngruppen ist es sinnvoll, die Ergebnisse dieser Diskussion anschließend im Plenum vorstellen und vergleichen zu lassen. Dadurch können Ergebnisse vervollständigt oder korrigiert werden und es ist sichergestellt, dass alle S mit dem nötigen Grundlagenwissen weiterarbeiten. Vokabelhilfen sollten dabei an der Tafel notiert werden.

Mediation course 🏴󠁧󠁢󠁥󠁮󠁧󠁿 Cultural differences (2) Unit 4

ERARBEITUNG

d) 👥 SB geöffnet. Gemäß SB. Vor der Bearbeitung sollte die *Mediation skills*-Box behandelt werden.

➜ SF 12: Cultural differences (p. 161)

Weitere Differenzierung
In leistungsschwächeren Lerngruppen ist es sinnvoll, die S zunächst Notizen darüber machen zu lassen, was sie sagen bzw. fragen wollen, bevor sie den Dialog führen.

MUSTERLÖSUNG

B: Hi, can you please tell me something about your school rules?

A: Oh yes, of course! Well, lessons start at 8 o'clock in the morning.

B: Where can I get a pass if I'm late?

A: A pass? Oh, I see. We don't have late passes in Germany. You just apologize to the teacher.

B: What if I have to leave the school building during the school day? Do I need to talk to the principal first?

A: No, you don't. What you need is written permission from your parents. You need to give it to your teacher so she can let you leave the school. Oh, and you need to switch off your cell phone when you're at school. You aren't allowed to use a cell phone in the school building.

B: But what can I do if I really need to make a phone call to my host parents?

A: Then you need to ask a teacher for permission first. They can allow you to use the phone in special cases.

B: I need to go to class now. Where can I leave my school bag? Are there any lockers?

A: You can take your school bag with you into the classroom and you can leave it there if you want to. We don't have any lockers at this school.

B: OK. Thank you so much. That was very helpful. See you later.

A: You're welcome. See you later!

AUSWERTUNG

Die S präsentieren ihre Dialoge in der Klasse, die Zuhörenden geben ihnen Feedback über die Passgenauigkeit der Informationsauswahl und die Verständlichkeit der Mediation.

➜ Workbook 8 (p. 47)

➜ FöFo 4.2

➜ Interaktive Übungen zum Workbook 4.4

137

Unit 4 Part B

KOMMUNIKATIVE KOMPETENZEN
Die S können …
Lesen: aus einem fiktionalen Text Informationen über Personen und deren Handeln herausarbeiten und sich in sie hineinversetzen (SB-Seiten 82–83, 1-2) · aus einem Sachtext herauslesen wie sich das Leben der nordamerikanischen Ureinwohner vom 18. Jahrhundert bis heute verändert hat (SB-Seite 83, *Access to cultures*)
Sprechen: über die Veränderungen der Lebensumstände der Lakota über einen Zeitraum von 70 Jahren sprechen (SB-Seite 83, *Access to cultures*)

S. 82–83

TIPPS FÜR IHRE PLANUNG
In *Part B* begleiten die S Kaya und Drew in das *Standing Rock* Reservat, wo sie für die Schulmeisterschaften im Rodeo üben. Drew lädt Kaya zu einem Ausflug zu Mount Rushmore ein, doch bevor Kaya sich dazu äußern kann, kommen ihre Cousins Randall und Cody dazu, die in dem Reservat leben. In ihrer Unterhaltung werden kulturelle Differenzen zwischen dem Leben im Reservat und außerhalb deutlich. Im zweiten Teil des Lesetextes erzählt Kaya ihrer Tante Jodi von diesen Begebenheiten und es wird deutlich, dass der von Drew vorgeschlagene Ausflug für sie ein Problem darstellt. Die S arbeiten aus dem Text Informationen zu Kaya und ihrer Familie heraus (**2a)**) und versetzen sich in ihre Lage in Hinblick auf die Einladung von Drew (**2b)**). In *Access to cultures* erhalten die S Hintergrundinformationen zu Leben und Geschichte der Lakota, über die sie anschließend berichten. Sprachlich begegnen die S in diesem Teil erstmals Fragen in der indirekten Rede. Diese Struktur reproduzieren sie in **3** vorbewusst.

➔ FöFo 4.3

1 What's a shunk?

NEUER WORTSCHATZ
(to) **borrow** sth. **(from** sb.**)** · (to) **lend** sb. sth., **lent, lent** · [šúŋkawakáŋ] · (to) make the team · **college** · (to) **run into** sb. *(infml)*

EINSTIEG
SB geschlossen. Die S machen sich ihre Lebenswelt bewusst, indem sie Besuche bei Verwandten beschreiben. Mit diesem Hintergrund können sie die Besonderheiten von Kayas Lebenswelt beim Lesen mit ihrer eigenen in Relation setzen. L: When and where did you last visit your aunts and uncles or other members of your family? Please tell us what normally happens when you visit family. (S: We often meet at my grandparents' house on Sunday. We have cake and play games. / My cousins live in Poland, so I only see them twice a year. We have to drive a few hours to get there …)

Alternative
Die S sammeln ihr Vorwissen zu Kaya.
L: Please tell us what you know about Kaya so far. (S: Her name is Kaya Red Hawk. / She has a Native American name. / She does rodeo. / She goes to Mobridge-Pollock High School. / Drew Schmidt likes her and asked her for a date. / …)

ERARBEITUNG
SB geöffnet. 1. Lesen/Hören. Die S hören den Text und lesen dabei still mit. Anschließend werden Fragen zum Vokabular oder Inhalt geklärt.
2. Lesen. Die S lesen den Text mit verteilten Rollen laut vor.

➔ 2 08–09 Audio online

➔ FöFo 4.3

Access to cultures: Native Americans and the United States

NEUER WORTSCHATZ
°**nomad** · °**tepee** · **buffalo,** *pl* **buffalo** *or* **buffaloes** · (to) **introduce** · **on horseback** · **conflict** *(infml)* · **relations** *(pl)* · **continent** · **way of life** · °**repression** · (to) **force** sb. **to do** sth. · (to) **repress** sb. · **law** · °**practice** · (to) **govern** · **per cent (%)** *(AE usually:* **percent***)*

Hinweis
Der Einsatz des *Access to cultures*-Textes ist sowohl nach **1** als auch nach **2** möglich. Ggf. auch zum Einstieg vor **1**.

138

Part B Unit 4

ERARBEITUNG

SB geöffnet. Die S sammeln zunächst Hintergrundwissen zu den *Native Americans* in South Dakota und versetzen sich anschließend in deren Rolle. Sie berichten über die Veränderungen, die von 1820–1890 stattgefunden haben. Für die Bearbeitung dieser Aufgabe empfiehlt es sich, die S zunächst Notizen in Form einer Zeitleiste anfertigen zu lassen.

MUSTERLÖSUNG

When I was born in 1820, my people lived as nomads. Our family groups lived in tepees and we hunted buffalo to survive. We followed them across the great prairies. Relations with the white men, who called themselves the United States, were friendly then. Since they had brought horses in the 18th century, we went hunting on horseback, which was much faster.

But in the 1850s things began to change. The white people moved across our land. Conflicts arose and turned into wars between my people and the United States. These wars lasted until the 1870s, when they forced us to live on reservations. During the following years, the U.S. government stole more and more land from us. They didn't allow us to practice our culture and our religion. Even our language was forbidden, so a lot of ancient Lakota wisdom was forgotten by our people.

Zusatz
Im Anschluss an die Bearbeitung dieser Aufgabe kann die heutige Situation der Lakota besprochen werden. L: Please describe the life of the Lakota in South Dakota today.
Für weitere Informationen über *Native Americans* bietet sich an dieser Stelle das Lesen der Text Files zu Unit 4 an.

➜ Text File 5 (p. 122)

2 Kaya and Drew 💬

ERARBEITUNG

a) SB geöffnet. Die S erklären, was sie über Kayas Familienmitglieder, den Ort, wo sie leben, ihre Sprache sowie ihren Lebensstil herausgefunden haben.

LÖSUNG

The different family members: Kaya Red Hawk, her mother, her aunt Jodi, her uncle and her cousins Randall and Cody
Where they live: Kaya and her mom live in Mobridge; Kaya's aunt, uncle and cousins live on the Standing Rock Reservation
Their language: Kaya's family speaks Lakota on the Standing Rock Reservation, Kaya only speaks English
Their way of life: Kaya's uncle has horses on the reservation; Kaya's cousins think she and her mom should also live on the reservation

Weitere Differenzierung
In leistungsschwächeren Klassen ist es sinnvoll, die S zunächst Notizen anfertigen zu lassen, bevor die Ergebnisse im Plenum verglichen werden.

ERARBEITUNG

b) SB geöffnet. Die S begründen, was Kaya zu Drews Einladung empfindet.

MUSTERLÖSUNG

Drew invites Kaya on his family trip to Mount Rushmore on the weekend. Kaya thinks this is a problem because Mount Rushmore is a place where she as a Lakota shouldn't go. Maybe she doesn't want to meet Drew's family on their first date either.

➜ FöFo 4.3

3 Have a go

ERARBEITUNG

SB geöffnet. Die S wenden die Struktur von Fragen mit Fragewort in der indirekten Rede vorbewusst an.

LÖSUNG

He asked where I was going on vacation. · He asked when I was leaving. · He asked who I was going with.

➜ Workbook 9 (p. 48)

139

Unit 4 Part B Practice

S. 84–86

TIPPS FÜR IHRE PLANUNG

In *Part B Practice* erfolgt die Bewusstmachung, Einübung und Anwendung von Fragen in der indirekten Rede. Die Bearbeitung der *Looking at language*-Box wird daher der Übungssequenz (**1-5**) vorangestellt. Das Lesen des *Grammar File* wird als zusätzliche Lernhilfe empfohlen. Die S üben zunächst die Bildung von Fragen mit Fragewörtern (**1**) sowie von Ja/Nein-Fragen (**2**) in der indirekten Rede ein. Anschließend wenden sie diese für die Nacherzählung eines Partnerdialoges mit gegebenen Fragen an (**3**), üben die Bildung von Fragen mit zwei Subjekten (**4**) und geben abschließend in PA die Fragen und Antworten aus fiktiven Bewerbungsgesprächen wieder (**5**). Im Nachfolgenden kognitivieren und üben die S die Verwendung des bestimmten Artikels (**6**) sowie von *Question tags* (**7**), und setzen sich mit der Bedeutung von Betonungsvarianten in Sätzen auseinander (**8**). Im abschließenden *Background file* (**EXTRA**) lernen die S verschiedene Freizeitbeschäftigungen von Jugendlichen in Mobridge kennen und vergleichen diese mit den Freizeitbeschäftigungen in ihrer Heimatstadt.

➜ FöFo 4.3
➜ FöFo 4.4
➜ Interaktive Übungen zum Workbook 4.5
➜ LAS 4.2

Looking at language

ERARBEITUNG

Mit Hilfe von Fragen aus dem Lesetext finden die S heraus, dass die Zeitverschiebung bei Aussagen in der indirekten Rede auch für Fragen in der indirekten Rede angewandt wird. Zusätzlich empfiehlt sich das Lesen des entsprechenden *Grammar File*.

➜ GF 8.2: Indirect speech (p. 184)

LÖSUNG

1 *wh*-questions: He asked me what I was doing on the weekend. · He asked why Mom and I lived in Mobridge.
yes/no questions: I asked him whether I would make the team. · He asked if I could go to Mount Rushmore.
2 *wh*-questions: So what are you doing on the weekend? · Why do you and your mom live in Mobridge, Kaya?
yes/no questions: So, will I make the team? · Can you come with us?

There is a backshift of tense in the indirect questions compared to the direct questions. The same backshift of tenses applies for statements in indirect speech.

➜ FöFo 4.3
➜ LAS 4.2

1 I asked Coach when the finals were (Indirect *wh*-questions)

ERARBEITUNG

Die S wandeln die gegebenen Fragen von Kaya und ihrem Trainer in die indirekte Rede um. Auswertung und Korrektur erfolgen anschließend im Plenum.

LÖSUNG

Kaya's questions: 1 I asked Coach when the finals were. · 2 I asked him how good my times were. · 3 I asked him which students would be on the team. · 4 I asked him when we would know their names.

Coach's questions: 1 Coach asked me who I had trained with. · 2 He asked me how often I had trained. · 3 He asked me what my best times were. · 4 He asked me how I could improve even more.

➜ FöFo 4.3
➜ LAS 4.2
➜ Interaktive Übungen zum Workbook 4.5

Part B Practice Unit 4

2 She asked me if I liked you (Indirect yes/no questions)

ERARBEITUNG

SB geöffnet. Die S versetzen sich in die Rollen von Kaya und Drew und erzählen sich gegenseitig, welchen Fragen Kayas Tante und Drews Mutter ihnen gestellt haben.

MUSTERLÖSUNG

Partner A: She asked me if … 1 …I liked you. · 2 … you had a girl-friend. · 3 … you lived on a ranch. · 4 … I had met your family. · 5 … we had been on a date.

Partner B: She wanted to know whether … 1 you lived on the reservation. · 2 … you had lived in town for long. · 3 … we were in the same classes at school. · 4 … you had your own horse. · 5 … you were going to the rodeo finals too.

➡ Workbook 10–11 (p. 48–49)

➡ FöFo 4.3

➡ LAS 4.2, 4.4

➡ Interaktive Übungen zum Workbook 4.5

3 Jasper wanted to know … (Indirect questions)

NEUER WORTSCHATZ

(to) **move house/flat**

ERARBEITUNG

a) **SB geöffnet.** Die S stellen sich jeweils drei Fragen aus der Box, notieren sich die Fragen, die ihnen ihr Partner gestellt hat, sowie ihre eigenen Antworten darauf.

MUSTERLÖSUNG

Partner A: When is your next English test? – The next English test is in two weeks.
Do you have any plans for the summer? – I'm going to fly to Spain this summer.
Have you ever moved house or flat? – Yes, I moved into another house last month.

Partner B: …

ERARBEITUNG

b) Die S berichten in der indirekten Reden von den Fragen und Antworten aus **a)**.

MUSTERLÖSUNG

Partner A: What did Jasper ask you?

Partner B: He asked me when my next English test was and I said that it was in two weeks.
And he wanted to know whether I had any plans for the summer. Well, of course I do. I answered that I was going to fly to Spain. Finally, he asked me if I had ever moved house or flat and I told him that I had moved into another house the month before. Now, please tell me what Melanie asked you. …

AUSWERTUNG

Einzelne S erzählen im Plenum, welche Fragen ihnen gestellt wurden und was sie darauf geantwortet haben.

➡ FöFo 4.3

➡ LAS 4.2

141

Unit 4   Part B Practice

4 He asked if I knew where Kaya lived (Indirect questions)

NEUER WORTSCHATZ
tribe

ERARBEITUNG
Die S üben die Umformung von Fragen mit zwei Subjekten in die indirekte Rede.

DIFFERENZIERUNG   `More help`
Leistungsschwächere S arbeiten auf SB-Seite 136. Dort finden sie die direkten Fragen sowie Lückensätze, in die sie lediglich die korrekten Verben einsetzen.

LÖSUNG
1 He asked if I knew where Kaya lived. · 2 She asked if I thought that Kaya would go to Mount Rushmore with Drew. · 3 He asked what I thought would happen next. · 4 She asked if I knew how many Lakota tribes there were. · 5 He asked if I knew how many people lived in Mobridge.

DIFFERENZIERUNG   `Early finisher`
Leistungsstärkere S lösen auf SB-Seite 143 ein Wörterrätsel. Anhand von Definitionen tauschen sie einzelne Buchstaben in gegebenen Wörtern aus und bilden daraus ein Lösungswort.

LÖSUNG
1 lo**s**e · 2 her**o** · 3 s**u**re · 4 **t**all · 5 **h**air · 6 **d**ust · 7 l**a**ke · 8 coo**k** · 9 go**o**d · 10 lif**t** · 11 f**a**rm
Lösungswort: South Dakota

➜ FöFo 4.3
➜ LAS 4.2

5 So what was your interview like? 💬

ERARBEITUNG
👥 **SB geöffnet.** Die S wenden verschiedene Fragen in der indirekten Rede in einem gelenkten Dialog an. Sie finden die Fragen auf SB-Seite 147 (Partner A/Drew) und SB-Seite 151 (Partner B/Bobby).

MUSTERLÖSUNG
A: Hi, how was your interview?
B: Hi, it was fine. Mrs. Hausmann was really friendly.
A: What did she ask you?
B: Well, at first she asked me what I could tell her about Germany. Luckily, I read a book about Germany last week so I could tell her quite a lot.
A: Oh, she asked me that exact same question too. I talked about German football because I'm very interested in it. Mrs. Hausmann also asked me why I wanted to go to Germany, so I told her that I was interested in that country and I wanted to practice my German in Germany … and of course that I wanted to play football there.
B: That's what she asked me too. I said that I liked German literature a lot and wanted to see the country where people had written the classics. Then she asked if I had been to Europe before. I told her that I hadn't. And she wanted to know how well I spoke German. I told her I had a B in my German class, so it should be OK. …

Weitere Differenzierung / Zusatz
Leistungsstärkere S können sich zusätzlich ein Interview mit ihrem Lieblingsstar ausdenken und darüber in der indirekten Rede berichten. Dies kann sowohl schriftlich in EA oder mündlich in PA durchgeführt werden.

➜ Workbook 12 (p. 49)
➜ LAS 4.2

Part B Practice   Unit 4

6 Life began to improve (The definite article)

ERARBEITUNG
a) SB geöffnet. Durch den Vergleich zweier Sätze leiten sich die S die Regel zur Verwendung des bestimmten Artikels im Englischen her. Zur Absicherung der Ergebnisse sollte anschließend *Grammar File* 10 bearbeitet werden.

➡ GF 10: The definite article
(pp. 186-187)

LÖSUNG
First sentence: There is no definite article before *life* because it is about life in general.
Second sentence: There is a definite article before *life* because it is about the life of a specific person.

ERARBEITUNG
b) SB geöffnet. Gemäß SB. Die Auswertung erfolgt im Plenum.

LÖSUNG
1 Horses are important in <u>the</u> life of the Lakota. · 2 People say life is full of surprises. · 3 At what age do kids in America go to school? · 4 MPHS is the name of <u>the</u> school Drew goes to. · 5 We know that pollution is a big problem. · 6 We have to stop <u>the</u> pollution of our oceans. · 7 Why do people eat so much chocolate? · 8 I know <u>the</u> people who live in this house. · 9 Ronaldo is a big name in the world of sport. · 10 Football is <u>the</u> sport that most kids play.

➡ FöFo 4.4
➡ LAS 4.4

7 You're going, aren't you? (Question tags)

NEUER WORTSCHATZ
ride *(AE)* · **choice** · **weekday**

ERARBEITUNG
a)/b) SB geöffnet. Gemäß SB.

➡ GF 9: Question tags
(pp. 185-186)

LÖSUNG

question	question tag	
You're going to the game,	aren't you?	→ Positive question tags are used when the verb in the question is in the negative form and vice versa.
Well, he could come too,	couldn't he?	
We have to support the Tigers,	don't we?	
We don't want them to lose,	do we?	
I said I'd ask him,	didn't I?	

ERARBEITUNG
c) SB geöffnet. Gemäß SB.

LÖSUNG
Kaya: Hey, what's up?
Bobby: … You're coming, <u>aren't you?</u>
Kaya: I'd love to come, but I don't have a ride.
Bobby: You can give her a ride, Drew, <u>can't you?</u>
Kaya: Oh, right, you have your dad's truck, <u>don't you?</u>
Drew: Er … yeah, I do, but –
Bobby: It wouldn't be a big problem, <u>would it?</u>
Drew: No, but –
Kaya: And you'll enjoy driving, <u>won't you?</u>
Bobby: OK, I'll see you at the stadium at seven.
Drew: I guess I don't have a choice, <u>do I?</u>

Weitere Differenzierung
Leistungsstärkere S erstellen einen eigenen Dialog mit Frageanhängseln.

➡ FöFo 4.4

Unit 4   Part B Practice

8 Can you open that door? (Stress and meaning) 🎧

ERARBEITUNG
a) SB geöffnet. Gemäß SB.

➡ Workbook 13–14 (p. 50)

LÖSUNG
When the word *you* is stressed, the sentence says that only you should open the door.
When the word *that* is stressed, the sentence says that one specific door should be opened.

ERARBEITUNG
b) SB geöffnet. Gemäß SB.

LÖSUNG
1b · 2a · 3a · 4b · 5a · 6b

➡ 2 ▶ 10 Transkript online

144

Background file EXTRA Mobridge for teens Unit 4

S. 87

NEUER WORTSCHATZ

°thinly · °populated · °graphic designer · °tubing · °inner tube ·
°tire · °fabulous · °tournament · °thick · °shack · °heating ·
°fridge · °buddy · °drive-in · °game · °department · °mainly ·
°(to) go after · °pheasant · °arena · °(to) strip down to · °bathing suit

➜ Interaktive Übungen zum Workbook 4.6

EINSTIEG

Die S stellen Vermutungen darüber an, welche Freizeitaktivitäten Jugendliche in Mobridge ausüben können.
L: Let's talk about things you can do in Mobridge. You know that Mobridge is quite a small town: about 3,500 people live there. Please tell us what you think teenagers can do in their free time. (S: They can go shopping at the mall. / They can do rodeo riding. / They can swim in the Missouri River. / They can drive around in their cars. / …)
Now, let's find out if your guesses are right.

ERARBEITUNG

a) 👥 SB geöffnet. Die S lesen die zwei Texte über Jugendliche und ihre Freizeitaktivitäten in Mobridge und vergleichen diese anschließend mit ihrer Heimatstadt.

MUSTERLÖSUNG

Mobridge is quite different from our hometown because Mobridge is so small. But some of their activities you can do here as well. Keri likes to draw and paint and she spends her free time on social media. This is very similar to what we do or can do here. In summer, we can't swim or go tubing in the river, though, because it's too dangerous and therefore it's not allowed. Also, there aren't any downtown dances, but when you're old enough, you can go to a disco here. If you want to go fishing, you have to drive quite a while to get to a lake and you need a permit to fish. That seems to be easier in Mobridge. …

ERARBEITUNG

b) SB geöffnet. Die S schreiben eine kurze Social Media-Nachricht an Keri oder Joey und erklären darin, was sie an Mobridge interessant finden.

MUSTERLÖSUNG

I am on Facebook a lot, so I would send Keri a message there. This is what I would write:
Hi Keri,
I'm a student from Germany and I read your text about Mobridge. Your summer activities sound like so much fun! If I have the chance to go to your town one day, I absolutely want to try out tubing on the Missouri River. That must be so awesome. Could you send me some photos of you and your friends tubing on the Missouri? That would be so great, thx!
Take care!
Yasmine

Alternative

Die S erstellen in Anlehnung an die Texte im *Background file* eine Beschreibung ihrer eigenen Freizeitaktivitäten und fügen Fotos hinzu. Diese präsentieren sie dann in einem ►*One-minute talk* oder einem ►*Gallery walk*.

➜ Workbook 15 (p. 51)

➜ FöFo 4.5

➜ Your task, SB-Seite 93

145

Unit 4   Part C

KOMMUNIKATIVE KOMPETENZEN

Die S können …

Lesen/ Hören: aus einem fiktionalen Text die Reaktionen und Emotionen der handelnden Personen herausfinden und deuten (SB-Seite 88, 1–2; SB-Seite 89, 6) · aus einem Text die Argumente für und gegen ein umstrittenes Monument herausarbeiten (SB-Seite 88, 4)

Schreiben: die Gefühle von Personen in einem inneren Monolog wiedergeben (SB-Seite 88, 3) · in einem kurzen Statement den eigenen Standpunkt für oder gegen den Besuch eines umstrittenen Monumentes beschreiben (SB-Seite 88, 5) · EXTRA kreativ mit einem fiktionalen Text umgehen und diesen unter Berücksichtigung ihrer Kenntnisse der handelnden Personen in Form eines Dialoges weiterschreiben (SB-Seite 89, 6)

Sprechen: Argumente für und gegen ein umstrittenes Monument in einer Liste zusammentragen und die Ergebnisse im Plenum vergleichen (SB-Seite 88, 5)

S. 88–89

TIPPS FÜR IHRE PLANUNG

In *Part C* stehen die verschiedenen Sichtweisen auf das umstrittene Monument von Mount Rushmore im Mittelpunkt. Im Lesetext (**1**) erklärt Kaya Drew, dass sie seine Einladung zu einem Ausflug dorthin nicht annehmen kann, weil das Monument einen Affront gegen die Lakota darstellt. Die S arbeiten die Gründe für Kayas Entscheidung heraus (**2a)**) und vergleichen Drews Stimmung mit seiner Stimmung im Text in *Part A* (SB-Seite 76), wobei sie seinen Stimmungswandel mit Hilfe von Textbeispielen belegen (**2b)**). Anschließend versetzen sie sich in Drews Lage und schreiben seine Gedanken in einem inneren Monolog auf (**3**). Im nachfolgenden Textteil lesen die S zwei kontrastierende Sichtweisen auf Mount Rushmore (**4**) und arbeiten daran die Argumente für und gegen die Wertschätzung dieses Denkmals heraus. Auf dieser Grundlage beschreiben sie, ob sie diesen Ort selbst besuchen wollen oder nicht (**5**). Abschließend finden die S anhand eines Hörtextes heraus, wie Drew auf Kayas Erklärungen reagiert und erklären, wie Kaya dies empfindet (**6**). Zusätzlich überlegen sie sich, was passieren wird, wenn sich Kaya und Drew in der Schule wiedersehen (EXTRA).

Sprachlich begegnen die S in *Part C* erstmals Aufforderungen in der indirekten Rede. Diese werden in *Part C Practice* eingeübt.

➔ FöFo 4.5

➔ Interaktive Übungen zum Workbook 4.7

---

1 Bad news for Drew

NEUER WORTSCHATZ

even though · chill · **(to) return** · **glum(ly)** · **insult (to)** · **sacred** · **disappointed (with)** · (to) **cause** · **not (…) any longer** · (to) **change your mind**

EINSTIEG

SB geschlossen. Die S beschreiben, in welchen Situationen ihre Eltern ihnen verboten haben, zu bestimmten Orten zu gehen. Diese Erfahrungen können sie bei der Auseinandersetzung mit den Inhalten von *Part C* mit den Erfahrungen der Lehrwerkscharaktere in Relation setzen und dadurch ein tieferes Verständnis dafür entwickeln. L: Have your parents ever forbidden you to go anywhere? Please tell us where you wanted to go and why your parents didn't allow it. (S: I wanted to go to a holiday camp, but my parents said it was too expensive. / I wanted to go to a party, but my parents said the party was too late in the evening. …)

ERARBEITUNG

SB geöffnet. Die S stellen anhand des Titels Vermutungen über den Textinhalt und die schlechten Nachrichten für Drew an. Anschließend lesen sie den Text und überprüfen ihre Vorhersagen.

➔ 2 ▷ 11 Audio online

Part C   Unit 4

2 Reasons 💬

ERARBEITUNG

a) SB geöffnet. Die S erklären, welche Entscheidung Kaya gefällt hat, welche Gründe sie dafür angibt, und wie Drew darauf reagiert.

LÖSUNG

Kaya says that she can't go to Mount Rushmore because it would make her family really angry. Her aunt told her that the Black Hills were sacred to her people and that Mount Rushmore was an insult to the Lakota, so she should never go there. Drew didn't know about that and he's disappointed that Kaya won't come. He wanted to do something fun with Kaya, not cause problems for her.

ERARBEITUNG

b) SB geöffnet. Die S vollziehen Drews Gefühlswelt nach und belegen die Veränderung seiner Stimmung mit Hilfe von Beispielen aus dem Text.

LÖSUNG

➜ FöFo 4.5

On page 76 Drew was in a really good mood, but now he's sad. One reason for that is the fact that he can't use his dad's truck anymore. Drew isn't happy that he always has to ask someone for a ride now (ll. 6-7 "Now, whenever he wanted to go somewhere, Drew would have to ask someone for a ride"). The main reason for his bad mood is the fact that Kaya won't come to Mount Rushmore with him and his family. He's disappointed (ll. 30-31 "Kaya sighed as she looked into Drew's disappointed face") and maybe he feels guilty for making an inappropriate offer to Kaya (ll. 33-34 "I asked you to come because I thought it would be fun. I don't want to cause any problems"). After their conversation, he wants to walk home alone.

3 Drew's thoughts ✏️

ERARBEITUNG

SB geöffnet. Die S versetzen sich in Drews Lage und überlegen, ob sie zu Mount Rushmore fahren oder ob sie mit Kaya in Mobridge bleiben würden. Dazu schreiben sie Drews inneren Monolog auf seinem Heimweg.

MUSTERLÖSUNG

This sucks! I thought inviting Kaya to Mount Rushmore was a great idea. Now I've made a fool of myself and even insulted her family. That's not what I wanted. I wanted to do something fun with her and I was really looking forward to visiting Mount Rushmore. And I wanted to see my brother again! If I go, I might really hurt Kaya. She told me it was an insult to the Lakota. Maybe she won't like me anymore if I go. So it isn't worth the risk! If I stay here, it'll be one boring weekend, though. Dad's got the car, so I can't even go anywhere! What a mess of a day!

DIFFERENZIERUNG `More help`

➜ FöFo 4.5

Leistungsschwächere S arbeiten auf SB-Seite 137. Dort finden sie eine Tabelle mit Pro- und Kontra-Argumenten als inhaltliche Anregung. Zudem wird die Verwendung des *conditional I* empfohlen und mit Beispielsätzen unterstützt.

147

Unit 4 Part C

4 Mount Rushmore: For and against

NEUER WORTSCHATZ
(to) **attract** · **more than in any other place** · **giant** · **fairly** · **patriotism** · **taxpayer +tax** · **service** · **however** · **heartless** · **extremely** · **office** · (to) **spray** · **graffiti** · (to) **blow sb. away, blew, blown** · **wonderful** · **hardly** · **surprising** · (to) **be dedicated to** · **part** · (to) **gaze** · **strength** · **ceremony** · amphitheatre · **national anthem** · **floodlight** · **cloudless** · **pride (in** sth.**)**

ERARBEITUNG
Die S lernen anhand von Erfahrungsberichten zwei unterschiedliche Sichtweisen auf Mount Rushmore kennen.

ERARBEITUNG
Auf der *English G Access*-Website finden die S Material zum Crazy Horse-Monument der Lakota.

➔ www.englishg.de/access

5 Different opinions

ERARBEITUNG
SB geöffnet. Die S sammeln die in **4** genannten Pro- und Kontra-Argumente in einer Tabelle und vergleichen sie im Plenum.

➔ Interaktive Übungen zum Workbook 4.7

LÖSUNG

Mount Rushmore	
Reasons for liking it	Reasons for not liking it
It's an impressive work of art.	It's on land that's sacred to the Lakota.
The presidents it portrays played a part in building the United States.	It's on land that was promised to the Lakota forever in 1868, but taken away from them (because gold was found there).
Seeing it makes people proud to be American.	The presidents it portrays helped to steal the land from the Native Americans and kill them.
It's a symbol of the building and strength of the USA.	It's extremely offensive to Native Americans.

ERARBEITUNG
SB geöffnet. Die S schreiben eine Stellungnahme dazu, ob sie Mount Rushmore besuchen würden und lesen sie in der Klasse vor.

💬 **Alternative**
Die S können alternativ eine Stellungnahme in Form eines Podcast aufnehmen und anschließend der Klasse vorspielen.

➔

➔ FöFo 4.5

MUSTERLÖSUNG
One of the U.S. sights I have always wanted to visit was Mount Rushmore. The four giant heads always have seemed like one of the most amazing symbols of America to me. I have often imagined myself standing right in front of the sculptures and just staring at them in amazement. What I haven't thought about was the fact that everything comes at a price.
And Mount Rushmore comes at a high price. Since the four presidents' heads are carved into a mountain that is sacred to Native Americans and was first promised to and then stolen from them, it's rather a memorial to loss, pain and disrespect. If somebody destroyed a place that is sacred to me, I would feel offended too. I wouldn't visit Mount Rushmore. I just couldn't enjoy being there. I think it would be good to change the way the memorial is presented. You cannot change the sculptures back into the original mountain, but you can tell both sides of the story to the people who go to Mount Rushmore. That would be more respectful. I would probably visit the monument then.

Part C   Unit 4

6 Where's Drew? 🎧

ERARBEITUNG

1./2. Hören. Die S finden heraus, welche Entscheidung Drew nach dem Gespräch mit Kaya getroffen und welche Konsequenzen diese für Drew hat.

➜ 2 ▶ 12 Transkript online

LÖSUNG

Kaya meets Bobby at the supermarket. He tells her that Drew isn't in Rapid City, but is staying with his uncle in Pollock. Drew had told his parents that he would go to Rapid City, but didn't want to go to Mount Rushmore because it was on sacred land of the Lakota. So his father said that he couldn't go at all. Now Drew is grounded and is staying at his uncle's house. Kaya is really surprised to hear this and calls Drew, but they're interrupted by Drew's uncle.

ERARBEITUNG EXTRA

👥 **SB geöffnet.** Die S versetzen sich in die Lage von Kaya und Drew; sie schreiben einen Dialog darüber, wie das Wiedersehen der beiden in der Schule aussehen könnte, und spielen diesen anschließend vor.

MUSTERLÖSUNG

Kaya: Hi Drew. How are you?

Drew: Hi Kaya. Fine, thanks.

Kaya: Listen, I wanted to thank you for not going to Mount Rushmore. I was really impressed when I heard what you told your family. You're really a great guy.

Drew: Thanks. I really didn't want to offend you.

Kaya: Bobby told me that you were even grounded for the weekend.

Drew: Yeah … I wanted to do something fun with you, but instead I had to stay at my uncle's and couldn't do anything. So boring.

Kaya: Maybe we can do something fun tomorrow. Do you want to go tubing on the Missouri?

Drew: That sounds great. Let's do that!

AUSWERTUNG

Die S führen ihre Dialoge in der Klasse vor und bekommen von ihren Mit-S Rückmeldung darüber, was an ihren Dialogen besonders gut gelungen ist.

➜ Workbook 16 (p. 51)

➜ FöFo 4.5

Unit 4   Part C Practice

S. 90

TIPPS FÜR IHRE PLANUNG
In *Part C Practice* üben die S die Bildung von Aufforderungen in der indirekten Rede ein (**1**). Anschließend trainieren und erweitern sie ihren Wortschatz, indem sie die Verwendung von Gradadverbien üben (**2**) und Adjektive durch das Anhängen von *-ful* und *-less* an bestehende Nomen bilden und diese mit passenden Worten kombinieren (**3**).

➜ FöFo 4.4
➜ FöFo 4.3
➜ LAS 4.3

1 Drew's dad told him to hurry up (Indirect speech: *ask, tell, advise, suggest*)

EINSTIEG
L macht die S mit Aufforderungen in der indirekten Rede vertraut, indem sie eine Reihe von Aufforderungen in direkter und indirekter Rede sprechend präsentiert und anschließend Beispiele an der Tafel notiert. L: Yesterday I visited a friend who had asked me to come and help her to prepare for her daughter's birthday. She had asked: "Can you please come and help me to prepare for my daughter's birthday?" So I went there and she told me to decorate the living room first. She said: "Please decorate the living room first." After I had decorated the living room, she asked me to bake 20 cupcakes. She said: "Please bake 20 cupcakes." When I took the cupcakes out of the oven, my friend suggested decorating them with colourful sugar. She said: "You could decorate the cupcakes with colourful sugar." So I did that. Then she told me to go to the supermarket and buy some sweets. She asked: "Can you please go to the supermarket and buy some sweets?" So I went to the supermarket and bought sweets so the party could start. (An dieser Stelle kann L auch Süßigkeiten an die S verteilen.) L schreibt zwei Aufforderungen in der indirekten Rede an die Tafel und fordert die S auf, diese in die direkte Rede umzuformen. Die korrekten Antworten werden an der Tafel notiert. Anschließend fordert L die S auf, eine passende Überschrift für das TB zu nennen.

Indirect speech: commands and requests	
She told me to buy sweets.	"Please buy some sweets."
She asked me to decorate the room.	"Can you decorate the room please?"
She suggested decorating the cupcakes.	"You could decorate the cupcakes."

ERARBEITUNG
SB geöffnet. Gemäß SB. Vor der Bearbeitung lesen die S den *TIP* auf SB-Seite 90.

➜ GF 8.3: Indirect speech (pp. 184-185)

MUSTERLÖSUNG
1 Drew's dad told him to hurry up. · 2 He suggested inviting Kaya for dinner. · 3 He told him to clean out the truck. · 4 He asked Drew to help him in the garden that evening. · 5 Drew's mom advised him to go to bed a bit earlier if he felt tired. · 6 She asked him to help her carry a box. · 7 She told him not to forget his grandma's birthday. · 8 She suggested sending her a nice card. · 9 She told Drew to get a weekend job if he needed more money. · 10 She told Drew not to leave his dirty socks on the floor.

DIFFERENZIERUNG `Early finisher`
Leistungsstärkere S schreiben ähnliche Sätze wie in **1** über sich selbst.

MUSTERLÖSUNG
My dad asked me to help in the garden. · My teacher told me to do this exercise. · My friend suggested going to the football match on the weekend. · Leon advised me to take my umbrella with me.

➜ FöFo 4.3
➜ LAS 4.3

Part C Practice   Unit 4

2 A bit, completely, extremely … (Adverbs of degree)

ERARBEITUNG
SB geöffnet. Gemäß SB.

LÖSUNG
1 extremely · 2 nearly · 3 just · 4 fairly · 5 so · 6 hardly · 7 especially

➜ GF 11: Adverbs (pp. 188-189)

➜ FöFo 4.4

3 WORDS A colourful picture (Adjectives with -ful and -less)

ERARBEITUNG
a) SB geöffnet. Die S bilden durch das Hinzufügen von Endsilben Adjektive aus gegebenen Nomen. Anschließend vernetzen sie diese neuen Wörter mit bereits bekannten Nomen in einer Liste.

MUSTERLÖSUNG
colourful: clothes, report, picture, garden, bird, history
eventful: week, day, trip
respectful: behaviour, teenager
restful: holiday, sleep, weekend
successful: manager, day
tasteful: clothes, furniture
airless: climate, room, night
endless: day, story, list
homeless: man, people
moonless: night, sky
rainless: climate, week, day, desert
sleepless: night

DIFFERENZIERUNG `More help`
Leistungsschwächere S arbeiten auf SB-Seite 137. Dort wird ihnen eine Auswahl an Nomen bereitgestellt, die sie den gebildeten Adjektiven hinzufügen können.

ERARBEITUNG
b) 👥 SB geöffnet. Die S vergleichen ihre Ergebnisse und ergänzen bzw. korrigieren ihre Listen dabei ggf.

DIFFERENZIERUNG `Early finisher`
Leistungsstärkere S arbeiten auf SB-Seite 144. Dort können sie zwischen zwei Aufgaben wählen: Zeitungsüberschriften durch die in **3** gebildeten Adjektive vervollständigen oder Synonyme für bestimmte Wörter durch das Hinzufügen einer passenden Endung zu gegebenen Nomen finden.

➜ Workbook 17–19 (pp. 52–53)

➜ FöFo 4.4

151

Unit 4 ▶ The world behind the picture

S. 91

TIPPS FÜR IHRE PLANUNG

In diesem Unit-Teil steht die Arbeit mit einem Film im Mittelpunkt. Die S finden sich zunächst mit Hilfe eines Bildes in die Stimmung des Kurzfilms *Bloodlines* (2014) ein und erarbeiten anhand des Filmbeginns grundlegende Informationen über die Charaktere (**1a**). Anschließend sehen die S den kompletten Film und arbeiten dessen Handlung heraus (**1b**). Danach setzen sie sich mit der Gefühlswelt der Filmcharaktere auseinander und schreiben einen Dialog zwischen den zwei Hauptcharakteren (**1c**). Im Nachfolgenden lernen die S unterschiedliche Einstellungsgrößen kennen und erarbeiten deren Funktion (**2**). Dieses Wissen wenden sie abschließend bei der Planung eines eigenen Kurzfilms mit Hilfe von KV 15 an.

📄 KV 15: A short

> **INFO-BOX**
>
> **Bloodlines** (USA, 2014) by Christopher Nataanii Cegielski is a short film (11 min.). Without using any words, the film tells a story of inner conflicts and the search for identity in the context of Native American traditions.
>
> **Christopher Nataanii Cegielski**, a Navajo from Flagstaff, Arizona, graduated from the University of Arizona with a bachelor's degree in fine arts in 2014. Cegielski was widely acclaimed for his short film *Bloodlines*, due to which he earned a Sundance fellowship, which offers mentoring, grants, readings and opportunities to young filmmakers.
>
> **Shots** are frames in filmmaking created by camera placement and angle. **A long** shot shows a view of a situation or setting from a distance. In a long shot, a wide view of the area is given. It is usually used to express where the action takes place. A **medium shot** shows a person down to the waist. Medium shots are often used to express what is happening and who is involved. A **close-up** is a full-screen shot of a person's face. This shot shows the finest nuances of expression. It is used to express the feelings of a character and makes their reasons for specific actions visible.

EINSTIEG

L schreibt *Bloodlines* an die Tafel. Anhand des Titels äußern die S Vermutungen über den Inhalt des Films.

L: This is the title of a film. What do you think this film might be about?

(S: a trace of blood after a crime / family and ancestors that share the same blood / a series of tragic events / …)

1 Bloodlines

NEUER WORTSCHATZ
relationship

ERARBEITUNG

a) SB geöffnet. Die S beschreiben zunächst anhand eines *stills* die Stimmung zwischen den Charakteren. Anschließend sehen sie den Anfang des Kurzfilms und nennen weitere Informationen, die sie über die dort dargestellte Familie herausgefunden haben.

MUSTERLÖSUNG

In the picture, the mood between the characters doesn't seem to be good. They don't look happy. They're eating without looking at each other.

The father and the two sons live on a farm together. They're having a meal without talking to each other. There doesn't seem to be a mother and their farm looks quite small and far away.

ERARBEITUNG

b) SB geöffnet. 1. Sehen. Die S machen sich während des Sehens Notizen zur Handlung.

🎥🎥 Anschließend vergleichen und ergänzen sie ihre Notizen.

152

The world behind the picture   Unit 4

LÖSUNG

- The two boys find a dead calf in a pool of blood.
- Their father starts watching them from the distance; he clearly hasn't seen the dead calf yet.
- The boys stop staring at the calf and start repairing stone walls and fences of their farm.
- The boys are having a fun fight. When the older boy pushes his brother to the ground, the father hits him in the face and then beats him with his belt.
- At night, they hear the cows mooing nervously; the father goes outside and fires several shots into the darkness; the boys watch through the window.
- In the morning, the father is sleeping sitting next to the window and still holding his gun. The boys take the gun and go outside.
- They walk through a rocky landscape and lie down on a rock next to a river in search of something.
- After some time, a coyote appears and the older brother points the gun at it. He watches the coyote but doesn't shoot.
- Then he unloads the gun and looks away. Suddenly there is a gunshot: the younger brother has shot the animal.
- The older brother cries "No!" and runs to the coyote. He sits down next to it and strokes it.
- Later, the brothers walk home to their waiting father, carrying the dead animal with them.
- The father looks at them carrying the dead coyote. Then he gives the older boy a friendly pat on the shoulder and together they walk towards their house.

ERARBEITUNG

c) SB geöffnet. 👥 Die S diskutieren, welche Gefühle die einzelnen Charaktere des Films zu einander haben. Anschließend schreiben sie mit Hilfe zweier *film stills* einen Dialog zwischen dem Vater und dem älteren Jungen, in dem diese ihre Gefühle ausdrücken.

MUSTERLÖSUNG

Father: I was worried. Why didn't you tell me that you were leaving?

Son: We wanted to make things right. We wanted to kill that coyote to earn your respect and make you proud of us.

Father: I am proud of you, son. Have always been. You've learned from your mistakes and you took responsibility. …

2 Making the film: Shots

NEUER WORTSCHATZ

long shot · medium shot · close-up

ERARBEITUNG

a) SB geöffnet. Gemäß SB.

LÖSUNG

In the long shot, you can see the whole landscape: the two boys on sandy earth in the foreground, rocks and bushes in the center, sunlit mountains in the background.

In the medium shot, you can see the backs of the two boys from head to waist. They are lying on rocks and watching the grassland and river in front of them. Parts of the landscape around them can be seen.

In the close-up, you can see the face of the older boy lying down and looking sad.

153

Unit 4 ▷ The world behind the picture

ERARBEITUNG

b) SB geöffnet. Die S ordnen die drei gegebenen Definitionen der jeweils passenden Einstellungsgröße zu. Anschließend spielt L den Films noch ein bis zwei Mal vor und die S suchen Beispiele für diese drei Einstellungsgrößen heraus.

LÖSUNG

1 Long shot: This shot helps us to understand where the action takes place. (e.g. at 00:21, 01:47, 05:33 and 09:16)
2 Medium shot: This shot tells us more about the situation the characters are in. (e.g. at 00:38, 01:30, 02:52 and 06:11)
3 Close-up: This shot shows the feelings of one of the characters. (e.g. at 01:01, 02:33-02:44, 03:06, 07:54 and 10:09)

Zusatz

KV 15: A short film. Die S beschäftigen sich zunächst aus einer anderen filmischen Perspektive (*voice-over*) mit *Bloodlines*. Anschließend planen sie mit Hilfe eines Leitfadens einen eigenen Kurzfilm.
Musterlösung
2 The Mohawk have a saying: Remember that your children are not your own, but are lent to you by the Creator. If you are lent something, you treat it with care. Let me tell you a story about a father who had to be reminded of it. This is Hokee having lunch with his two boys. Hokee is not a man of many words …

📖 **Text   Unit 4**

KOMMUNIKATIVE KOMPETENZEN

Die S können …

Hören: einer Erzählung nordamerikanischer Ureinwohner folgen und sich den Inhalt auch durch Notizen erschließen (SB-Seite 92, 1) · sich während des Hörens ein Bild von den Charakteren in der Erzählung machen und diese zeichnen oder schriftlich beschreiben (SB-Seite 92, 2a) und 2b))

Sprechen: sich über ihre Vorstellung von den Charakteren einer Erzählung mit Hilfe ihrer Zeichnungen oder schriftlichen Notizen austauschen (SB-Seite 92, 2c)) · sich über die Moral einer Erzählung austauschen und diese diskutieren (SB-Seite 92, 3)

METHODISCHE KOMPETENZEN

während des Hörens Notizen erstellen oder ein Bild malen (SB-Seite 92, 2a) und 2b))

S. 92

TIPPS FÜR IHRE PLANUNG

Im *Text* von Unit 4 lernen die S eine traditionelle Geschichte der Mi'kmaq/ Maliseet kennen, in der es um die Verteilung von Wasser geht. Nachdem sich die S durch die Absicherung von Wortschatz und das Anstellen von Vermutungen über den Inhalt vorbereitet haben, hören sie die Geschichte an und erarbeiten deren Handlung, indem sie Sätze zu ihrem Inhalt in die richtige Reihenfolge bringen (**1a**)) und sich Detailinformationen dazu notieren (**1b**)). Anschließend machen sie sich ein Bild der Hauptcharaktere, indem sie diese zeichnen oder sich Notizen zu deren Aussehen machen. Sie diskutieren ihre Ergebnisse (**2**) und erarbeiten dann kooperativ die Moral der Geschichte (**3**). Abschließend setzen sie sich im *Access to cultures* mit der Kultur des Geschichtenerzählens auseinander.

➔ FöFo 4.6

➔ Interaktive Übungen zum Workbook 4.8

📄 **KV 16A/B: Text: Koluscap and the water monster.** Die doppelseitige KV bietet eine Zusammenstellung der neuen Vokabeln zum Lernen. Darüber hinaus finden die S dort Sätze, mit Hilfe derer sie die Verwendung der neuen Vokabeln üben können.

Koluscap and the water monster

NEUER WORTSCHATZ

bullfrog · creator · (to) **crush** · **dam** · **filthy** · **messenger** · (to) **pray** · **prayer** · (to) **squeeze** · (to) **take pity on** sb. · **moral** · **storytelling** · **among**

ERARBEITUNG

SB geöffnet. Die S bereiten sich auf das 1. Hören der Geschichte vor, indem sie dafür benötigten Wortschatz erklären und anhand der gegebenen Wörter und des Titels Vermutungen über den Inhalt anstellen.

LÖSUNG

Word	Translation	Explanation
bullfrog	Ochsenfrosch	a bullfrog is a very big frog
creator	Schöpfer	someone who made the world and all living things in it
(to) crush	zerdrücken	destroy something by pressing it
dam	Staudamm	a wall in a river to stop the water
drought	Dürre	a period of time in which no rain falls and the ground dries out
filthy	dreckig	dirty
messenger	Bote/Botin	someone who brings messages
mud	Schlamm	wet dirt or soil
(to) pray	beten	ask God for help, talk to God
prayers	Gebete	messages sent to God
(to) squeeze	quetschen	push or press something
(to) take pity	sich erbarmen	feel sorry for sb. and help them
warrior	Krieger/in	person/soldier who fights in a war

Hinweis

Die ebenfalls in der Geschichte vorkommenden Wörter *club* (Knüppel), *cedar tree* (Zeder), *birch tree* (Birke) und *pine tree* (Kiefer) können ggf. auch vorab von L erklärt werden.

155

Unit 4 Text

1 The story 🎧

ERARBEITUNG

a) SB geöffnet. 1. Hören. Die S hören die Geschichte und schreiben anschließend die Sätze aus dem SB in richtiger Reihenfolge auf die linke Hälfte eines Blattes bzw. einer Heftseite. L weist die S darauf hin, zwischen den Sätzen genug Platz für weitere Informationen zu lassen, die auf der rechten Seite hinzugefügt werden.

→ 2 ▶13 Transkript online

b) SB geöffnet. 2. Hören. 👥 Die S notieren weitere Informationen zur Handlung auf der rechten Seite ihres Blattes. Anschließend vergleichen sie ihre Ergebnisse und erklären sich gegenseitig Inhalte, die sie nicht verstanden haben.

→ 2 ▶13 Transkript online

LÖSUNG
a)/b)

→ FöFo 4.€

1 There was a drought.	The rain stopped falling. Streams stopped flowing. Life became very hard for the people in the village at the river.
2 The village people sent a messenger to find out why there was no water.	There was a dam across the stream. There were guards on the dam. They said their chief was keeping the water for himself.
3 The village people sent warriors to destroy the dam.	The messenger was sent back to get water. He only got a cup of mud. That made the people angry and they decided to fight.
4 The warriors were killed by the monster.	A great monster rose out of the water. It crushed the warriors with its fingers. One warrior escaped and told the people about it. The people prayed to the Creator / Gitchee Manitou for help.
5 The Creator sent Koluscap to help the village people.	The Creator took pity on the people. Koluscap took the shape of a tall warrior. He walked to the dam and saw all the dead animals. Koluscap asked for water. He only got a half-full cup of dirty water. He got angry. Koluscap grew very tall and destroyed the dam.
6 Koluscap squeezed the water monster.	Koluscap rubbed the monster and it grew small. He said it was a bullfrog now and put it back in the stream. When the water flowed past the village again, some people were so happy they jumped into the stream and became fish and other water creatures.

Text   Unit 4

2 The characters 🗩

ERARBEITUNG [You choose]

a)/b) SB geöffnet. 3. Hören. Die S machen sich während des Hörens ein Bild von dem Wassermonster und von Koluscap. Dazu malen sie entweder ein Bild von den Figuren oder machen sich Notizen zu deren Aussehen.

→ 2 ▶13 Transkript online

MUSTERLÖSUNG

The monster: giant mouth, huge and yellow belly, long fingers like roots of cedar trees, big greenish-brown body, covered in mud, big and round eyes, like a giant frog

Koluscap: a tall warrior, head and shoulders taller than a person, half of his face is painted black, the other half white, an eagle on his right shoulder, a black wolf and a white wolf by his side, holds a club in one hand, dressed in leather, long black hair

ERARBEITUNG

c) 👥 **SB geöffnet.** Die S vergleichen ihre Eindrücke von den beiden Charakteren und werten diese anhand ihrer Zeichnungen bzw. Notizen in einer Diskussion aus.

→ FöFo 4.6

3 The moral of the story 🗩

ERARBEITUNG 🧩

SB geöffnet. Die S erarbeiten die Moral der Geschichte im ► *Think-Pair-Share*-Verfahren.

MUSTERLÖSUNG

In the story, people and animals face death, because one creature wants to keep all the water for itself. The Creator sends a warrior to make sure every creature gets water.

We think the moral of the story is that you cannot own a part of the world you live in. You have to share it with all creatures, or you will cause pain and death. Therefore, it is important to take only as much as you need, and not take away what others need to survive.

→ FöFo 4.6

🌐 Access to cultures: Storytelling among Native Americans

ERARBEITUNG

SB geöffnet. Die S lesen einen Text über die Kultur des Geschichtenerzählens und stellen anschließend einen persönlichen Bezug zur Funktion von Legenden bzw. Geschichten her, indem sie Dinge nennen, die sie durch das Hören oder Lesen von Geschichten gelernt haben.

Zusatz

Die S schreiben eine eigene Geschichte mit einer Moral, die einen Bezug zu ihrer eigenen Lebenswelt hat.

→ Workbook 20 (pp. 53)

→ Workbook Checkpoint 4 (pp. 54–57)

157

Unit 4   Your task

S. 93

A presentation: Introduce yourself to your American class

EINSTIEG

SB geöffnet. Die S lesen den Arbeitsauftrag und sammeln gemeinsam Kriterien, die bei der Bearbeitung der Aufgabe zu beachten sind.

L: Now, it's your turn to prepare an introduction of yourself to an American class. Please read the task at the top of page 93 and explain what exactly you need to do. (S: We need to introduce ourselves with interesting information about our life, for example about our hobbies or interests. / We should tell them something about the place where we live. / It would be interesting for a class from South Dakota to hear about things that are different in Germany. / …)

ERARBEITUNG STEP 1

Die S sammeln Ideen für ihre Vorstellung nach den Vorgaben im SB.

➔ SF 23: Ordering and structuring vocabulary (p. 168)

ERARBEITUNG STEP 2

Die S suchen die englischen Worte für unbekanntes, für ihre Vorstellung benötigtes Vokabular heraus.

ERARBEITUNG STEP 3

Die S strukturieren die gewählten Inhalte für ihre Vorstellung in Einleitung, Hauptteil und Schluss. Dazu erstellen sie entweder ein *Crib sheet* oder notieren sich die Informationen auf nummerierte Karteikarten.

➔ SF 4: Structuring texts (p. 155)

ERARBEITUNG STEP 4

Die S suchen Bilder zur Illustration der Themen, über die sie sprechen wollen, heraus.

ERARBEITUNG STEP 5

Die S überlegen sich Formulierungen, mit denen sie sich vorstellen, durch ihre Präsentation führen und Überleitungen zwischen den Themen gestalten können.

ERARBEITUNG STEP 6

Die S üben ihre Vorstellung ein.

👥 Anschließend präsentieren sie ihre Vorträge und geben sich Feedback dazu.

KV 2: Giving feedback on a presentation.

Zusatz

Die S wählen in ihren Gruppen die jeweils gelungenste Präsentation aus, welche anschließend im Plenum präsentiert wird.

➔ SF 16: Giving a presentation (p. 164)

➔ Giving feedback to your classmates (p. 264)

➔ Workbook Wordbank 7, 8

➔ FöFo 4.5

➔ VAS 4.1, 4.2

➔ LM Unit 4

Unit 5

In the Southwest

Die Unit 5 ist für das 9-jährige Gymnasium fakultativ zu bearbeiten.

Sprechabsichten	Fotos beschreiben (SB-Seite 94) · einen selbst erdachten Slogan präsentieren (SB-Seite 95) · Stellung zum Thema Kinderarbeit beziehen (SB-Seite 99) · auf deutscher Textgrundlage einen Feiertag beschreiben (SB-Seite 107, c))
Schreibanlässe	Einen kurzen Text über eine Landschaft verfassen (SB-Seite 94) · einen Dialog auf einer Textgrundlage ausarbeiten (SB-Seite 102) · ein Gedicht schreiben (SB-Seite 104) · eine Inhaltsangabe verfassen (SB-Seite 105) · eine formal angemessene E-Mail verfassen (SB-Seite 106) · einen persönlichen Brief verfassen (SB-Seite 109, 4)
Language skills	**Grammatische Strukturen:** *REVISION Relative pronouns · Participle clauses · Relative clauses and contact clauses · EXTRA Non-defining relative clauses · EXTRA Relative clauses that refer to a whole clause* **Wortfelder:** *Preferences* **Mediation course:** *Using your skills* (SB-Seite 107)
Study skills	**Writing a summary.** Modelltexte zunächst beurteilen und dann eine eigene Inhaltsangabe verfassen (SB-Seite 105)
Kooperative Lernformen	*Think-Pair-Share* (SB-Seite 95, 2) · *Partner A and B activity* (SB-Seite 97, 2, 3) · Jigsaw (SB-Seite 106, 5)
Hör-/Sehverstehen: The world behind the picture	**My part-time job:** *Film stills* nutzen um Vermutungen über eine Szene anzustellen oder um verschiedene Filminhalte zu vergleichen (SB-Seite 98, 1) **More part-time jobs:** *Film stills* nutzen um verschiedene Filminhalte zu vergleichen (SB-Seite 98, 2) **Sara and Marcos:** *Film stills* nutzen um Vermutungen über eine Szene anzustellen oder um verschiedene Filminhalte zu vergleichen (SB-Seite 98, 3) **Life on the farm:** über Kinder- und Jugendarbeit reflektieren und dazu Stellung nehmen (SB-Seite 99, 4) **The right work for children?:** über Kinder- und Jugendarbeit reflektieren und dazu Stellung nehmen (SB-Seite 99, 5) **Making the film: Elements of a documentary:** Elemente und Techniken des Dokumentarfilms kennenlernen und sagen können, welche für das Verständnis hilfreich sind (SB-Seite 99, 6)
Access to cultures	**Student jobs.** Sich mit dem Thema Schülerjobs in den USA vertraut machen, zu Deutschland vergleichen und begründen, weshalb man eher Freiwilligenarbeit oder bezahlte Jobs annehmen würde (SB-Seite 98)
Portfolioarbeit: MyBook	Ein Wissens-Quiz über den Südwesten der USA erstellen (SB-Seite 101, c)) · einen Brief als Erfahrungsbericht schreiben (SB-Seite 109, 4a) · einen Brief mit Informationen über einen amerikanischen Feiertag schreiben (SB-Seite 109, 4b))
Lernaufgabe: Your task	**A trip to the American Southwest.** Eine Klassenfahrt in den Südwesten mit interessanten Unternehmungen planen (SB-Seiten 112–113)

Unit 5   Lead-in

KOMMUNIKATIVE KOMPETENZEN
Die S können …
Sprechen: ein Foto einer Landschaft beschreiben und inhaltlich auswerten (SB-Seite 94, 1a))
Hören: einem Hörtext Informationen entnehmen, während des Hörens Notizen machen und sie anschließend mit einem Partner vergleichen (SB-Seite 94, 1b), c))

METHODISCHE KOMPETENZEN
Mithilfe der ▶*Think-Pair-Share*-Methode einen Werbe-Slogan entwerfen, der eine Region bewirbt, und in der Klasse präsentieren (SB-Seite 95, 2)

S. 94–95

TIPPS FÜR IHRE PLANUNG
Unit 5 begleitet die S in den kulturell und landschaftlich äußerst vielseitigen Südwesten. Unter diesem Oberbegriff, der selbst nicht eindeutig definiert ist, werden hier die Staaten New Mexico, Arizona, Nevada, Utah, Colorado sowie Teile von Kalifornien und Texas verstanden. Im *Lead-in* nähern sich die S dieser Region über einen Bildimpuls und einen Hörtext an (**1**). Das erworbene landeskundliche Wissen wird anschließend in einer kreativen Aufgabe (**2**) umgewälzt: Hier entwerfen die S einen Werbeslogan für den amerikanischen Südwesten.

➔ Your task, SB-Seite 112–113

➔ FöFo 5.

➔ Interaktive Übungen zum Workbook 5.1

INFO-BOX
The **Navajo Nation's Monument Valley Park** in Utah and Arizona is one of the most photographed places on earth. Its characteristic features are the majestic sandstone formations reaching a height of up to 1,000 feet (305 m). They are the result of millions of years of erosion by water and wind, uplift and some volcanic activity. Navajo people have been living in Monument Valley for many generations and have preserved their traditional way of life. Visitors are allowed inside the park. They can drive along a self-guided road or join guided tours with Navajo tour operators.

---

1 On the way to Santa Fe

EINSTIEG
SB geschlossen. L aktiviert in einem möglichst lebendigen UG das Vorwissen der S über den *American Southwest*. Hierfür empfiehlt es sich, eine große Karte der USA bereitzuhalten. Es kann auch mit dem *Kaleidoscope* auf den SB-Seiten 30–31 gearbeitet werden. L: From today on, we'll be travelling in one of America's most spectacular regions, the Southwest. Has anyone ever been to the Southwest? (S: …) Let's look at this map. Can you find the Southwest on this map? (S zeigen die Region auf der Karte.) Which states make up the American Southwest? (S: New Mexico, Arizona, Nevada, Utah, parts of California and Colorado) Which famous cities are located in the Southwest? (S: Las Vegas, Phoenix, Tucson, Albuquerque, Santa Fe …) Can you name any of the famous national parks there? (S: Grand Canyon, Zion, Bryce Canyon, Mesa Verde, Monument Valley …) Zum Abschluss leitet L über: Let's go mind-travelling to the American Southwest.

➔ Realia: große Karte der USA

➔ Kaleidoscope, SB-Seiten 30–31

ERARBEITUNG
a) SB geöffnet. Gemäß SB.

Weitere Differenzierung
L hält weitere Adjektive bzw. Satzanfänge zur Hilfe bereit:
I find it awesome/beautiful/impressive/thought-provoking/fantastic/fascinating …
I find it scary/shocking/horrifying/worrying/puzzling/dull/boring …

160

Lead-in   Unit 5

AUSWERTUNG

Die Lösungen werden in PA verglichen und ggf. ergänzt, dann im Plenum (ggf. an der Tafel) geordnet zusammengetragen.

MUSTERLÖSUNG

> **In the Southwest: Monument Valley**
>
> landscape: desert, red rocks, cliffs, sand, desert plants …
>
> climate: very dry, very hot (in summer), cloudless sky, windy …
>
> people: only a few people seem to live there
>
> activities: → home to Navajo people
>
> …   → popular tourist attraction
>
>   walking, climbing, sightseeing …
>
>   …

ERARBEITUNG

b) SB geschlossen. 1. Hören. L: Let's listen to some people on a trip in the region. When you listen for the first time, please write down the names of the places you hear. **2. Hören.** When you listen for the second time, make notes on what you find out about these places.

ERARBEITUNG

c) 👥👥 **SB geschlossen.** Gemäß SB.

AUSWERTUNG

Die S vergleichen ihre Notizen mit der Musterlösung, die L auf einer Folie bereithält. Fehlende Informationen werden ergänzt, falsche Informationen verbessert. Zum Abschluss fragt L nach den Namen der Touristen. L: By the way, do you remember the names of the tourists? (S: David and his son, Dan and his daughter.)

MUSTERLÖSUNG

→ 2 ▶ 14   Transkript online

Weitere Differenzierung

Um das globale Hörverstehen (1. Hören) zu erleichtern, betrachten S die Karte auf SB-Seiten 30–31 (Kaleidoscope) und verfolgen die Reiseroute der Touristen mit.

Hinweis: Die Namen der Kinder (Tyler und Hailey) sind bisher noch nicht bekannt.

→ FöFo 5.1

→ Your task, SB-Seite 112–113

Las Vegas	Grand Canyon	Monument Valley	Taos
– casinos – hotels – the Strip (main road, lights, looks like Times Square) – in Nevada – on Pacific Time	– 4,000 feet deep – Colorado River – Grand Canyon skywalk	– one of the most photographed places on earth – red sandstone (buttes) (1,000 feet tall) – Visitor Center and Museum: open from 6 to 8 pm seven days a week, admission: $10 per person – activities: 17-mile road drive; 3-mile trail walk	– in New Mexico near Santa Fe (90-minute drive) – on Mountain Time – attractions: Rio Grande, rafting

Unit 5   Lead-in

2 A slogan for the Southwest

NEUER WORTSCHATZ
slogan

EINSTIEG
SB geschlossen. Es empfiehlt sich, vor der Bearbeitung der Aufgabe im Plenum kurz über die Eigentümlichkeiten von Werbeslogans zu reflektieren. L: In the following task, you have to create a <u>slogan</u> to bring more visitors to the Southwest. Before you begin, let me ask you a question: do you know any good marketing slogans? (S: …) Why are these slogans effective? (S: They are short/funny/easy to remember/creative …)

ERARBEITUNG
SB geöffnet. Gemäß SB. Der beste Slogan der Gruppe wird auf ein DIN A4-Blatt geschrieben und an der Tafel oder an der Wand aufgehängt.

➜ Realia: DIN A4-Papier, Klebepunkte)

AUSWERTUNG
Die Auswertung erfolgt in einem ▸*Gallery walk*. Die S lesen die Slogans und geben dann ihre Stimme für den ihrer Meinung nach gelungensten Slogan ab und versehen ihn mit einem Klebepunkt. Die Gruppe, die den Sieger-Slogan erfunden hat, erhält einen Preis.

MUSTERLÖSUNG
– The American Southwest – beautiful country and land of adventure
– The Southwest – a thousand things to do
– From Red Rocks to White Sands: enjoy the colours of the Southwest!
– Sun, sand and the Strip: let the Southwest surprise you!

➜ Workbook 1 (p. 58)

➜ FöFo 5.

➜ Interaktive Übungen zum Workbook 5.1

ERARBEITUNG (www)
Follow the link bietet Wissenswertes über amerikanische Ureinwohner, die im Monument Valley leben.

➜ www.englishg.de/access

YOUR TASK
L kann zum Abschluss der Einführungsseiten zur Unit 5 im Sinne der Lernzieltransparenz auf die Lernaufgabe am Ende der Unit hinweisen, bei der die S ein Projekt durchführen. In Kleingruppen erarbeiten sie ein Programm für eine zweiwöchige Klassenfahrt in den amerikanischen Südwesten, die neben Besichtigungen auch den Besuch einer amerikanischen High School einschließt.

➜ Your task SB-Seite 112–113

Part A   Unit 5

KOMMUNIKATIVE KOMPETENZEN

Die S können …

Lesen: einem Brief die Hauptaussagen entnehmen (SB-Seite 96, 1) sowie die Haltungen und Beziehungen von Personen analysieren, indem sie Vermutungen anstellen, welche Gefühle jemand beim Schreiben eines Briefes hat und wie sie sich im Laufe des Briefes verändern (SB-Seite 96, 2)

METHODISCHE KOMPETENZEN

Lesetechniken und Strategien zur Texterschließung anwenden (SB-Seite 96, 1–2)

S. 96

TIPPS FÜR IHRE PLANUNG

➜ FöFo 5.2

Part A führt die im *Lead-in* begonnene Lehrwerksgeschichte weiter. Die Brüder Dan und David Miller erreichen gemeinsam mit ihren Kindern Santa Fe, wo der 70. Geburtstag ihres Vaters Mark im Beisein seiner Freundin Fernanda gefeiert werden soll. Durch die Lektüre eines Briefes, den Fernandas Enkelin an eine Freundin geschrieben hat, erfährt man, dass es sich bei Dans Tochter um Hailey und bei Davids Sohn um Tyler handelt – die beiden Teenager, denen die S bereits in den vorausgegangenen Units mehrmals begegnet sind. Sprachlich verwendet der Text vorbewusst mehrere *participle clauses* im Präsens. Diese neue Struktur wird im *Practice*-Teil (**1**) bewusst gemacht und anschließend produktiv verwendet (**2, 3**).

1 👆 A letter to a friend

NEUER WORTSCHATZ

junior · °burrito · (to) chop · by the time · (to) kid sb.: **Just kidding. · high heels** (*pl.*) **· heel · (to) answer the door · (to) recognize · (to) exist · (to) put sth. on · lipstick · suitcase · mark · (to) hit it off (with** sb.**) · right away · stack · °tortilla · road trip · realization · (to) realize** sth. **· universe**

➜ 2 🔊 15 Audio online

EINSTIEG

SB geschlossen. Zum Einstieg in die Textarbeit ist es angebracht, das Vorwissen der S über den Roadtrip durch den amerikanischen Südwesten zu aktivieren. L: Remember listening to the four people that were travelling in the Southwest? What do you remember about them? (S: …) Which places did they visit? (S: …)

ÜBERLEITUNG

SB geöffnet. L: David, Dan and the two kids have arrived in Santa Fe. Here they've met Carla, a girl living in Santa Fe. You can see a picture of her in the top right corner. Carla has written a letter about how they met. Let's read it and find out what brought them together. Bevor die S mit der Lektüre beginnen, reflektieren sie im Plenum noch über die Frage, ob und wem sie heutzutage noch Briefe schreiben. L: Before we read Carla's letter to Nicole, say how often you write letters and why. (S: …)

ERARBEITUNG

SB geöffnet. Die S lesen den Brief still. Dabei schlagen sie unbekanntes Vokabular nach und bearbeiten folgende Frage schriftlich: When, where and why did Carla meet David, Dan and the two kids?

AUSWERTUNG

Die Ergebnisse werden erst in PA, anschließend im Plenum verglichen.

163

Unit 5 Part A

LÖSUNG
- When? in the evening after her first day at work
- Where? at her Grandma Fernanda's place
- Why? Dan and David are Mark's (Fernanda's boyfriend's) sons who have come to Santa Fe to celebrate Mark's 70th birthday with him

2 Carla's mood

ERARBEITUNG
a) **SB geöffnet.** Die Aufgabe dient der vertieften Auseinandersetzung mit dem Text. Sie kann wahlweise schriftlich in EA oder mündlich im Plenum bearbeitet werden. Wird die Aufgabe schriftlich erledigt, sollte zur Sicherung der Ergebnisse ein Vergleich der S-Ergebnisse mit der Musterlösung erfolgen.

Hinweis: Musterlösung auf Folie bereithalten

MUSTERLÖSUNG
- l. 6: Carla is surprised/angry. Her mood changes from good to bad because her grandmother is not excited to see her and looks so different.
- l. 10: Carla is angry/bored. Her mood changes from bad to worse because she feels her grandmother is not really interested in her.
- l. 18: Carla is happy/excited. Her mood is much better again because she likes Tyler and Hailey very much and realizes that they could be her cousins.
- l. 22: Carla is relaxed/happy. Her mood is still good because she is looking forward to the next few days with Tyler and Hailey.

➜ Text File 7 (p. 127)
➜ FöFo 5.2

ERARBEITUNG
b) **SB geöffnet.** Die S hören den Text und lesen gleichzeitig still mit.

➜ 2 D 15 Audio online

MUSTERLÖSUNG
The reader's speed is moderate, not fast, but not too slow. She pauses after commas and full stops.
She stresses different words, e.g.
- the word 'I' to show that the writer, Carla, is speaking about herself (I have a job …, I'm going to make …, I visited …)
- words with the most important news (job, Burritos!, money, rich)
- important verbs (visited, rang, recognize)

The reader's voice often gets louder in lines 2–3, when she is reading about Carla's job. This shows how excited Carla is about this news.
The reader's voice gets quieter again in lines 4 and 5. This makes it sound as if Carla is telling Nicole a secret, something she would only tell to a close friend.

ERARBEITUNG EXTRA
SB geöffnet. Die Aufgabe dient der Verknüpfung des Textes mit Informationen aus den vorherigen Kapiteln und eignet sich als HA, die in PA verglichen werden kann.

LÖSUNG

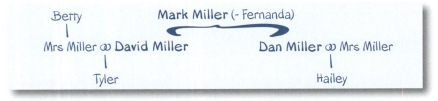

164

Part A Practice   Unit 5

S. 97

TIPPS FÜR IHRE PLANUNG
Die S wiederholen zunächst die Verwendung der Relativpronomina *who* und *which* in bestimmten Relativsätzen (**1**). Dann machen sie sich mit der Bauform und der Verwendungsweise von *participle clauses* im Präsens vertraut (**2**) und produzieren anschließend die Sätze frei (**3**).

➜ FöFo 5.2

➜ LAS 5.1, 5.2

➜ Interaktive Übungen zum Workbook 5.2

1 REVISION The Miller family (Relative pronouns: *who* or *which*)

NEUER WORTSCHATZ
anti-

EINSTIEG
SB geschlossen. Zum Einstieg präsentiert L drei Lückensätze (z.B. auf Folie oder an der Tafel) und fordert die S auf, die richtigen Relativpronomen einzusetzen. L: Look at the following sentences. Can you find the missing words? (1) Monument Valley is the national park ... Tyler and Hailey visited together with their dads. (2) Fernanda is the woman ... is talking about La Fiesta all the time. (3) Carla is the girl … wrote a letter to her friend Nicole. Im UG wird die Verwendung der beiden Pronomen wiederholt. L: What do we call words like *who* and *which*? (S: relative pronouns) When do we use *who*, when do we use *which*? (S: We use *who* with people or animals with names and *which* with things or animals.) Can you make more sentences with *who* or *which* about Carla and her life? (S: …)

ERARBEITUNG
SB geöffnet. Die Aufgabe wird schriftlich in EA erledigt. Es empfiehlt sich, den Lückentext vollständig abschreiben zu lassen. Die eingesetzten Pronomen werden farbig unterstrichen und ein Merksatz der Form *We use who with … and which with …* aufgeschrieben.

AUSWERTUNG
Die Auswertung erfolgt im Plenum.

LÖSUNG
- **Tyler** is the New York teen <u>who</u> visited his grandma in New Orleans. She's the person <u>who</u> told him about the anti-segregation protests <u>which</u> took place in the city in the 1960s. His grandma still remembers the people <u>who</u> led the protests.
- **Hailey** is the girl <u>who</u> lives in San Francisco. On Saturdays, she works at a marine reserve <u>which</u> attracts thousands of visitors every year. She's one of the kids <u>who</u> helped to save a baby whale <u>which</u> was caught in a fishing line.
- **David and Dan** are brothers. David, Tyler's dad, is the one <u>who</u> tried to play the gourd banjo <u>which</u> was lying around in Grandma Betty's living room. Dan, Hailey's dad, works for a magazine <u>which</u> reports on celebrities. He's the man <u>who</u> interviewed Brandon Williams, the teenage star.
- **Mark** is Dan and David's father. He's the man <u>who</u> is celebrating his 70th birthday very soon.

➜ GF 13.1: Defining relative clauses (p. 190)

➜ FöFo 5.2

➜ LAS 5.1

165

Unit 5 Part A Practice

2 Which one is Tyler? (Participle clauses)

EINSTIEG
SB geöffnet. Zunächst lesen die S in EA die *Language help*-Box und machen sich mit der neuen Struktur und den neuen Begriffen selbststständig vertraut. Zur Verständnisüberprüfung legt L den S dann drei Sätze vor (z.B. auf Folie) und bittet sie, alle Partizipialsätze zu identifizieren. L: Look at these sentences, please: (1) David played the banjo lying around in Betty's living room. (2) Mark is the man who is celebrating his 70th birthday soon. (3) Nicole is the girl visiting her grandparents in LA. Which sentences have participle clauses? (S: 1, 3) Im UG reflektieren die S über die Bauform und Verwendungsweise der neuen Struktur. L: What about example 2? (S: This sentence has a relative clause.) Can we change example 2 so it has a participle clause? (S: Yes, by making it shorter: Mark is the man celebrating his birthday soon.)

ERARBEITUNG
👥 **SB geöffnet.** Zunächst werden die Aufgabenstellung und das Beispiel im Plenum vorgelesen, mögliche Fragen werden im UG geklärt. In PA beschreiben die S dann die anderen vier Personen. L: Please take turns asking and saying who the other four people are. Use as many participle clauses as you can.

➜ GF 12.2: Participle clauses (p. 189)

AUSWERTUNG
Die Auswertung erfolgt im Plenum oder still im Abgleich mit der Musterlösung.

MUSTERLÖSUNG
Mike is the boy standing on the left · standing next to Sue · wearing a white T-shirt / blue jeans · reading/sending a text message · looking at his mobile

Hailey is the girl standing on the right · wearing a green T-shirt · holding her hand in the air · pointing to the sky · smiling directly at the camera

Carla is the girl standing in the background · smiling into the camera · wearing a red and blue top / light blue jeans

Sue is the girl wearing a white top · standing in front of Tyler · holding her arms in the air · wearing headphones · listening to music

Tyler is the boy standing behind Sue · carrying a bag · wearing a grey jacket

➜ FöFo 5.2

➜ LAS 5.2

➜ Interaktive Übungen zum Workbook 5.2

3 What on earth is that? (Participle clauses)

NEUER WORTSCHATZ
What on earth …?

ERARBEITUNG
👥 **SB geöffnet.** Gemäß SB.

➜ LAS 5.2

➜ Interaktive Übungen zum Workbook 5.2

DIFFERENZIERUNG More help
Leistungsschwächere S arbeiten auf SB-Seite 138. Dort finden sie zu jedem Bild sprachliche Hilfestellungen in Form von Substantiven und Verben, aus denen Sätze gebildet werden können.

DIFFERENZIERUNG Early finisher
Leistungsstärkere S erfinden eigene Motive (samt Musterlösungen), die am Ende von einem Partner oder sogar von der ganzen Klasse bearbeitet werden.

Part A Practice   Unit 5

AUSWERTUNG
Die Auswertung erfolgt im Plenum, indem verschiedene S ihre Lösungen vorschlagen.

MUSTERLÖSUNG

1
a cat hiding under a table
a worm eating an apple
a worm trying to hide under a stone

2
the earth going round the sun
a ball running into a hole
a man eating an ice cream

3
two tents standing in a field
a cat hiding behind a sofa
two sharks swimming in the sea

4
an ant dancing on one leg
a flower growing in a field
oil shooting out of the ground

5
a worm escaping from a bird
a dog barking at a cat up a tree
a cat running after another cat

6
an armchair standing near a window
a man with a hat waiting by a window
a frog jumping from a building

➡ Workbook 2–4 (pp. 58–59)

➡ FöFo 5.2

Unit 5 ▶ The world behind the picture

KOMMUNIKATIVE KOMPETENZEN

Die S können …

Hör-/Hörseh-verstehen:	einem Film Hauptaussagen und Detailinformationen entnehmen (SB-Seite 98, 1–3; SB-Seite 99, 4) · *Film stills* nutzen um Vermutungen über eine Szene anzustellen oder um verschiedene Szenen zu vergleichen (SB-Seite 98, 1, 3; SB-Seite 99, 4, 5) · Elemente und Techniken des Dokumentarfilms benennen und ihre Funktionen beschreiben (SB-Seite 99, 6)
Sprechen:	Gesehenes und Gehörtes wiedergeben, dabei Personen beschreiben und Ereignisse darstellen (SB-Seite 98, 1–3; SB-Seite 99, 4–6) · über Kinder- und Jugendarbeit reflektieren, indem sie Argumente und Informationen wiedergeben, austauschen und kommentieren (SB-Seite 99, 4, 5)

METHODISCHE KOMPETENZEN

gesehene Informationen (Gestik, Mimik, Bilder usw.) zum Verstehen eines Filmes nutzen

---

S. 98–99

TIPPS FÜR IHRE PLANUNG

The world behind the picture liefert Hintergrundinformationen zu den Themen *students' part-time jobs* und *child labour*. In den drei Videoclips auf SB-Seite 98 werden amerikanische Jugendliche vorgestellt, die außerhalb der Schule in unterschiedlichen Nebenjobs arbeiten (**1–3**). Der auf SB-Seite 99 bearbeitete kurze Dokumentarfilm sensibilisiert S für die Thematik Kinderarbeit (**4, 5**) und lädt ein, über das Genre *documentary film* nachzudenken (**6**).

1 My part-time job

NEUER WORTSCHATZ

part-time job · **full-time job** · **bulletin board** *(AE)* · (to) **contact** sb. · (to) **clean** sth. **up** · **childhood**

EINSTIEG

Die Arbeit mit den Videoclips wird zunächst in den Zusammenhang der Lehrwerksgeschichte eingebettet. Hierfür aktivieren die S ihr Vorwissen über die Lehrwerksfigur Carla, indem L als Impuls folgendes Zitat aus *Part A* (z. B. auf Folie) präsentiert: "Exciting news! I have a job – junior salad maker at Pepito's Burritos!" (SB-Seite 96, 1, Zeile 2) Im UG tragen die S zusammen, von wem das Zitat stammt und was sie über Carla wissen. Auch spekulieren sie über Carlas Ferienjob. Folgende Impulsfragen können im UG hilfreich sein. L: Who's talking? (S: Carla) Who's Carla? (S: She's Fernanda's granddaughter) What kind of place is Pepito's Burritos? (S: Maybe a fast-food restaurant selling Mexican food.) What exactly is Carla's job? (S: She has to work in the kitchen making salads.) Why do you think she's called a *junior* salad maker? (S: She's new in the job.)

ÜBERLEITUNG

L: Let's talk about part-time jobs like Carla's. You're going to meet several kids from the U.S. with part-time jobs as you watch three short video clips. Let's start with a girl named Brady and find out why she works and what kind of job she has.

EINSTIEG

SB geöffnet. Die S betrachten zunächst Standbild A und spekulieren in PA oder im Plenum über die Beschäftigung des Mädchens. L: Say where you think Brady works and what she does. You may want to pay attention to details. (S: There's an "open" sign in her hands, so she seems to work at a shop or restaurant. / She's wearing an apron, so maybe she works at a café or has to clean the shop before people come in.)

168

► The world behind the picture   Unit 5

ERARBEITUNG
SB geöffnet. 1. Sehen: Die S überprüfen ihre Spekulationen aus dem Einstieg. **2. Sehen:** Gemäß SB.

AUSWERTUNG
Die Auswertung erfolgt im Anschluss an das 2. Sehen. Zunächst verglei-chen die S ihre Notizen in PA, dann gleichen sie ihre Lösungen im Plenum ab.

MUSTERLÖSUNG
What Brady does and whether she likes it:
– She works at a candy shop.
– She enjoys it, especially recommending chocolates and helping the people who want to buy something.

When she works:
– Brady works every Saturday from 10 am to 5 pm.

What she does with the money she earns:
– She spends her money on school trips to Europe (Spain, Ireland).
– She goes shopping.
– She spends money when hanging out with her friends and at the movie theatre, for example.

→ Transkript online

Weitere Differenzierung
Leistungsstärkere S bearbeiten alle drei Hörsehaufträge gemäß SB-Seite 98 beim **1. Sehen** des Clips und kontrollieren ihre Antworten beim **2. Sehen**.

2 More part-time jobs

ERARBEITUNG
a) SB geschlossen. Vor dem Betrachten des zweiten Videoclips überlegen sich die S in PA oder in ►*Buzz groups*, welche Aushilfsjobs für Schüler generell in Frage kommen und welche persönlichen Motive bei dem Wunsch zu arbeiten eine Rolle spielen könnten. L: Brady enjoys working at the candy shop because she needs money for school trips, shopping and going out with friends. What other part-time jobs could students do and why do they want to earn money? Brainstorm ideas first and make notes. If you don't know the name of the job, describe it as well as you can.

AUSWERTUNG
Die Auswertung erfolgt im Plenum. Die S benennen bzw. beschreiben geeignete Jobs und begründen, wofür S ihr selbst verdientes Geld ausge-ben könnten. L unterstützt die S sprachlich, führt bedarfsorientiert weite-ren Wortschatz ein und hält die Ergebnisse stichwortartig an der Tafel fest.

Weitere Differenzierung
Zur sprachlichen Bewältigung dieser Aufgabe hält L auf einer Folie folgende *chunks* bereit:
to work at a restaurant/hotel/ hospital/restaurant/store/ museum/theatre/newspaper/ school/factory
to work with one's hands, to volunteer, to do computer work …
to have a(n) interesting/boring/ difficult/challenging/well-paid/ badly paid job

MUSTERLÖSUNG

Part-time jobs:	Why earn money:
animal shelter worker	be independent
babysitter	gain work experience
delivery boy/girl	get to know the real world
employee	go out
gardener	go shopping
musician	save money
retail assistant	
waiter/waitress	
warehouse helper	
web designer	

169

Unit 5 ▶ The world behind the picture

ERARBEITUNG
b) **SB geschlossen**. Das Video wird zweimal angeschaut. **1. Sehen:** Die S notieren die Namen der amerikanischen Jugendlichen und ihre jeweiligen Jobs. **2. Sehen:** Die S ergänzen, wofür die amerikanischen Schüler/-innen ihr Geld ausgeben und ggf. auch, wie viel sie verdienen. Zum Abschluss äußern sie sich zu der Frage, welchen der vorgestellten Jobs sie am interessantesten fanden. (S: I think …'s job is the most interesting one because …)

→ Transkript online

AUSWERTUNG
Die Auswertung der Hörsehverstehens-Aufgabe erfolgt im Anschluss an das 2. Sehen. Zunächst vergleichen die S ihre Notizen in PA, dann gleichen sie ihre Lösungen im Plenum ab.

Hinweis: Musterlösung auf Folie bereithalten.

LÖSUNG
- Liz: dog walker; saves money for college and textbooks
- Hannah: babysitter; makes $8 per hour; spends money on clothes, coffee; saves some
- Aisling: waitress; gets a lot of tips; spends money on her car and clothes/shopping
- Brady: shop assistant at candy shop; saves money (for class trips) and spends some
- Jack: works at a shop; makes $9 per hour; saves money for college
- Teresa: doesn't have a job (because she does ballet six days a week and because of homework)

3 Sara and Marcos

ÜBERLEITUNG
SB geöffnet. Zunächst betrachten die S die Standbilder C und D und spekulieren im UG, welche Jobs Sara und Marcos angenommen haben. L: Say what you think Sara and Marcos are doing. (S: Sara works at a warehouse / as a retail assistant / as a volunteer at a charity …
Marcos is a tutor helping younger students / teaches reading to young students …)

Hinweis: Vor dem 1. Sehen sollte L unbekanntes Vokabular semantisieren, z. B. (to) become confident, (to) be aware of.

ERARBEITUNG
SB geöffnet. Die Aufgabe zielt auf globales Verstehen ab. Es genügt daher, den dritten Filmclip nur einmal vorzuspielen. Die S überprüfen ihre zuvor geäußerten Hypothesen und machen sich Notizen gemäß der Aufgabenstellung auf SB-Seite 98.

AUSWERTUNG
Die Auswertung erfolgt im Plenum.

LÖSUNG
- Jobs: Sara works as a volunteer at a food pantry / as a food pantry helper, Marcos works with children.
- Difference: Sara and Marcos don't make any money. They're volunteers.
- Why the jobs are good for them: Marcos says he is having fun, enjoying the kids and taking a break from school and homework. Sara says she has become more confident and more aware of the community she lives in.

→ Workbook 5 (p. 59)

▶ The world behind the picture   Unit 5

🖳 Access to cultures: Student jobs

ÜBERLEITUNG
L leitet nun über: Now that we've met so many American kids with part-time jobs, let's talk about *you* and your ideas about part-time jobs.

ERARBEITUNG
L: Please read the *Access to cultures*-Box and make notes on the two questions below it. Be ready to talk about your ideas afterwards. Die S lesen den Text still in EA und machen sich Notizen zu den beiden Fragen. Anschließend tauschen sie sich in PA oder im Rahmen einer ▶*Milling around activity* mit ihren Mit-S aus.

AUSWERTUNG
Im Plenum kann am Ende der Stunde ein Stimmungsbild zur Frage "Would you volunteer or not?" eingeholt werden. Freiwillige S begründen ihre Meinung ausführlicher.

4 Life on the farm

EINSTIEG
SB geschlossen. Der Einstieg erfolgt über eine Vokabelübung im ▶*Think-Pair-Share*-Verfahren. Die S reaktivieren zunächst in EA das ihnen bekannte Vokabular für Teilzeit- und Ferienjobs. L: Work on your own, please. Think of the American high school kids and our discussions about part-time jobs and write down as many part-time jobs for students as you can. You have two minutes. Im nächsten Schritt vergleichen die S in PA ihre Listen und ergänzen bzw. verbessern sie, bevor im letzten Schritt die Begriffe im Plenum zusammengetragen und von einem S an der Tafel mitprotokolliert werden. Im UG reflektieren die S über die genannten Jobs. Folgende Impulsfragen eignen sich hierfür. L: What is easy and what is difficult about each of these jobs? Do you need to have any special talents or abilities to do them? Dann leitet L zum Film über: Which of these jobs have to do with physical work? Could you imagine working on a farm, which has to do with hard physical work? Why? Why not? (S: …)

Hinweis: Vor dem ersten Sehen sollte L *agriculture* semantisieren.

ERARBEITUNG
a) SB geschlossen. Die Kommentare und Interviews im Film sind sprachlich anspruchsvoll und müssen beim ersten Betrachten nicht im Detail verstanden werden. Die S konzentrieren sich vor allem auf die Bildsprache und protokollieren ihre Beobachtungen mit. L: We are going to watch a film about children in the United States who work extremely hard. Don't worry if you can't understand everything the people are saying. Pay attention to what you see and take notes about the jobs the children do.

➔ Transkript online

AUSWERTUNG
Die Auswertung erfolgt im Plenum.

LÖSUNG
The children
– work in the fields
– pick vegetables
– work in the sun
– work full-time
– work with their parents
– work for money

171

Unit 5 ▶ The world behind the picture

ERARBEITUNG
b) SB geöffnet. Gemäß SB.

AUSWERTUNG
Die Auswertung erfolgt in PA.

MUSTERLÖSUNG
E: A teenage girl is talking. She looks very sad.
F: A teenage girl is working in a field in the sun. Her arms and back are very red. I think the sun is burning her.
G: A teenage boy is working with a knife in his hands. He is cutting fruit or vegetables.
H: A plane is flying over the field and is spraying something on it.

The film stills tell us that the teenagers are not happy with their jobs and that they have to work under dangerous conditions.

Alternative
Die S arbeiten in dieser Phase in PA zusammen, beschreiben sich gegenseitig die *stills* und vervollständigen die Tabelle. Ein S-Paar arbeitet an der Tafel und ergänzt den Anschrieb. Diese Lösung wird im Plenum präsentiert und zur Diskussion gestellt, dabei ggf. ergänzt bzw. verbessert.

5 The right work for children?

ERARBEITUNG
a) SB geöffnet. Gemäß SB.

MUSTERLÖSUNG

The high school kids	The child farm workers
– go to school regularly	– do not go to school enough
– have part-time jobs	– have full-time jobs
– earn extra money	– earn little money
– spend the money themselves	– need the money to survive
– work in a safe environment	– work under dangerous conditions
– are not in danger	– are in danger

ERARBEITUNG
b) SB geöffnet. Gemäß SB.

MUSTERLÖSUNG
– The quote is from the video about the child farm workers.
– The statement is said by the girl seen in screenshot E.
– I think you lose your childhood if you do not have time to play / to find yourself / to make friends / to study/learn about life ...
– Most children are able to go to school / be around their friends and play / feel safe ... If you can't do that, then something is missing.

ERARBEITUNG
c) SB geöffnet. Die Aufgabe schließt die Reflexion zum Thema „Kinderarbeit" ab und wird gemäß SB-Seite 99 in ▶*Buzz groups* bearbeitet.
L: Work in buzz groups and say whether you would change the law. Give reasons for what you would do. In the end, come up with a short group statement.

AUSWERTUNG
Die Auswertung erfolgt im Plenum, indem mehrere Kleingruppen Statements präsentieren und zur Diskussion stellen.

MUSTERLÖSUNG
I would change the law. It's not fair that children aren't protected in agriculture. Children all over the world need time to go to school and get a good education. Without this, you can't be successful in life.

I wouldn't change the law. If parents can't send their children to work, they won't have enough money to stay alive. I think the farmers should support the families more so the kids can work part-time and go to school.

Alternative/Weitere Differenzierung
L: Write a short text comparing the situations of the American high school kids and the children farm workers. Die S finden sich zur Auswertung der Texte in Kleingruppen von 3 S zusammen, lesen die Texte der Mit-S und geben inhaltlich und sprachlich Rückmeldung.

Alternative/Weitere Differenzierung
L: Write a short text explaining what the girl means by saying "I've lost my childhood". Die S finden sich zur Auswertung der Texte in Kleingruppen von 3 S zusammen, lesen sich die Texte der Mit-S durch und geben inhaltlich und sprachlich eine Rückmeldung.

Weitere Differenzierung
L hält sprachliche Hilfsmittel (z.B. auf Folie) bereit:
It's fair / unfair that ...
Child farm workers (do not) have ...
a chance to be creative (music, dance, drama)
a chance to do sport
a safe place to live and learn
access to health care (doctors, hospitals)
clothing and food
friends
loving families and friends

172

The world behind the picture   Unit 5

ERARBEITUNG EXTRA

SB geöffnet. Die Aufgabe wird im Plenum besprochen. Die S nehmen zum Thema „Kinderarbeit" frei Stellung und berichten, was sie zu dem Thema bereits gehört bzw. in anderen Fächern besprochen haben.

6 Making the film: Elements of a documentary

EINSTIEG

Die Aufmerksamkeit der S wird zunächst auf die Machart von Dokumentarfilmen gelenkt. Hierfür hält L eine Liste mit unterschiedlichen filmischen Gestaltungsmitteln auf Folie bereit. L: The film about child farm workers is a documentary film, and it uses several elements that are often found in other documentary films too. Look at this list and say which elements are typical of documentary films: action – comedy – interviews – physical stunts – slapstick – special effects – text on screen – presentation of facts – voice-overs. L klärt ggf. unklare Begriffe. Die S wählen typische Elemente aus und begründen ihre Antwort kurz. (S: interviews, text on screen, presentation of facts, voice-over) Im UG reaktiviert L das Vorwissen der S über dieses Genre (vgl. TWBTP Unit 2) L: This year we've watched several documentary films. Which ones do you remember? (S: about young people in Brooklyn, a musician in New Orleans, the different sides of L.A. ....) Can you say what a documentary is? (S: a film that tells a story from the real world and has real people in it / a film that wants us to learn about an event or a problem or a person)

ÜBERLEITUNG

Nun leitet L über: Let's watch the documentary about child farm workers once again and analyze the elements the film-makers used in it.

ERARBEITUNG

a) SB geöffnet. Gemäß SB.

➜ Transkript online

LÖSUNG

Elements used:
- Somebody explains the topic: the children's rights presenter.
- Somebody interviews people: there are interviews with the woman and two children, and we see the woman interviewing a mother.
- People speak about their own experience: the two children, the mother and the woman speak about their own experiences.
- The topic is explained through images: the situation in the U.S. in the 1930s, the work the kids are doing and its dangers are explained through images very often.

Elements not used:
- The documentary doesn't use much text on the screen (except the title).
- It doesn't show people with different views (it only shows the negative aspects of the U.S. law).

AUSWERTUNG

Die Auswertung erfolgt im Plenum. Dabei werden die allgemein formulierten Aussagesätze im Buch auf den Film bezogen und konkretisiert.

ERARBEITUNG

b) SB geöffnet. Gemäß SB.

AUSWERTUNG

Die Auswertung erfolgt im Plenum.

173

Unit 5 Background file EXTRA Southwestern contrast

S. 100–101

NEUER WORTSCHATZ

°region · (to) °make: be made up of · the hottest ever temperature · °plateau · °ski resort · °fear · °decade · °major · °supply · °power plant · °electricity · °ancient · °Pueblo Indian · °adobe house · °Hispanic · °heritage · °independent · °immigrant · °advertisement · °Latino

ERARBEITUNG
a) SB geöffnet. Gemäß SB.

AUSWERTUNG
Im Plenum erhalten einige S die Gelegenheit, über ihre Eindrücke zu sprechen.

MÖGLICHE LÖSUNG
- The Southwest is a land of contrasts: there are deserts and mountains, big cities and small villages.
- The Southwest has a lot of old and new things/history.
- The Southwest faces a lot of problems of the environment (no water).
- In the Southwest people speak English and Spanish (road sign).

ERARBEITUNG
b) SB geöffnet. Gemäß SB.

AUSWERTUNG
Im Plenum erhalten die S Gelegenheit, sich zu den ihrer Ansicht nach interessantesten Aspekten des Südwestens zu äußern.

LÖSUNG
The following places from the texts are found on the map on pp. 30–31:
states: Nevada, Colorado, New Mexico, Arizona, California, Utah and Texas (the Southwest);
cities: Phoenix, Las Vegas, Santa Fe and Los Angeles;
rivers: the Rio Grande and the Colorado River
National Parks: Death Valley National Park

ERARBEITUNG
c) 👥 SB geöffnet. Gemäß SB. Die Aufgabe kann als HA gestellt werden.

AUSWERTUNG
Besonders interessante und knifflige Fragen werden im Plenum nochmal vorgestellt und besprochen. L: Which questions in your quizzes were particularly interesting or tricky? (S: …)

ERARBEITUNG (www)
Follow the link bietet weitere Informationen zu interessanten Sehenswürdigkeiten im Südwesten der USA.

→ www.englishg.de/access

→ Workbook 5 (p. 60)

→ FöFo 5.3

→ Your task (SB-Seite 112–113)

→ Interaktive Übungen zum Workbook 5.3

Part B   Unit 5

KOMMUNIKATIVE KOMPETENZEN

Die S können …

Lesen: einer Geschichte die Hauptaussagen entnehmen (SB-Seite 102, 1) sowie die Haltungen und Beziehungen von Personen analysieren (SB-Seite 102, 2)

Schreiben: einen Dialog schreiben (SB-Seite 102, 2) · eine Inhaltsangabe schreiben (SB-Seite 105, 4) · eine formal angemessene E-Mail verfassen (SB-Seite 106, 6)

Hören: Gespräche trotz akustischer Störgeräusche aus dem Kontext heraus verstehen und Gesprächslücken füllen (SB-Seite 106, 7)

Sprechen: Feiertage auf der Grundlage eines deutschen Textes auf Englisch beschreiben (SB-Seite 107, c))

Methodische Kompetenzen

Lesetechniken und Strategien zur Texterschließung selbstständig anwenden (SB-Seite 102, 1, SB-Seite 103, 3)

S. 102

TIPPS FÜR IHRE PLANUNG

In *Part B* folgen die S den Spuren der Millers auf ihrer Rundreise durch den Südwesten Amerikas. Gemeinsam mit Carla unternehmen Dan, David, Tyler und Hailey einen Tagesausflug nach Taos. Auf dem Hinweg macht Tyler während eines Zwischenstopps in einem Straßencafé eine Beobachtung, die ihn sehr bewegt (**1**, **2**). Angekommen in Taos, nimmt die Gruppe an einer Wildwasserfahrt auf dem Rio Grande teil, bei der nicht alles glattgeht (**3**). Vorbewusst werden in den Texten dieses Abschnitts Partizipialkonstruktionen nach Verben der sinnlichen Wahrnehmung verwendet. Die neue Struktur wird in *Part B Practice* bewusst gemacht und zunehmend freier verwendet.

➜ FöFo 5.3

1 🖑 The road to Taos

NEUER WORTSCHATZ

raft · **rafting** · °(to) twist · **foothills** *(pl.)* · **bluish** (auch: **blueish**) · **horizon** · °a roadside café · **soda (AE)** · **slurp** +(to) slurp · **Who's up for …?** · **You three go ahead.** · **prefer** sth. **(to** sth.**)** · **apron** · (to) **wave** · **boss** · **I'd rather …** · (to) paddle +paddle · whitewater

➜ 2 🔊 16–17 Audio online

EINSTIEG

SB geöffnet. Zur Hinführung auf den Text wird das Foto auf SB-Seite 102 herangezogen. L: Please look at the photo at the top of page 102. Take a guess: who could this boy be and what is his job? Die S arbeiten mit einem Partner zusammen und tauschen ihre Ideen aus. Im Plenum stellen sie ihre Ideen anschließend kurz vor. (S: The boy looks really young. He's Hispanic. He's probably a student from Taos with a part-time job at this restaurant. / He's the owners' son helping his mum and dad at the weekend. / He's working at the roadside café to make some extra money. …) Dann leitet L über: Let's check and see who this boy really is.

ERARBEITUNG

SB geöffnet. Die S lesen den Text in EA und erhalten hierfür einen begleitenden Leseauftrag. L: Please read the text and make notes on three aspects: the settings, the characters and the main problem or conflict. Unbekannte Wörter werden von den S selbstständig im Vocabulary bzw. in einem Lexikon nachgeschlagen.

Weitere Differenzierung

L ermutigt die S dazu, ihre Notizen grafisch aufzubereiten. L: Visualize your findings using a mind map, a flow chart or any other graphic organizer. Choose whichever method works best for you.

AUSWERTUNG

Die Auswertung erfolgt zunächst in PA oder in ▶*Buzz groups* (Tipp: Gruppengröße max. 3 S). Die S vergleichen ihre Aufzeichnungen und ergänzen sie ggf. Eine S-Lösung wird im Plenum präsentiert und ausführlich besprochen. Zu diesem Zeitpunkt werden auch die Hypothesen der S aus dem Einstieg auf ihre Richtigkeit hin untersucht.

175

Unit 5   Part B

MUSTERLÖSUNG
- settings: roadside café near Taos along the Santa Fe–Taos road; in the car
- characters: Dan, David, Tyler, Carla, Hailey; the boy, his boss
- main problem: Tyler is worried about the boy at the café because his boss wasn't nice to him, and would like to go back to the café on the way home and talk to him. His dad says this won't be possible.

2 Tyler and the Mexican boy

ERARBEITUNG
a) SB geöffnet. Gemäß SB.

AUSWERTUNG
Die Auswertung erfolgt im Plenum. Dabei fordert L die S zur Schulung des genauen Argumentierens auf, ihre Aussagen mit Zeilennummern zu begründen.

LÖSUNG
1 At the café, Tyler notices a young boy / a Mexican boy who can't speak English. (ll. 20–21)
2 The man shouts at the boy because he wants him to do his work / he wants the boy to work faster / he doesn't want the boy to take a break / he doesn't want the boy to talk to other people. (ll. 22–23)
3 Back in the car, Tyler is surprised that the boy doesn't speak English / hasn't learned English at school. (ll. 31–32)
4 Tyler feels bad. (l. 38)
5 Tyler would like to go back to the café and talk to the boy on their return trip. (ll. 45–46)

ERARBEITUNG
b) SB geöffnet. Gemäß SB.

AUSWERTUNG
Die S tauschen ihre Texte mit einem Mit-S und geben einander Feedback.

☐ **KV 4: Giving feedback on a text.**

MUSTERLÖSUNG
Tyler: Hi, I'm Tyler.
José: No hablo inglés.
Tyler: Oh, you don't speak English. Your name is José, right? And you understand what I'm saying, right?
José: Si. un poco.
Tyler: Good. So, hi, I'm Tyler. I'm very sorry that you can't go to school, it must be really hard. It's strange: Sometimes I don't want to go to school, of course. Then I think I'd love to work and earn money. But when I see you, I'm really happy that I'm allowed to go to school and get the chance to learn something. I'm very sorry that you can't go to school and have to work so much.
José: No sé de qué me estás hablando.

DIFFERENZIERUNG `Early finisher`
Leistungsstärkere S arbeiten auf SB-Seite 145 weiter. Dort finden sie ein Vokabelspiel (*scrambled words*).

➜ FöFo 5.3

Part B Unit 5

S. 103

3 👆 A wild ride

NEUER WORTSCHATZ
glamorous · (to) **float** · **beaver** · °mule deer · (to) **swear, swore, sworn** · **turbulent** · (to) **make** sb./sth. **do** sth. · **section** · °**grip** · **luckily** · **space** · (to) **bump (against)** sb./sth. · **backwards** · **forwards** · (to) °backpaddle · **in time** · **be about to do** sth. · (to) **flip over** · **overturned** +(to) turn sth. over · (to) **hold a hand out to** sb.

➔ 2 🔘 18 Audio online

EINSTIEG
SB geöffnet. Gemäß SB.

ERARBEITUNG
SB geöffnet. Die S lesen den Brief in EA, schlagen unbekannte Wörter nach und halten die Ereignisse in Form eines Flussdiagramms (*flow chart*) fest. L: Read Carla's letter to Nicole and use a flow chart to track the events of the trips.

AUSWERTUNG
Die S gehen in Zweier-Gruppen zusammen (z.B. mit Hilfe der ▶*Appointment*-Methode) und wechseln sich darin ab, den Ablauf der Wildwasserfahrt mit Hilfe ihrer Flussdiagramme bzw. Karten nachzuerzählen. L: Go together with your partner and take turns retelling the events of the rafting trip.

Alternative
SB geschlossen. L zeigt Bilder von Extremsportarten (leicht im Internet verfügbar), z. B. base jumping in wing suits, BMX, bungee jumping, hang-gliding, wakeboarding, bobsleigh o.ä., und führt ein kurzes UG zum Thema "extreme sports". L: Look at these pictures. Do you know any of these sports? (S benennen die Sportarten , L steuert ggf. nach.) Have you tried out any of these? Would you like to do any of these one day? Why (not)? (S: …) Why are extreme sports so popular these days? (S: …) Dann leitet L über: Let's follow the Millers to Taos. Do you remember which extreme sport you can do there? (S: whitewater rafting; den S aus dem *Lead-in* bekannt)

➔ Your task (SB-Seite 112–113)

MUSTERLÖSUNG
easy start (floating, practising how to paddle, explanations by the guide, enjoying the beautiful scenery, watching animals) → lunch → hitting whitewater (like a roller coaster; raft rose and fell, lots of splashing water) → two rocks (Carla is nervous, Julie saves them) → hitting a rock (raft moves backwards, boat turns round again with Julie's help) → flipping over (a wave hits, everybody falls into the water) → getting help (Julie tries to get everybody out, another wave hits, Carla is on her own) → getting out (Carla lets the river carry her)

4 The main points

NEUER WORTSCHATZ
(to) **steer clear of** sth.

ERARBEITUNG
SB geöffnet. Die Aufgabe zielt darauf ab, den detailreichen Text auf seinen wesentlichen Inhalt zu reduzieren. Die Aufgabe wird in PA bearbeitet und im Plenum besprochen. Die S begründen dabei ihre Auswahl dreier Kernaussagen.

LÖSUNG
– Sentences 4, 5 and 6 include the most important information because they tell you what makes the trip special and dangerous.
– Sentences 1, 2 and 3 are not important for understanding the main problem / the main event.

177

Unit 5   Part B

5 Have a go

ERARBEITUNG

SB geöffnet. Es empfiehlt sich, zunächst einige Sätze im Plenum formulieren zu lassen, sodass sich die neue Konstruktion einschleift. L achtet dabei auf die korrekte Verwendung der Struktur, ohne sie zu analysieren. Fehler werden durch korrigierendes L-Echo sorgfältig verbessert, sodass die S Gelegenheit haben, die neue Struktur imitierend zu reproduzieren. Dann gehen die S in ▶Buzz groups zusammen (Tipp: max. vier S pro Gruppe) und bilden reihum Sätze. L: Get together in buzz groups, please, and take turns saying what you saw on your way to school today.

Zusatz

Die Klasse wird in Kleingruppen (maximal 8 S) eingeteilt. Jede Gruppe stellt sich im Kreis auf. Ein S beginnt: "I saw my friend waiting for the bus." Reihum wiederholen die S die bereits geäußerten Sätze und fügen der Satzschlange einen weiteren Satz hinzu. (S: I saw my friend waiting for the bus and I saw a rabbit running around in the garden….

➔ FöFo 5.3

Part B Practice   Unit 5

S. 104

TIPPS FÜR IHRE PLANUNG
Part B Practice lenkt die Aufmerksamkeit der S zunächst in *Looking at language* auf Partizipialsätze nach Verben der sinnlichen Wahrnehmung, deren Bauform bewusst gemacht und eingeübt wird. In der Übungssequenz (**1–3**) wird die neue Struktur zunächst reproduziert (**1**), bevor sie in zunehmend freieren Zusammenhängen selbstständig verwendet wird (**2, 3**). Im weiteren Verlauf des Übungsteils steht die Schreibkompetenz im Mittelpunkt (**4–6**). Die S üben das Zusammenfassen von Texten (**4**) und machen sich in Vorbereitung auf die Unit Task mit den spezifischen Merkmalen schriftlicher Korrespondenz (E-Mails, Briefe) vertraut (**5, 6**). Eine Hörverstehensübung (**7**) rundet das Übungsangebot ab.

➜ FöFo 5.4, 5.4
➜ LAS 5.3
➜ Interaktive Übungen zum Workbook 5.2

Looking at language

NEUER WORTSCHATZ
°perception

ERARBEITUNG
a) SB geöffnet. Gemäß SB.

AUSWERTUNG
Die Auswertung erfolgt im Plenum.

LÖSUNG
1 We watched a family of beavers swimming in the water. (ll. 5–6)
2 Tyler spotted a mule deer taking a drink. (l. 6)
3 I felt my grip tightening on the paddle. (l. 11)
4 I heard Dan calling out our names. (ll. 17–18)
5 I saw Julie climbing onto the overturned raft. (l. 18)

ERARBEITUNG
b)/c) SB geöffnet. Gemäß SB.

LÖSUNG
After verbs of perception (e. g. watch, spot, feel, hear, see, notice, listen to, look at, smell), you can use an object + present participle.

➜ GF 12.3: Verb of perception + object + present participle (pp. 189–190)

1   I felt the sun shining on my face (Participle clauses)

NEUER WORTSCHATZ
bull

ERARBEITUNG
SB geöffnet. Gemäß SB.

AUSWERTUNG
Die Kontrolle erfolgt wahlweise im Plenum oder durch Selbstkontrolle, indem L die Musterlösung auf Folie oder A4-Papier, das im Klassenzimmer ausgehängt wird, bereitstellt.

Hinweis: Es empfiehlt sich, die Sätze komplett abschreiben zu lassen. Zur Festigung der neuen Struktur unterstreichen die S die Verben der sinnlichen Wahrnehmung in rot, die Objekte in gelb und die Partizipien in grün.

Weitere Differenzierung
Die Übung wird zunächst mündlich in PA bearbeitet, dann im Plenum besprochen. Dies entschleunigt das Lerntempo und bietet S eine zusätzliche Möglichkeit, Fragen zu stellen bzw. Fehler zu besprechen.

179

Unit 5 Part B Practice

LÖSUNG

1 I felt the hot sun shining on my face.
2 She spotted a snake hiding in the grass.
3 We could smell the bread baking in the oven.
4 We listened to the band playing traditional Mexican music.
5 He imagined himself on the beach slurping a long, cool drink.
6 I was lying in bed when I heard someone breaking into the house.
7 She screamed when she saw the bull running towards her.
8 They watched the wild ponies galloping across the moor.

➔ FöFo 5.3

➔ LAS 5.3

➔ Interaktive Übungen zum Workbook 5.2

DIFFERENZIERUNG Early finisher

Leistungsstärkere S bearbeiten den ergänzenden Arbeitsauftrag. Die Sätze werden zum Abschluss im Plenum vorgelesen.

2 I've never heard him speaking Spanish (Participle clauses)

ERARBEITUNG

a) SB geöffnet. Zunächst wird der Beispielsatz im Plenum vorgelesen und besprochen. Dabei weist L die S darauf hin, dass sie die in den Fragen auftauchenden Verben auch in der Antwort verwenden dürfen. Die Sätze 2 bis 6 werden zunächst mündlich in PA, dann schriftlich in EA vervollständigt.

AUSWERTUNG

Die Kontrolle erfolgt wahlweise mündlich im Plenum oder durch Selbstkontrolle, indem L die Musterlösung auf Folie oder A4-Papier, das im Klassenzimmer ausgehängt wird, bereitstellt.

LÖSUNG

1 Does Jake really speak Spanish? – No, I've never heard him speaking Spanish.
2 Does Paul Smith's older sister drive? – Yes, I've often seen her driving.
3 I don't think Paul can play the piano. – Well, I've never heard him playing the piano.
4 You know what I think? Cindy smokes. – Really? I've never noticed her smoking.
5 John always sings in the shower. – Yes, I've often heard him singing in the shower.
6 Do Kim and Kyle hang out together? – Well, I've never seen them hanging out together.

ERARBEITUNG

b) SB geöffnet. In diesem Übungsabschnitt wird die neue Struktur freier verwendet. Die Übung kann in ▶ Buzz groups (Tipp: max. Gruppengröße 3 S) bearbeitet werden. Dabei formulieren die S reihum Sätze nach dem vorgegeben Muster.

DIFFERENZIERUNG More help

Leistungsschwächere S arbeiten auf SB-Seite 138. Dort finden sie weitere sprachliche Hilfen.

AUSWERTUNG

Eine S-Gruppe präsentiert ihre Sätze im Plenum. Die zuhörenden S achten auf sprachliche Korrektheit der geäußerten Sätze und heben ihre Hand, sollten sie einen Fehler hören. Die vortragenden S achten auf die Reaktionen ihrer Mit-S und versuchen, sich selbst zu korrigieren, wenn sie ein Handzeichen bemerken.

➔ FöFo 5.3

➔ LAS 5.3

Part B Practice   Unit 5

3 I hear a clock ticking ... ✎

NEUER WORTSCHATZ
(to) **tick**

ERARBEITUNG
a) SB geöffnet. Das Gedicht wird zunächst still in EA gelesen, dann einmal laut und mit passender Betonung von einem S im Plenum vorgelesen.
b) SB geöffnet. Gemäß SB.

DIFFERENZIERUNG `More help`
Leistungsschwächere S arbeiten auf SB-Seite 139. Dort finden sie zur sprachlichen Unterstützung eine Mindmap mit Verben und Substantiven.

DIFFERENZIERUNG `Early finisher`
Leistungsstärkere S arbeiten auf SB-Seite 145. Dort finden sie ein Rätsel.

AUSWERTUNG
Die S bilden Kleingruppen (Gruppengröße: 4 S), tragen in ihrer Gruppe ihre Vierzeiler vor und entscheiden sich für das Gedicht, das ihnen am besten gefällt. L: Form groups of 4 and read out your poems to each other. Then choose the one you like best. Die ausgewählten Vierzeiler werden im Plenum vorgetragen.

MUSTERLÖSUNG

I hear the dog barking.	I hear the police cars racing.
I watch the cat running.	I watch the people running.
I feel the grass moving.	I feel my feet hurting.
And I see a rat escaping.	And I see the city burning.

Weitere Differenzierung
L trägt weitere Vierzeiler vor, die unterschiedliche Stimmungen spiegeln (lustig/romantisch/kritisch; siehe Musterlösungen), und regt die S an, kreativ zu werden und ihrer augenblicklichen Stimmung Ausdruck zu verleihen.

➜ Workbook 7 (p. 60)
➜ FöFo 5.3

S. 105

4 Study skills: Writing a summary

NEUER WORTSCHATZ
summary · **version** · (to) **include** sb./sth. · **original** · **type (of)**

EINSTIEG
SB geschlossen. Zunächst klärt L den Terminus „summary". L: I'm sure you have summarized texts before, in your German lessons for example. A summary is a short version of a text which includes all the main information from the original text. Let's practise summarizing texts today. L: Think of one activity you did last weekend. Be able to explain it in as much detail as you can. You may make notes. Die S bekommen drei Minuten Zeit und machen sich Notizen. Dann arbeiten sie im Kugellager zusammen. L: Form (two/three/four) double circles, please. In der ersten Runde beschreiben die S im äußeren Kreis ihre Aktivitäten, die S im inneren Kreis hören zu. L: Students in the outer circle, please tell your partners about your activities. Be precise. You have two minutes. Students in the inner circle, listen carefully because afterwards you'll have to say in three sentences what you've heard. Nach zwei Minuten (L stoppt die Zeit) fassen die S im inneren Kreis das Gehörte in maximal drei Sätzen zusammen. Hierfür haben sie 30 Sekunden Zeit (L stoppt die Zeit). L: Please say what you've heard in no more than three sentences. You'll have 30 seconds. In der zweiten Runde werden die Partner und die Rollen getauscht und die Übung wiederholt. Zum Abschluss der Einstiegsübung reflektieren die S über ihre Erfahrung. L: What was easy and what was difficult when doing this exercise? (S: ...)

181

Unit 5   Part B Practice

ÜBERLEITUNG

Nun leitet L über: It's often necessary to write summaries, for example when you're a journalist and you have to report about an event or activity from around the world. Can you think of other situations when writing a summary is important? (S: It's important for you if you want to tell a friend what's happening in a book or film / for authors who want to tell their readers briefly what the book is about / for teachers explaining difficult things in textbooks or on worksheets for students ...) Let's check out how to do this effectively.

ERARBEITUNG

a) 👥 SB geschlossen. Zunächst erstellen die S eine Tipp-Liste (auch im Rückgriff auf ihre Erfahrungen in der Einstiegs-Übung). L: Work in pairs. Say what points you need to remember when you write (or give) a summary. Collect some tips and write a list in your exercise book. Das Buch wird erst beim Abgleich mit der *TIP*-Box geöffnet. L: Open your books at page 105 and compare your ideas with the points in the tip box. Add ideas to your notes if necessary.

ERARBEITUNG

b) 👥 SB geöffnet. Gemäß SB.

LÖSUNG

No, they haven't followed all the tips.

ERARBEITUNG

c) 👥 SB geöffnet. Gemäß SB.

AUSWERTUNG

Die Ergebnisse werden im Plenum zusammengetragen und verglichen; die S haben die Möglichkeit, weitere Fragen zu den Texten bzw. zum Thema zu stellen.

LÖSUNG

Cem's summary:

good:
– names the text type and the author
– says what the text is all about
– leaves out unnecessary details
– uses his own words, doesn't copy

to be improved:
– uses the simple past (third paragraph)
– includes his own opinion (last paragraph)

Leonie's summary:

good:
– says at the start what the text is about
– uses the present tense

to be improved:
– doesn't give the text type (letter)
– doesn't name the setting
– gives unnecessary details (practising how to paddle, wild animals, splashing)
– copies from the original text (quotes)
– includes her own opinion (first sentence)

ERARBEITUNG

d) SB geöffnet. Die Aufgabe wird in EA schriftlich erledigt. Dabei greifen die S ggf. auf ihre *flow charts* bzw. *maps* zurück, die sie bei der Bearbeitung des Textes 1 (SB-Seite 96) angefertigt haben, oder machen sich Notizen bzw. unterstreichen die wesentlichen Punkte auf einer Kopie des Textes. Die Aufgabe eignet sich als HA.

ERARBEITUNG

e) 👥 SB geöffnet. Die S arbeiten in PA bzw. GA zusammen. Sie lesen die Zusammenfassungen ihrer Partner und geben sich mit Verweis auf die *TIP*-Box konstruktiv Rückmeldung.

Alternative

Die S tragen ihre eigenen Tipps zunächst im UG zusammen, bevor sie ihre Ideen mit dem Buch abgleichen.

KV 17: Writing a summary.
Die KV bietet eine Checkliste zum Verfassen einer *summary* und eines Feedback im Rahmen eines ▶ *Correcting circle.*

Part B Practice   Unit 5

STUDY SKILLS-BOX
Die *Study skills*-Box fordert die S auf, das auf dieser Seite erlernte Wissen zu reflektieren. Sie ergänzen zunächst die Box auf Deutsch und gleichen ihre Ideen mit den Hinweisen im *Skills File 7* ab. Die Aufgabe eignet sich als HA.

➜ SF 7: Writing a summary (p. 158)

➜ Workbook 8 (p. 61)

➜ FöFo 5.4

| S. 106 |
---

5 Dear Jake ... (Letters and emails) 🎧

NEUER WORTSCHATZ
personal · **formal** · °informal · °Best wishes · °Dear Sir or Madam · °All the best · °Kind regards · °Yours sincerely

EINSTIEG
Zu Beginn der Übung reflektieren die S über Vor- und Nachteile traditioneller Briefe und E-Mails. Als Einstieg dient ein Trivia Quiz, bei dem die S am Beispiel der USA und Großbritanniens erraten müssen, wie viele Briefe bzw. E-Mails heutzutage überhaupt verschickt werden. Die S lösen das Quiz in PA und haben hierfür fünf Minuten Zeit. Die Auflösung erfolgt im Plenum, S-Paare mit 5 richtigen Antworten erhalten einen kleinen Preis. Anschließend wird die Relevanz der statistischen Daten im UG kurz besprochen. Folgende Impulsfragen können dabei hilfreich sein: (1) What trends do you notice? (S: ...) (2) How would you explain them? (S: ...) (3) What are the advantages of emails and of traditional letters? (S: emails: fast and cheap; traditional letters: more personal, no spam messages) (4) How often do you write traditional letters? (S: ...) (5) How many emails do you write every day? (S: ...) (6) How often do you use mobile messaging apps? And what are their advantages and disadvantages? (S: ...)

🗒 **KV 18: Letters and email – Trivia quiz.** Die S lösen ein Quiz zum Gebrauch von Briefen und E-Mails.

ÜBERLEITUNG
Dann leitet L über: Even though you may not write emails or letters as often as messages from your mobile, it's important to know how to do this because both letters and emails are still used in business. Let's look at exercise 5 on page 106.

ERARBEITUNG
a) 🧩 **SB geöffnet**. Gemäß SB.

AUSWERTUNG
Eine Gruppe notiert ihre Beobachtungen gut lesbar auf Folie und stellt ihre Ergebnisse im Plenum vor. Die übrigen S ergänzen bzw. verbessern ggf. Sollten den S zu diesem Zeitpunkt nicht alle Unterschiede auffallen, ist das in Ordnung, da in der nachfolgenden Hörverstehensübung fehlende Punkte ergänzt werden können.

MUSTERLÖSUNG
– The letters have an address at the top, the email has it at the bottom.
– In letters you sign by hand, in an email you type your name.
– In personal letters or emails you can use someone's first name, in formal letters or emails you start with people's family name or "Dear Madam/Sir".
– In personal letters or emails you sign using only your first name, in formal letters or emails you sign using your complete name.
– In personal emails you can use emojis, but not in formal letters or emails.
– In formal letters you sign your name and type it again just below.
– There are different phrases to close a letter with.
– In letters you write the date at the top, in emails you leave it out.
– There are differences in writing the date.

183

Unit 5   Part B Practice

ERARBEITUNG
b) ❖ **SB geöffnet.** Gemäß SB.

➡ 2 D 1⁹ Transkript online

LÖSUNG
personal letter:
– to friends, family, classmates, people you know …
– beginning: Dear …, … / Hi! …
– ending: Best wishes, … / Love, … (personal); Yours, … (more formal)
  and first name
– address: goes at the top, without name
– date: goes under the address

formal letter:
– to people you don't know (Behörde)
– beginning: Dear Mr/Mrs/Ms …, … / Dear Sir/Madam, … / Dear Sir
  or Madam, …
– ending: Yours sincerely, … (very formal) / Kind regards, … (formal) /
  Best wishes, … (friendlier, not in first letter) and complete name
– address: goes at the top, without name
– date: goes under the address

formal emails:
– beginning: Dear Mr/Mrs/Ms …, … / Dear Sir/Madam, … / Dear Sir
  or Madam, …
– ending: Yours sincerely, … (very formal) / Kind regards, … (formal) /
  Best wishes, … (friendlier, not in first email) and complete name
– address: goes at the bottom left

ERARBEITUNG
c) ❖ **SB geöffnet.** Gemäß SB.

AUSWERTUNG
Offene Fragen werden zum Abschluss im Plenum bedarfsorientiert geklärt.

KV 19: Writing conventions.
Die S bearbeiten die KV 19: Writing conventions und beschäftigen sich mit den unterschiedlichen Schreibkonventionen im Britischen und Amerikanischen Englisch. Das Arbeitsblatt kann auch als HA bearbeitet werden.

6 Everyday English: An email ✏

ERARBEITUNG
a) SB geöffnet. Gemäß SB.

➡ 2 D 20 Transkript online

AUSWERTUNG
Die Auswertung erfolgt in PA.

LÖSUNG
I'd rather not · I'd prefer to · I'd much rather · I'd prefer not to · I'd
much prefer · I'd rather

ERARBEITUNG
b) SB geöffnet. Gemäß SB.

AUSWERTUNG
Die Auswertung erfolgt in PA.

LÖSUNG
I'm not really interested in … · I'm always keen on … · because my legs
are hurting … · I want to finish it … · that means driving again … ·
A little walk would be good …

184

Part B Practice   Unit 5

ERARBEITUNG
c) SB geöffnet. Gemäß SB.

DIFFERENZIERUNG More help
Leistungsschwächere S arbeiten auf SB-Seite 139. Dort finden sie Vorschläge für lohnenswerte Besichtigungstouren sowie sprachliche Unterstützung für das Verfassen einer E-Mail.

AUSWERTUNG
Die S tauschen ihre Texte untereinander aus und geben sich inhaltlich und sprachlich eine Rückmeldung.

MUSTERLÖSUNG

➜ FöFo 5.4

➜ Your task (SB-Seite 112–113)

Dear friends,
Thanks so much for your email. We're looking forward to our trip to the Southwest very much and can't wait to finally meet you all and do things together with you.
When it comes to excursions, we'd prefer to go to Monument Valley because we've heard so much about this place and we really like walking and the outdoors. We'd prefer not to go to Las Vegas because we're afraid that would be too expensive.
Best wishes,
Class 8d
Nelson Mandela Oberschule

7 My …! I can't find them! (Understanding from the context) 🎧

EINSTIEG
Der Einstieg erfolgt unterhaltsam mit Hilfe einer Leseübung. L präsentiert den S den Satz „Monument Valley is one of the most photographed places on earth" <u>ohne</u> Vokale (z.B. auf Folie) und bittet die S, den Satz vorzulesen. L: Can you read this? *Mnmnt Vlly s n f th mst phtgrphd plcs n rth.* Sobald ein S den Satz komplettiert hat, erläutert er/sie, wie das Entziffern gelungen ist. L: How were you able to read this? (S: I tried to complete the words from the letters I saw / 'Monument Valley' was easy because of the two capital letters … / I heard the same sentence before in the *Lead-in* …) Dann leitet L über. L: This shows how we work. Even though we don't have all the letters, we understand what is written because we add the missing letters in our mind. The same is true when we try to understand spoken language. Even if we can't understand everything clearly, the context can help us fill the gaps, as we'll see in the following exercise.

ERARBEITUNG
Die S lesen sich zunächst die *Listening Tip*-Box durch. Dann erklärt L die Übung. L: I'm going to play ten sentences to you. Because of background noise, you won't understand every single word. But listen carefully and pay attention to the context, then you'll figure out which word or words are missing. Die zehn Sätze werden vorgespielt; der erste Satz dient als Beispiel. Nach jedem Satz notieren sich die S im Heft das fehlende Wort bzw. die fehlenden Wörter.

➜ 2 ▷ 21 Transkript online

AUSWERTUNG
Die Auswertung erfolgt im Plenum.

LÖSUNG
1 is two <u>hours</u> late · 2 <u>gate</u> 63 or 64 · 3 coffee or <u>tea</u> · 4 <u>Could you look after</u> my bags · 5 switch my <u>mobile (phone)/cell</u> · 6 in 15 <u>minutes</u> · 7 at that <u>café/restaurant</u> · 8 get a good <u>view</u> · 9 <u>pick</u> us up · 10 a hot <u>shower</u>

➜ Workbook 9–10 (p. 62)

➜ Interaktive Übungen zum Workbook 5.5

185

Unit 5 Mediation course ⛛ Using your skills

KOMMUNIKATIVE KOMPETENZEN

Die S können …

Mediation: wesentliche Informationen von unwesentlichen unterscheiden und diese sinngemäß mündlich und schriftlich vom Englischen ins Deutsche und vom Deutschen ins Englische übertragen (SB-Seite 107, a)–c)) · kulturspezifische Begriffe erklären (SB-Seite 107, b)) · Informationen adressatengerecht und höflich in die jeweilige Sprache übertragen (SB-Seite 107, b)–c))

METHODISCHE KOMPETENZEN

angemessene Kompensationsstrategien bei Verständnis- und Formulierungsschwierigkeiten selbstständig anwenden (SB-Seite 107, a), b), c))

S. 107

TIPPS FÜR IHRE PLANUNG

Im *Mediation course* werden die in den vorigen Kapiteln erlernten Sprachmittlungsstrategien zusammengeführt und trainiert. In Aufgabe **a)** wird vom Englischen ins Deutsche gemittelt, in Aufgaben **b)** und **c)** vom Deutschen ins Englische.

→ FöFo 5.4

→ Interaktive Übungen zum Workbook 5.6

NEUER WORTSCHATZ

(to) **select** sb./sth. · **cultural** · **independence** · **independent** · **national (holi)day** · **federal** · **barbecue** · °**streamer** · **balloon** · °**firework** display · (to) **declare** sth. · **declaration** · **Bavaria** · **neither** · **classical**

EINSTIEG

SB geöffnet. Die S bekommen zwei Minuten Zeit, die *Mediation skills*-Box auf SB-Seite 107 durchzulesen. L: You have two minutes to read the box at the top of the page. Afterwards you'll have to answer questions about how to mediate texts. Nun schließen die S ihre SB, arbeiten mit einem Partner zusammen und vervollständigen gemeinsam Halbsätze, die L für die S bereithält (z.B. auf Folie): (1) To find key information in a text, you … (2) When taking notes, it's important to … (3) Instead of translating word by word, you … (4) The following words are examples of culture-specific keywords in German that can't be translated into English: … (5) When explaining something to visitors from another country, it's important to …

AUSWERTUNG

Die Lösungen werden zur Ergebnissicherung im Plenum vorgetragen und besprochen; die S erhalten die Möglichkeit, die Antworten der Mit-S zu ergänzen bzw. zu berichtigen oder Fragen zu stellen.

MUSTERLÖSUNG

(1) To find key information in a text, you <u>can scan the text and underline the information you need for your task or takes notes.</u>

(2) When taking notes, it's important to <u>use only keywords, not complete paragraphs or long quotes.</u>

(3) Instead of translating word by word, you <u>should paraphrase.</u>

(4) The following words are examples of culture-specific keywords in German that can't be translated into English: <u>Gelbe Tonne, Braune Tonne, Weißwurstfrühstück, Maibaum …</u>

(5) When explaining something to visitors from another country, it's important to <u>be polite / give background information / ask if the information is clear …</u>

ERARBEITUNG

a) SB geöffnet. Die S bearbeiten die Aufgabe in EA. Der deutsche Satz wird im Heft notiert.

Mediation course — Using your skills   Unit 5

AUSWERTUNG

Die Auswertung erfolgt im Plenum. Die S präsentieren ihre Sätze, die auf Richtigkeit und Vollständigkeit überprüft werden. Anschließend reflektieren die S über die Strategien, die sie bei der Lösung der Aufgabe angewendet haben.

MUSTERLÖSUNG

Der amerikanische Nationalfeiertag wird am 4. Juli gefeiert, weil sich an diesem Tage im Jahr 1776 die britischen Kolonien von Großbritannien lossagten und die Unabhängigkeitserklärung unterschrieben.
Strategien: finding key information: scanning, paraphrasing

ERARBEITUNG (www)

b) SB geöffnet. Die S bearbeiten die Aufgabe in EA. Sie machen sich Notizen. *Follow the link* bietet Informationen über den 3. Oktober, den Tag der Deutschen Einheit.

→ www.englishg.de/access

AUSWERTUNG

Die S präsentieren ihre Antworten zunächst einem Partner, dann tragen mehrere S ihre Lösung im Plenum vor. Die zuhörenden S überprüfen die Lösungsvorschläge auf Richtigkeit, Vollständigkeit und Adressatenbezug. Anschließend reflektieren die S über die Strategien, die sie bei der Lösung der Aufgabe angewendet haben.

MUSTERLÖSUNG

The 3rd of October is the German national holiday. As you know, Germany was divided into two parts in 1945 after the Second World War: East Germany and West Germany. The West German government was in Bonn and East Germany's government was in East Berlin. In 1989 the Berlin Wall came down, and a year later, in 1990, East and West Germany became one country again on 3rd October, with its central government in Berlin. Today Germany has 16 states. Five states are in what used to be East Germany. We call them the "Neue Bundesländer". The other states, in the western part of the country, are called the "Alte Bundesländer".
Strategien: Imagine you were the friend (the visitors do not know much about Germany, so some background information has to be given); being polite; paraphrasing German keywords (alte Länder / neue Länder ...).

ERARBEITUNG

c) SB geöffnet. Die S bearbeiten die Aufgabe arbeitsteilig in PA. Partner 1 konzentriert sich auf Friend A, Partner 2 auf Friend B. Die S erhalten hierfür etwa fünf Minuten Zeit und machen sich Notizen.

Alternative
Die S bearbeiten die Aufgabe arbeitsgleich in EA. Sie haben die Aufgabe, nur Programmpunkte zu finden, die beiden Freunden gefallen könnten. L: Concentrate on activities your friends will enjoy.

AUSWERTUNG

Die S präsentieren ihre Antworten zunächst ihrem Partner, dann tragen zwei S ihre Lösungen im Plenum vor. Die zuhörenden S überprüfen die Lösungsvorschläge auf Richtigkeit, Vollständigkeit und Adressatenbezug. Anschließend reflektieren die S über die Strategien, die sie bei der Lösung der Aufgabe angewendet haben.

Unit 5   Mediation course   Using your skills

MUSTERLÖSUNG

Partner A: I think you will enjoy the parade on the evening before 3rd October. It starts at 7 pm. People will carry lamps with candles in them and it'll look very nice. There's also a classical concert at Schillerpark at 8 pm. You like classical music, don't you? On 3rd October, then, you could attend another big parade at 12 noon. All the German states will take part, so you can learn a lot about the different regions and states of Germany. There will also be a run at 3 pm to raise money to help people who have come to Germany to escape war in their home countries. The money will go to refugees. Or you can go see a concert with several church choirs. It starts at 4 pm on the town square. In the evening there will be many events all over the place. You shouldn't miss the big firework display at 9 pm. Do you have any questions?

Partner B: You like music, don't you? Maybe the concert on 2nd October will be something for you. It starts at 8 pm, and lots of German artists will take part. All of them have took part in the Eurovision Song Contest. Have you ever heard of this song contest? So it should be fun, but it'll be quite noisy, you know. Then, on 3rd October, you could attend the big parade at 12 noon. Every German state will show something, so you can learn a lot about the different states of Germany. In the evening there will be many events all over the place. They are part of the Festival of Lights. I'm sure you will like walking around the town centre then. What do you think?

Strategien: finding key information: scanning, paraphrasing; imagine you were your friend (the visitors do not know much about Germany, so some background information has to be given); being polite; paraphrasing German keywords (alte Bundesländer / neue Bundesländer ...)

→ Workbook 11 (p. 63)

→ FöFo 5.4

→ Interaktive Übungen zum Workbook 5.6

Part C Unit 5

KOMMUNIKATIVE KOMPETENZEN
Die S können …
Lesen: Texten über die Feierlichkeiten zum Unabhängigkeitstag Hauptaussagen entnehmen und Sinnzusammenhänge zwischen den einzelnen Textteilen herstellen (SB-Seite 108, 1)
Hören: gehörten Dialogen Hauptaussagen entnehmen und die Intentionen der Sprecher und ihre Gefühlslagen verstehen (SB-Seite 108, 2, 3)
Schreiben: einen persönlichen Brief verfassen (SB-Seite 109, 4)

METHODISCHE KOMPETENZEN
Lesetechniken (*reading for gist, reading for detail*) selbstständig nutzen (SB-Seite 108, 1) · das Scheiben eines Briefes selbstständig vorbereiten und dabei Methoden der Ideenfindung und Strukturierung aussuchen und anwenden (SB-Seite 109, 4)

S. 108–109

TIPPS FÜR IHRE PLANUNG
In *Part C* erleben die S die Feierlichkeiten zum Unabhängigkeitstag hautnah mit und nehmen an der Party der Millers teil. Über ihre Mobiltelefone sind Taylor und Hailey am 4. Juli über alle Zeitzonen hinweg mit ihren Freunden und Familienmitgliedern in Kontakt (**1**). Auf der Party in Santa Fe überrascht Tylers Großvater Mark die anwesenden Gäste dann mit einer Neuigkeit, die auf Tyler, Hailey und Carla unmittelbare Auswirkungen hat (**2, 3**). Kommunikativ wenden die S die in der vorangegangenen Unit erworbenen Fertigkeiten beim Schreiben eines Briefes (**4**) an, sprachlich beschäftigen sie sich im optional zu behandelnden *Practice*-Teil mit Relativsätzen.

➔ FöFo 5.5
➔ Interaktive Übungen zum Workbook 5.7

1 July 4th – coast to coast

NEUER WORTSCHATZ
°Pacific Daylight Time · °Mountain Daylight Time · **pier · trap · Keep me posted!**

EINSTIEG
SB geschlossen. Zum Einstieg führt L ein UG zum Thema Zeitzonen. L: Have you ever travelled through different time zones? Where did you go? What was it like? How many hours' difference was there? (S: …) Dann geht L zur Lehrwerksgeschichte über. L: Remember when the Millers arrived in New Mexico? They had to reset the time. (S: They had to turn their clocks forward by one hour. / They were suddenly one hour older.)

ÜBERLEITUNG
SB geöffnet. Die S betrachten die Karte auf SB-Seite 108. L erläutert: As you can see on the map, the Millers travelled across two different time zones. California and Nevada are on Pacific Time. New Mexico is on Mountain Time. There's a difference of one hour. In fact, since it's summer, we can speak of "Pacific Daylight Time" and "Mountain Daylight Time", as the U.S. uses daylight saving time, like Europe. What are the names of the other two time zones? (S äußern sich.) Let's find out what happened on Independence Day.

ERARBEITUNG
a) SB geöffnet. Gemäß SB.

AUSWERTUNG
Die Auswertung erfolgt im Plenum.

189

Unit 5 Part C

LÖSUNG

July 4th – messages from coast to coast		
sent by	sent to	sent from
Laura Miller (Hailey's mom)	Hailey	San Francisco (Pier 39)
Tyler Miller	his friends and family	Santa Fe
Hailey	her mom	Santa Fe
D'Avila Jones (Tyler's aunt)	Tyler	New Orleans
Jasmine (Tyler's friend)	Tyler	New York (Brooklyn Bridge)

ERARBEITUNG
b) SB geöffnet. Die S bearbeiten den Auftrag gemäß SB-Seite 108, indem sie auf die Uhrzeiten unter den Nachrichten achten und die Zeitunterschiede berücksichtigen.

AUSWERTUNG
Im UG klären die S die Reihenfolge der Nachrichten und begründen ihre Antwort. Die Reihenfolge wird im TB ergänzt.

Hinweis: Für die Zeitunterschiede kann das Kaleidoscope auf den SB-Seiten 30–31 herangezogen werden.

LÖSUNG
message 1: Tyler's (7:10 MDT)
message 2: Jasmine's (9:12 EDT = 7:12 MDT)
message 3: D'Avila's (8:13 CDT = 7:13 MDT)
message 4: Hailey's (7:19 MDT)
message 5: Laura's (6:22 PDT = 7:22 MDT)

2 Party conversations 🎧

ÜBERLEITUNG
SB geöffnet. Die S betrachten die Bilder genau und entnehmen den Nachrichten Information über Fernandas Party in Santa Fe. L: Look at the photos and the messages again. What can we find out about the Independence Day party in Santa Fe? (S: People are having a great time. / There's a barbecue. / The hamburgers aren't ready yet. / David and Dan are disagreeing about how to grill hamburgers. / Mark (Hailey's and Tyler's grandpa) is going to make a big announcement.) Die S können an dieser Stelle auch spekulieren, welche Ankündigung im Raume steht. L: What kind of announcement is Mark going to make? (S: …)

ERARBEITUNG
a) SB geschlossen. Gemäß SB.

➜ 2 ▷ 22–23 Transkript online

AUSWERTUNG
Die S tauschen sich in PA aus.

MUSTERLÖSUNG
Conversation 1: Tyler and his dad disagree about whether he can have a beer.
Conversation 2: Dan and David disagree about who's making hamburgers and how.

ERARBEITUNG
b) SB geschlossen. Gemäß SB.

AUSWERTUNG
Die S tauschen sich in PA aus.

190

Part C Unit 5

MUSTERLÖSUNG
A: Tyler seems to be angry because he can't have a beer.
B: I don't think Tyler is really angry because he knows he isn't old enough to have a beer.
A: I think David is a little angry at Dan because Dan is trying to teach him how to make hamburgers, but that isn't his job.
B: I don't think David is really angry. He's just disagreeing with his brother.
A: Perhaps Fernanda is angry because her dress is all wet.
B: I don't think Fernanda is angry. She's calling Tyler a mad boy only to make fun of him a little bit.

➜ FöFo 5.5

3 The announcement 🎧

ERARBEITUNG
SB geschlossen. Gemäß SB.

➜ 2 24 Transkript online

AUSWERTUNG
Die Auswertung und Diskussion der beiden Fragen erfolgt im Plenum.

MUSTERLÖSUNG
– Mark announces he's going to marry Fernanda.
– Carla, Hailey and Tyler will be cousins and will be seeing more of each other.
– Carla is probably the happiest. When she wrote a letter to Nicole in San Francisco, she said she would like to have Tyler and Hailey as cousins.
– I think both Hailey and Carla are very happy because they hope they can see Tyler in New York.

➜ FöFo 5.5

4 La Fiesta ✏️ You choose

ERARBEITUNG
a)/b) SB geöffnet. Gemäß SB. Die Aufgabe eignet sich als HA.

➜ My Book

MUSTERLÖSUNGEN
a)

> 2214 Capitan
> NM 87507
> 07/05/16
>
> Hi Alejo,
> Hello from Santa Fe! How's it going over there in New York? Did you spend July 4th playing chess? (Just kidding ;-))
> Well, I just want to let you know I'm still in Santa Fe. Did you get the picture I sent you yesterday? The one with me and the two girls, Hailey and Carla? We had a great time together at the party last night eating great Mexican food and swimming in an awesome pool in Fernanda's backyard. Fernanda is my grandpa's girlfriend. Well, not any more. She's my new grandma now, no joke! Right in the middle of the party, my grandpa made a big announcement. The music stopped, he stood up from his chair and told us he would get married again! To Fernanda! Everybody cheered and clapped. Then the music started to play again, and my grandpa and Fernanda began to dance. It was really funny.
> Fernanda is really nice. I like her. And you know what? Carla is Fernanda's granddaughter, so she's my cousin now. Life's crazy sometimes, right? Both Hailey and Carla want to come to New York soon. You'll have to meet them then! I'm sure you'll like them too.
> Talk to you later,
> Tyler

191

Unit 5 Part C

b)

→ My Book

> 2214 Capitan
> NM 87507
> 07/05/16
>
> Hi Simon,
>
> How are you doing over there in Germany? Thanks so much for your letter from two weeks ago. It was really great to hear from you again. Sorry for writing back so late, but this week I was extremely busy. My grandma and I had to get ready for Independence Day, which finally took place yesterday. Independence Day is really cool! It's our national day in the U.S. and it's always celebrated on July 4th. There was a big firework display at my high school in the evening, which I went to with my friends. It was great! And there were parties everywhere. In fact, there was a big party at my grandma's place too. And you know what? I found out my grandma is going to get married again – to a very nice guy, Mark. We were all surprised, but happy and excited. It was really cool! Now July 4th means even more to me than before. It's not just my country's birthday, but it's also the day when I found out I had a new grandpa – and two new cousins, Hailey and Tyler, who are really nice! Wish you were here to meet them, Simon!
>
> Well, I need to go. Next time you write, please tell me about your national day in Germany. When do you celebrate it? And what do you usually do on that day?
>
> Love,
>
> Carla

AUSWERTUNG

Die S arbeiten in PA zusammen. Sie lesen die Briefe ihrer Partner und geben sich konstruktiv Rückmeldung.

→ FöFo 5.4

Part C Practice Unit 5

S. 110

TIPPS FÜR IHRE PLANUNG
Part C Practice behandelt die verschiedenen Formen von Relativsätzen im Englischen. In (**1**) werden Relativsätze mit und ohne Relativpronomen kontrastiert, in (**2**) bestimmende und nicht bestimmende Relativsätze. Übung (**3**) stellt Relativsätze mit Satzbezug vor. Die Übungen sind optional und können bedarfsorientiert eingesetzt werden.

➜ FöFo 5.5
➜ LAS 5.1
➜ Interaktive Übungen zum Workbook

1 REVISION A burglar is someone who ... (Relative clauses and contact clauses)

NEUER WORTSCHATZ
burglar · squirrel · crutch · scales *(pl.)* · kettle · secretary

ERARBEITUNG
a) SB geöffnet. Die Übung wird mündlich im Plenum bearbeitet. Dabei achtet L darauf, dass vollständige Sätze gebildet werden.

LÖSUNG
1C A burglar is someone who breaks into houses.
2A A squirrel is an animal that eats nuts and lives in trees.
3D Scales are something (that) you use to weigh yourself.
4F A secretary is someone who works in an office.
5B Crutches are things that help you to walk.
6E A kettle is something (that) you use to boil water.

Zusatz
Die Übung wird dazu verwendet, um im UG über die Verwendung der Relativpronomen *who* und *that* und von *contact clauses* zu reflektieren. L: When do we use *who*, when do we use *that*? (S: We use *who* for people or animals with names. *That* is always correct.) When can you leave out *that*? (S: You can leave it out if *that* is the object.) An dieser Stelle kann ggf. auf GF 13.1 und 13.2 verwiesen werden.

ERARBEITUNG
b) 👥 SB geöffnet. Gemäß SB.

➜ GF 13.1–13.2: Relative clauses (pp. 190–191)
➜ FöFo 5.5
➜ LAS 5.1

2 EXTRA Independence Day in Santa Fe (Non-defining relative clauses)

NEUER WORTSCHATZ
plaza · annual

EINSTIEG
SB geschlossen. L präsentiert zunächst die folgenden beiden Sätze (z. B. auf Folie): (1) A burglar is someone who breaks into houses. (2) The burglar, who still had the stolen goods with him, was caught by the police. Im UG werden die beiden Sätze analysiert. L: Who can underline the relative clauses in these two sentences? (S unterstreicht.) Which relative clause gives extra information, and which one absolutely important information? (S: the first one gives important information, the second one extra information) Dann führt L die Fachbegriffe ein. L: We call the first clause a "defining" relative clause, the second one a "non-defining" relative clause. Defining relative clauses are important to the basic meaning of a sentence. Non-defining relative clauses only give extra information.

ÜBERLEITUNG
SB geöffnet. Zur Festigung der neuen Begrifflichkeiten lesen die S still die *Language help*-Box und bearbeiten folgenden Auftrag. L: What is important in writing? (S: We use commas before and after non-defining relative clauses.)

➜ GF 13.3: Non-defining relative clauses (p. 191)

ERARBEITUNG
a) SB geöffnet. Gemäß SB.

193

Unit 5 Part C Practice

LÖSUNG

Santa Fe's main Independence Day celebration, which goes back over 40 years, is Pancakes on the Plaza. The event, which attracts big crowds every year, takes place in downtown Santa Fe. Tickets, which cost $7, can be bought at banks all over town. The celebration, which runs from 7 am to 12 pm, is great fun for kids. The annual painting competition is very popular with young visitors, who just love all the different pancakes. There are also great activities for adults, who can visit the car show or dance to music.

ERARBEITUNG

b) SB geöffnet. Gemäß SB.

DIFFERENZIERUNG `More help`

Leistungsschwächere S arbeiten auf SB-Seite 139. Dort finden sie einen Lückentext, in dem für jeden Relativsatz zwei mögliche Stellen im Text angegeben sind. Die S suchen die richtige Stelle aus.

AUSWERTUNG

➜ FöFo 5.5

Der Text wird von S im Plenum mit Satzzeichen (commas, full stops) vorgelesen.

3 EXTRA ... which was a pity. (Relative clauses that refer to a whole clause)

ERARBEITUNG

SB geöffnet. Gemäß SB.

AUSWERTUNG

Die Sätze werden im Plenum vorgelesen und ggf. korrigiert.

LÖSUNG

1 Hailey's mom couldn't go to the party, which was a pity.
2 I can't find my mobile phone, which means I can't call my dad.
3 Jake's dad gave me a lift to the station, which was very kind of him.
4 Kate told me her cat died, which was sad news.
5 I've hurt my leg, which makes it difficult to walk.

➜ Workbook 12–14 (p. 64–65)

➜ GF 13.4 Relative clauses that refer to a whole clause (p. 191)

➜ FöFo 5.5

| | EXTRA | Text | Unit 5 |

KOMMUNIKATIVE KOMPETENZEN

Die S können …

Lesen: einem Liedtext Detailinformationen entnehmen und in einem größeren Zusammenhang verstehen und deuten (SB-Seite 111, 1a), 2a))

Sprechen: Information und Meinungen austauschen (SB-Seite 111, 1, 2a))

Hören: zwei Liedern verbale (Liedtext) und non-verbale (Rhythmus, Melodie, Stil) Informationen entnehmen und in einen größeren Zusammenhang stellen (SB-Seite 111, 1b))

Schreiben: eine Liedstrophe über ihr eigenes Land verfassen (SB-Seite 111, 2b))

S. 111

TIPPS FÜR IHRE PLANUNG

Die Beschäftigung mit dem berühmten Lied *This land is your land* von Woody Guthrie rundet die Einheit zum amerikanischen Südwesten musikalisch ab. Die S befassen sich mit dem landeskundlichen Hintergrund des Liedes, analysieren den Songtext und vergleichen das Lied mit einem weiteren amerikanischen Klassiker, *God bless America*.

This land is your land

NEUER WORTSCHATZ

(to) °provoke sb./sth. · °march · (to) °bless · °ribbon · °highway · (to) °sparkle · (to) °stroll · °wheat · °fog · °redwood · (to) °roam · (to) °ramble · (to) °chant · (to) °lift · °jobless · °unrealistic (+realistic) · °gulf stream · °diamond · °private

1 This land

EINSTIEG

SB geschlossen. Zum Einstieg präsentiert L den S vier Satzanfänge aus dem Liedtext (z.B. auf Folie): As I went walking … I saw above me … I <u>roamed</u> and <u>rambled</u> … A voice was <u>chanting</u> …) sowie den Titel des Liedes und stellt folgenden Arbeitsauftrag. L: Here are four lines from a song we're going to listen to today. The song is called "This land is your land". It's one of the most famous songs in the U.S. What could this song be all about? Work in buzz groups, brainstorm ideas and complete the sentences with your ideas. Die Lösungen werden im Plenum vorgestellt und verglichen.

KV 20: Text: This land is your land. Die KV bietet eine Zusammenfassung der neuen Vokabeln zum Lernen. Darüber hinaus finden die S dort Sätze, mit Hilfe derer sie die Verwendung der neuen Vokabeln üben können.

ÜBERLEITUNG

SB geschlossen. L zeigt als Bildimpuls eine Fotografie aus der Zeit der *Great Depression* (z.B. von Dorothea Lange, im Internet verfügbar). L erläutert den Hintergrund. L: This is a photo from the time when the songwriter was about 18 years old, taken in the late 1920s. He had not written his song yet, but this time had a great effect on his life. Does this new knowledge change your ideas about what the song could be about? (S äußern sich und ergänzen ggf. Ideen, z.B. über kritische/traurige/dunkle Aspekte bzw. die Jugenderfahrungen des Sängers, die im Song thematisiert werden könnten.)

ERARBEITUNG

SB geöffnet. L: Let's find out more about the song and its writer. Read the info-box first and get ready to answer the following questions: (1) Who was Woody Guthrie? (S: a folk singer from Oklahoma born in 1912) (2) When exactly did he write the song (S: in 1940) (3) Why? (S: He wrote it as an answer to the song "God bless America".) Die Antworten werden im Plenum besprochen.

195

Unit 5 EXTRA Text

ERARBEITUNG
a) SB geöffnet. Die S arbeiten wahlweise in EA, PA oder GA gemäß
SB-Seite 111.

AUSWERTUNG
Ein S bzw. eine Gruppe stellt die Lösung vor, die Klasse ergänzt oder verbessert ggf. Dann stellt die Klasse Vermutungen in PA und/oder im UG
an, welche Landschaften sie sich vorstellen und welche Regionen der
USA gemeint sein könnten (Tipp: Kaleidoscope verwenden).

MUSTERLÖSUNG
– redwood forests (→ maybe Redwood National Park, California)
– gulf stream waters (→ maybe the eastern and southern coasts)
– golden valley (→ a land where everything is great and shiny; maybe
  valleys in California or in the Rockies)
– diamond deserts (→ deserts; maybe the Mojave or Monument Valley)
– wheat fields (→ on a farm; maybe the plains from Montana to Texas)

ERARBEITUNG
b) SB geöffnet. Gemäß SB.

AUSWERTUNG
Die Ergebnisse werden im Plenum präsentiert und in einem TB zusammengeführt.

MUSTERLÖSUNG

	God bless America	This land is your land
music	many instruments; powerful; emotional	few instruments (guitar; harmonica) simple
style	hymn/anthem	folk song
words	celebrates how great America is	celebrates America's nature; says America is for everybody
message	very positive; religion seems to be very impor- tant; in America you can feel at home	land for everybody; different landscapes; but there are also borders that show that it's not for everybody

Ergänzung
Die S illustrieren ihre Ergebnisse
mit Hilfe von Bild- und Karten-
material, das sie z.B. im Internet
recherchiert haben.

➡ 2 p 25–26

Weitere Differenzierung
Zur sprachlichen Bewältigung
der Aufgabe stellt L sprachliche
Hilfsmittel zur Verfügung
(z. B. auf Folie):
This song …
… is heavy/soft/melodic/fast/
slow/simple/complicated/
dramatic …
… makes me feel sad/happy/
relaxed/hopeful/hopeless …
… makes me want to sing along/
cry/stand up and dance …
… sounds like a(n) hymn/
anthem/folk song …
… celebrates/criticizes …

Hinweis: *This land is your land*
ist hier von Woody Guthrie
gesungen, *God bless America*
von LeAnn Rimes.

2 Your land You choose

ERARBEITUNG
a) SB geöffnet. Gemäß SB.

MUSTERLÖSUNG
Verse 4 is the only verse in the song that doesn't describe America's
nature, but also talks about social problems. The words suggest that some
people in America are better off (the ones living behind the wall) than
others (the ones outside the wall). Those outside don't have the same
rights as those living behind the walls ("private property"), who have
more chances and freedom ("on the back side it didn't say nothing"). I
think that by leaving out this verse, the meaning of the song changes a
lot. Without verse 4, the song only celebrates America's beautiful side.
With verse 4, the song becomes a protest song.

196

EXTRA 📖 Text Unit 5

ERARBEITUNG
b) SB geöffnet. Gemäß SB.

MUSTERLÖSUNG

This land is your land, this land is my land
From Balitc waters to Alpine mountains
From the biggest city to the smallest village
This land was made for you and me

AUSWERTUNG

Die S, die den gleichen Arbeitsauftrag erledigt haben, finden sich in Kleingruppen (empfohlene Gruppengröße: 4 S) zusammen. Die S, die Teilaufgabe **a)** bearbeitet haben, tauschen ihre Meinungen zur vierten Strophe aus und bereiten eine kurze gemeinsame Stellungnahme vor.
L: Discuss your views about verse 4 and prepare a short group statement. The following phrases can help you: In our group we agree/disagree on the meaning of verse 4. We all agree that … But A is of the opinion that …

S, die Teilaufgabe **b)** erledigt haben, tragen sich ihre Strophen vor, vergleichen sie und bereiten eine kurze gemeinsame Stellungnahme vor.
L: Read out your verses to each other and compare them. Then prepare a short group statement. The following phrases can help you: In our verses, our country is described as a place that …
The verses have in common that … A's verse is special because …
Im Plenum stellen die einzelnen Gruppen ihre Ergebnisse vor.

Weitere Differenzierung

Die S werden schrittweise an die Aufgabe herangeführt:
Step 1: Make a list of words giving an impression of the country you are writing about.
Step 2: Arrange your words as follows:
This land is your land, this land is my land
Da da da DUM DUM
Da da da DUM DUM
Da da da DUM DUM
This land was made for you and me

➜ Text File 8 (p. 129)

➜ Workbook 15 (p. 65)

➜ Workbook Checkpoint 5 (pp. 66–69)

➜ VAS 5.1, 5.2

➜ LM Unit 5

197

Unit 5　Your task

KOMMUNIKATIVE KOMPETENZEN

Die S können …

Sprechen: eine Diskussion führen und sich auf ein gemeinsames Ziel und einen gemeinsamen Lösungsweg einigen (SB-Seite 112, Step 1); eine Gruppenpräsentation planen und ein selbstständig erarbeitetes Thema zusammenhängend und medial unterstützt präsentieren (SB-Seite 113, Steps 2 - 5)

TEXT- UND MEDIENKOMPETENZ

Die S können Texte selbstständig erschließen und in ihren wesentlichen Aspekten zusammenfassen (SB-Seite 113, Step 3)

METHODISCHE KOMPETENZEN

Die S können einen Trip in den Südwesten der USA planen und anschließend vor ihren Mit-S eine Präsentation darüber halten (SB-Seiten 112–113)

S. 112–113

TIPPS FÜR IHRE PLANUNG

Die im *Lead-in* angekündigte Lernaufgabe (*Your task*) dieser Unit lädt die S ein, einen Vorschlag für das Programm einer Klassenfahrt in den amerikanischen Südwesten zu entwerfen und diesen im Rahmen einer mediengestützten Präsentation den Mit-S vorzustellen. Dabei bringen sie die in Unit 5 und in den vorangehenden Units erlernten sprachlich-kommunikativen und methodischen Fertigkeiten und Kompetenzen zur Anwendung.

Die SB-Seiten 112–113 werden von den S weitgehend selbstständig in Gruppen á vier S bearbeitet. Zunächst einigen sie sich in einer ▶ *Placemat activity* auf einen Standort sowie fünf Besichtigungspunkte (Step 1). Im nächsten Schritt machen sich die S die Kriterien einer gelungenen Präsentation mit Hilfe des *Skills file* bewusst (SB-Seite 164), teilen die Arbeit auf und legen einen Zeitplan fest (Step 2). Sobald die S ihre jeweiligen Rechercheaufträge erledigt haben (Step 3), tragen sie die Informationen zusammen und bereiten ihre Gruppen-Präsentation vor (Step 4). Zu einem vorab vereinbarten Zeitpunkt stellen alle Gruppen ihre Programm-Vorschläge vor und die Mit-S geben mit Hilfe eines Rückmeldebogen (S. 264) kriteriengestützt Feedback, und zwar methodisch, sprachlich und inhaltlich. Am Ende des Projektes wird über den besten Vorschlag abgestimmt (Step 5).

➔ FöFo 5.1

A trip to the American Southwest

NEUER WORTSCHATZ

°destination · °cost · °overview · °prizewinner

ERARBEITUNG　STEPS 1–5

✂ **SB geöffnet.** Gemäß SB.

➔ Skills File 16: Giving a presentation (p. 164)

➔ Skills File 18: Giving feedback (p. 164)

▢ **KV 2: Giving feedback on a presentation.**

➔ FöFo 5.1

198

☐ **Text File   Unit 1**

KOMMUNIKATIVE KOMPETENZEN
Die S können …
Lesen: kurze informative Texte erschließen und daraus resultierende, weitergehende Fragen beantworten (SB-Seite 114, a) und b)) · einen längeren Auszug aus einem fiktionalen Text inhaltlich erschließen und diesem Detailwissen entnehmen (SB-Seite 117, 1 a) und b))
Sprechen: Vermutungen anstellen und verbalisieren. (SB-Seite 114, a) und b)) · sagen, ob sie sich ähnlich verhalten würden, wie die Jugendlichen in einem fiktionalen Text (SB-Seite 117, 1 c))
Schreiben: kreativ mit einem fiktionalen Text umgehen, indem sie eine Biografie für einen Charakter entwerfen, der in der Geschichte nur grob skizziert ist (SB-Seite 117, 2)

S. 112

Text 1: 1 WTC … Freedom Tower

INFO-BOX
A **foot** (*pl.* **feet**, short: **ft**, symbol: ′) is a unit of length in the systems of measurement customarily used in the UK and US. Since 1959, in both systems, a foot has been defined as exactly 0.3048 metres. One foot is divided into 12 inches, and three feet make up a yard. Historically, the "foot" was a unit in many measurement systems, such as those of the Greeks, Romans and Chinese. It ranged between 250 mm and 335 mm in length. Today the metric system is most widely used around the world, including in Germany. One of the few official uses of the foot as a unit outside the English-speaking countries is for measuring altitude in the field of aviation.
One World Trade Center (also known as the **Freedom Tower**): siehe HRU-Seite 27.

TIPPS FÜR IHRE PLANUNG
Das *Text File* 1 schließt an den Text *Rivers, towers and waterfalls* in *Part A* der Unit 1 (SB-Seite 14) an. Es kann als Ersatz für die Internetrecherche auf SB-Seite 15 (*Follow the link*) genutzt werden. So lernen alle S gemeinsam den *Freedom Tower* als exemplarischen Wolkenkratzer in New York kennen. Alternativ kann das *Text File* als *Early finisher* nach der neigungsdifferenzierten Aufgabe **3** auf SB-Seite 15 eingesetzt werden.

EINSTIEG
SB geschlossen. L notiert das Umrechnungsverhältnis der Längeneinheit *foot* zum Meter an der Tafel (1′ = ca. 0.3 m) und erklärt, dass dieses eine Längeneinheit sei, die früher der Standard im englischsprachigen Raum war, heute allerdings meist nur noch im internationalen Flugverkehr verwendet wird.
Anschließend notiert L Längen- und Höhenangaben aus dem Text an der Tafel. Die S rechnen diese zunächst ins metrische System um und spekulieren anschließend, was die Zahlen darstellen.
L: Look at these numbers. They are in feet. Can you turn them into metres? We're going to read a text about a famous skyscraper in New York called the Freedom Tower. All these numbers have something to do with this building. Can you guess what?

➔ **Tip:** ein weiterer Impuls könnte hier sein: Say how tall you are in feet and inches.

Feet	Metres	What does the number have to do with the Freedom Tower?
186 feet	56.69 metres	height of the base of the building
2,000 feet per minute	609.6 metres	speed of the elevators
1,776 feet	541.32 metres	height of the building

SB geöffnet. 1. Lesen. Die S überprüfen ihre Vermutungen selbstständig, indem sie den Text scannen. L: Now check your ideas with the text. Scan the text for the numbers on the board.

ÜBERLEITUNG
L: Now work together with a partner and answer **a)** and **b)**. Take notes.

199

Unit 1   Text File

ERARBEITUNG

a)/b) SB geöffnet. 2. Lesen. Die S lesen die Texte nun genau und beantworten anschließend die Fragen. Die Auswertung erfolgt im Plenum.

MUSTERLÖSUNG

a)
– The height reminds us of the year 1776 – the year of the Declaration of Independence, in which the American colonies said that they wanted to be free from Britain.
– The name and the height are both symbols for the American fight against terrorism after the attacks of 9/11.

b)
– It is important in modern American history.
Yes, I'd like to visit 1 WTC because you have a great view of the city. It really looks nice and interesting. I could take cool photos of it and the city. …
– No, I wouldn't like to visit it because I am afraid of heights. I'd prefer to visit Central Park. …

Text 2: Underground New York

INHALT

Der Auszug aus *Underground New York* handelt von Rick, der seinen beiden deutschen Cousins, Zoe und Basti, den Freedom Tunnel zeigen möchte. Im Zuge dessen macht er sie mit Moog und Raul bekannt. Die drei amerikanischen Jugendlichen sprayen regelmäßig Graffitis im Freedom Tunnel. Zoe verlässt die Gruppe und dringt tiefer in den Tunnel vor und entdeckt dabei einen alten Mann, der im Tunnel zu leben scheint.

INFO-BOX

Freedom Tunnel is a railway tunnel that passes under Manhattan's Riverside Park. It was likely named for Chris "Freedom" Pape, a graffiti artist who spray-painted on the walls of the tunnel.
Die Lektüre **Underground New York** von Cecile Rossant ist in der *Cornelsen English Library* (ISBN: 978-3-032302-9) erschienen und bietet zudem Aufgaben und *Activities*.

S. 115–117

TIPPS FÜR IHRE PLANUNG

Die *Pre-reading*-Aufgabe und die Alternative dazu können die S als vorbereitende HA erledigen. Soll der Text im Unterricht gelesen werden, sollte für das *Text File* eine Doppelstunde genutzt werden. Um die Bearbeitung des Aufgabenapparates im Unterricht zeitökonomischer zu gestalten, können die S eine der Teilaufgaben in **1** wählen (*You choose*), **2** kann als HA bearbeitet werden.

EINSTIEG

👥 **SB geschlossen.** Die S beschreiben sich ein Graffiti aus ihrem Heimatort. Sie sagen, ob es sich in ihren Augen um Kunst handelt und diskutieren, ob es in Ordnung ist, überall Graffiti zu sprühen.

MUSTERLÖSUNG

It is art because …   I really like to look at it.
graffiti artists are very creative.
it's nice to have colourful graffiti instead of grey walls.

It's not art because … they are doing something that is illegal.
it's not nice to spray on house walls which don't belong to you.
a lot of graffiti is ugly and the artists just spray their names on walls.

Alternative

Die S recherchieren als vorbereitende HA ein Bild von einem Graffiti, das ihnen gefällt und verfassen einen kurzen Text darüber (60–80 Wörter). Zu Beginn der Stunde werden die Bilder inklusive der Texte im Klassenraum ausgehängt. Die S erkunden die Bilder in einem ▶ *Gallery walk* und wählen ihre Top 3.

Text File   Unit 1

ERARBEITUNG
SB geöffnet. 1. Lesen. Die S lesen den Text als *Extensive reading task*.
Dabei entscheiden sie, ob folgende Sätze wahr oder falsch sind:
– Moog and Raul are friends of Rick. (True)
– Raul knows Frankfurt well. (False)
– Rick wants to go into the tunnel immediately. (False)
– Moog is the first one who runs into the tunnel. (True)
– The next train was coming in 40 minutes. (True)
– There isn't any light in the tunnel. (False)
– Rick, Basti and Zoe start spraying on an empty wall. (False)
– Zoe continues walking on her own. (True)
– Zoe sees a strange painting of a person with a spray can for a head. (True)

1 The Freedom Tunnel

ERARBEITUNG
a) SB geöffnet. 2. Lesen. Gemäß SB.

LÖSUNG
It has a dark, square opening as an entrance. The tunnel itself is six metres high and 18 metres wide. Every 20 metres along the tunnel there are openings from above and sunlight shines through them. The tunnel is full of gravel and stones. Everything seems dark and greyish. The only colour down there is from the graffiti. When the trains rush through, it is very dangerous to be in the tunnel because you might be hit.

ERARBEITUNG
b) SB geöffnet. Gemäß SB.

MUSTERLÖSUNG
– No one disturbs you while spraying.
– The colourful graffiti is a contrast to the grey world inside the tunnel.
– Maybe they like the risk they take.
– Train passengers look at your graffiti while passing by.

ERARBEITUNG
c) SB geöffnet. Diese Aufgabe kann im Rahmen einer kommunikativen Übung bearbeitet werden, z.B. ▶*Kugellager*.

LÖSUNG
I would walk through the tunnel because it's an interesting sight in New York / sth. that I cannot see in my hometown / I love street art/I spray too / …
I wouldn't walk through the tunnel because I hate graffiti / it's too dangerous / I'm scared of tunnels / there might be rats / …

Alternative
1 wird als *You choose* bearbeitet, so dass Zeit eingespart werden kann. **1c)** wird dann als schriftlicher Kommentar verfasst. Die S präsentieren ihre Ergebnisse im Plenum.

Weitere Differenzierung
In leistungsstärkeren Lerngruppen werden die Aufgaben direkt nach dem **1. Lesen** bearbeitet.

2 The man in the tunnel

ERARBEITUNG
SB geöffnet. Die S wählen die Sozialform selbst (EA, PA oder GA) und überlegen, welche Geschichte hinter dem mysteriösen Unbekannten steckt. Ergänzend können die S auch ein Bild recherchieren oder zeichnen, das ihren Unbekannten darstellen soll.

MUSTERLÖSUNG
The man is a graffiti artist who has just sprayed a picture – maybe the one with the spray can for a head.
He's a man who came to New York from Germany originally and has been living in the tunnel for a while because he is homeless.

Weitere Differenzierung
In leistungsschwächeren Lerngruppen sammeln die S zunächst gemeinsam Ideen an der Tafel, bevor sie die Aufgabe bearbeiten.

201

Unit 2   Text File

KOMMUNIKATIVE KOMPETENZEN

Die S können …

Lesen: einem Sachtext zu einem interkulturell relevanten Thema die Hauptaussagen sowie Detailinformationen entnehmen (SB-Seite 119, 1a) und b))

Hör-/Seh-verstehen: einem Filmausschnitt explizite und implizite Detailinformationen entnehmen (SB-Seite 119, 2)

Sprechen: Informationen und Argumente im Gespräch miteinander austauschen (SB-Seite 119, 1 und 2)

METHODISCHE KOMPETENZEN

Selbstständige Lesetechniken *skimming, scanning, reading for gist, reading for detail* nutzen, um einen Sachtext zu verstehen (SB-Seite 119, 1)

Text 3: Amazing Grace: History of a song

INHALT

Der vorliegende Sachtext *Amazing Grace: History of a Song* behandelt die Entstehungsgeschichte und Verbreitung eines der bekanntesten Kirchenlieder weltweit, *Amazing Grace*. Der Text wurde in den 1770er Jahren von John Newton verfasst, der als Sklavenhändler zu Reichtum gekommen war, nach einer überstandenen Notsituation auf hoher See seinem Leben jedoch eine Wende verlieh (1748). Newton trat zum Christentum über, wurde später Priester und begann, sich für die Abschaffung des Sklavenhandels einzusetzen. In diesem Kontext entstand der heute bekannte Text, dem 1835 in Amerika die heute bekannte Melodie unterlegt wurde. *Amazing Grace* gelangte im 19. Jahrhundert zu großer Popularität in den USA. In Europa verbreitete sich das Lied erst in den frühen 1970er Jahren.

INFO-BOX

Mahalia Jackson (1911–1972) was a world-famous gospel singer from New Orleans. She became famous in America and Europe with her recording of the song "Move on up a little higher" and enjoyed artistic and commercial success in the 1950s and 1960s. An important figure in the Civil Rights Movement, Mahalia Jackson performed at the March on Washington in 1963 and at Martin Luther King's funeral in 1968.

Barack Obama (born 1961) is the first African American president of the United States. He was born in Hawaii as the son of a Kenyan father and an American mother. After receiving a law degree from Harvard Law School, he moved to Chicago, where he worked as a civil rights lawyer and also met his future wife, Michelle. In 2004, Barack Obama was elected to the U.S. Senate representing Illinois, becoming only the fifth African American to serve in the U.S. Senate. He was elected the 44th president of the United States on 4 November 2008. Barack and Michelle Obama have two daughters, Malia Ann and Sasha.

Text File Unit 2

S. 118–119

TIPPS FÜR IHRE PLANUNG

Das *Text File 2* schließt an das Thema *Civil Rights in the United States* der Unit 2 an und kann im Anschluss an *Part B* oder am Ende des Kapitels zur Vertiefung der Thematik eingesetzt werden. Der Text kann in einer Schulstunde bearbeitet werden.

Vor der Lektüre des Textes sollte das Lied *Amazing Grace* einmal vollständig angehört werden (es sind zahlreiche bekannte Versionen im Internet frei verfügbar, z.B. von Mahalia Jackson).

EINSTIEG

SB geschlossen. *Pre-reading.* Die Hinführung zum Text erfolgt mittels einer ► *Think-Pair-Share*-Sequenz. L präsentiert den S folgende Aussage: Songs can make a difference in people's lives. (Tafel/Folie).

L: Please think about this statement for a minute. Do you agree with it or not?

Die S tauschen sich zunächst in PA aus, bevor sie im Plenum Stellung beziehen. Im UG kommen möglichst viele S zu Wort und äußern ihre Ansicht. Dann fragt L nach Liedern, die den S selbst wichtig sind.

L: Name the most popular songs that both you and your family know and sing.

ÜBERLEITUNG

L: Let's find out more about the history of a song, which, in fact, has made a difference in very many people's lives.

ERARBEITUNG

SB geöffnet. Die S lesen den Text kooperativ im ► *Reciprocal reading*-Verfahren. Der Text wird zu diesem Zweck in drei Sinnabschnitte eingeteilt, die von den S in Gruppen à drei S sukzessive bearbeitet werden:
- Abschnitt 1: Zeilen 1–39 (information on Newton and how the song came to America);
- Abschnitt 2: Zeilen 40–73 (information on how the song was popularized);
- Abschnitt 3: Zeilen 74–Ende (information on President Obama).

L: Please form groups of three. You will read and talk about the text in three steps. First assign the roles of summarizer, clarifier and questioner in your group and read section 1 (ll. 1 to 39). Then swap roles and read section 2 (ll. 40 to 73). Then swap roles again one more time and read the last part of the text. Here is a description of your roles:
- Summarizer: Read the passage, make notes about its main ideas and tell the group.
- Questioner: Read the passage, write down questions about the passage and quiz the other group members.
- Clarifier: Read the passage, note down any unclear information and discuss it in your group.

Weitere Differenzierung

Es empfiehlt sich, Redemittel auf Folie bereit zu stellen:

When I listen to music I feel/ think …

Lyrics are (not) important because …

Songs can(not) change people's behaviour because …

Songs can(not) change people's attitudes because …

My favourite songs are dark/ light/calm/aggressive/cheerful/ intense … songs because …

My family and I (do not) listen to … music together because …

We (don't) enjoy singing because …

203

Unit 2   Text File

1 English hymn to world hit

ERARBEITUNG
a) SB geöffnet. Die S fassen im UG die Bedeutung der Textzeilen, die über dem Text abgedruckt sind, zusammen.

MUSTERLÖSUNG
Newton refers to himself as a wretch, because he used to be a slave dealer before becoming a Christian. He was lost, but when he understood that he had done wrong, he became a good man, a man of the church, and saw what had to be done, namely fight slavery.

ERARBEITUNG
b) SB geöffnet. Die S fassen im UG die wesentlichen Schritte der Verbreitungsgeschichte von *Amazing Grace* zusammen und äußern ihre persönliche Meinung.

MUSTERLÖSUNG
- The song was written by Newton in the early 1770s to tell his life's story from "slave trader" to "Anglican priest".
- In 1789 the song arrived in America.
- The melody that we sing today was given to the song in 1835, and it became popular.
- In the 20th century *Amazing Grace* was sung at protest demonstrations (1950s, 1960s).
- In the early 1970s it became a chart success in the UK.
- Since then, many different versions have been published.
- I like the song because it is very emotional / it has a strong melody that you cannot forget / it tells a very important story …
- I don't like the song because I've heard it too many times / it's difficult to understand the words / I don't like church music …

Weitere Differenzierung
Um die Geschichte der Verbreitung des Liedes zusammenzufassen, hält L für schwächere S Satzanfänge bereit, die ergänzt werden müssen:
The song was written in the early 1770s by … because …
In 1789 the song …
The melody we know today was added in …
In 20th-century America the song became highly popular when …
The song returned to Europe in … when …
Today …

2 The President's speech ▶

ERARBEITUNG
SB geöffnet. Die S schauen sich das Video an und beobachten, wieso Präsident Obama das Lied anstimmt und wie das Publikum reagiert.

MUSTERLÖSUNG
- President Obama is trying hard to find the right words to express his sadness about the killing of eight people and give hope to the audience. He doesn't seem to know what to say, then he starts singing *Amazing Grace*.
- The people are moved, enthusiastic and excited and start singing along after a few seconds.

☐ Text File   Unit 3

KOMMUNIKATIVE KOMPETENZEN

Die S können …

Hören: Popsongs anhören und dabei deren Texte und musikalische Eigenschaften bewerten (SB-Seite 121, d))

Lesen: Songtexte lesen, deren Hauptaussagen herausarbeiten und diese mit Textbeispielen belegen (SB-Seite 120–121 a)–b))

Sprechen: über den Inhalt von Songtexten sprechen (SB-Seite 121, a)–b)) · Inhalte von Songtexten vergleichen (SB-Seite 121, c)) · ein persönliches Geschmacksurteil über eine Songauswahl geben und begründen (SB-Seite 121, d))

S. 120–121

Text 4: Who wants to be a celebrity?

TIPPS FÜR IHRE PLANUNG

Das *Text File* 3 schließt an das Thema Hollywood und Stars der Unit 3 (SB-Seite 54–73) an. Anhand der beiden Songtexte *Hollywood* von Madonna und *Fame* von David Bowie erarbeiten die S eine kritische Sichtweise auf die Lebenswelt in der Traumfabrik Hollywood und den mit dem Leben als Star verbundenen Ruhm. Dazu analysieren sie die Texte zunächst einzeln. Anschließend beschreiben sie die inhaltlichen Verbindungen zwischen den beiden Songs. Zum Abschluss hören die S die Songs an und benennen wesentliche textliche oder musikalische Elemente, indem sie erklären, welcher der Songs ihnen besser gefällt.

EINSTIEG

SB geschlossen. L: Imagine you are a famous star. Take notes on how your life would be if you were a star. Think of the good things and also the bad things. (…) Now describe what your life as a star would be like. (S: I would be very rich and live in a great house. / I would have lots of fans and get lots of emails, letters, presents, … / As a famous person, everyone would want to be my friend, so it would be difficult to find real friends. / …)

ERARBEITUNG

a) SB geöffnet. 1. Lesen. Gemäß SB.

LÖSUNG

All the people go to Hollywood because they want to become famous. They don't think anything could be bad there because it all looks good. People hope that they can be famous and shine in Hollywood. The sun is shining in Hollywood and there's something special in the air. There's always the same music and a concept of right and wrong which the singer thinks is boring.

All in all the text says that people who come to Hollywood are full of hope to be successful there and that everything seems nice. But, as the text shows, you can lose your memory, your visions, your reputation.

ERARBEITUNG

b) SB geöffnet. 1. Lesen. Gemäß SB.

LÖSUNG

Fame is something that you won't have very long; it can soon be over ("what you get is no tomorrow"). It doesn't mean very much: everything seems to be great but there's nothing behind it ("fame puts you where things are hollow"). It's dangerous because it can drive you to crime, for example, and it can or will hurt you.

ERARBEITUNG

c) SB geöffnet. 2. Lesen. Gemäß SB.

Alternative

In einer vorbereitenden HA sammeln die S Informationen über das Leben eines Stars. Mit Hilfe dieser Informationen stellen sie Vermutungen an, wie das Leben dieser Stars ablaufen könnte und stellen ihre Ergebnisse in der Klasse vor.

Weitere Differenzierung

In leistungsschwächeren Klassen notieren sich die S zunächst Stichworte aus dem Text zu den Fragen im SB und vergleichen diese mit einem Partner. Anschließend stellen sie ihre Ergebnisse in der Klasse vor.

205

Unit 3   Text File

MUSTERLÖSUNG
Both songs are about fame, being famous and dreams. In both songs it's said that people want to be famous because that seems to feel good. But at the same time, the songs also show that fame changes people in a way that isn't good for them.

ERARBEITUNG
d) SB geöffnet. Gemäß SB.

LÖSUNG
People can become famous for their music / for their films / as actors / authors. …

ERARBEITUNG
e) SB geöffnet. 1. Hören Gemäß SB.

➜

Zusatz/HA
Die S suchen weitere Songs zum Thema Ruhm oder Hollywood heraus und stellen diese in der Klasse vor. Anschließend vergleichen sie die mit den beiden im SB vorgestellten Songs.

📖 Text File   Unit 4

KOMMUNIKATIVE KOMPETENZEN

Die S können …

Hören: das musikalische Genre eines Songs bestimmen und Elemente aus der Musik heraushören, die sie *Native American* klingen lassen (SB-Seite 125, a))

Lesen: die Inhalte von Sachtexten in Hinblick auf Zahlenangaben wiedergeben (SB-Seite 124, a)) · einen diskontinuierlichen Text (Statistik) auswerten (SB-Seite 124, b)) · einem Sachtext zum *Ghost Dance movement* zentrale Informationen entnehmen (SB-Seite 125, a))

Sprechen: über die Aussage einer Bildauswahl zu Siedlungsformen nordamerikanischer Ureinwohner sprechen (SB-Seite 122, *Pre-reading*) · eine Statistik zu den Bevölkerungszahlen von Ureinwohnern im Gebiet der heutigen USA erklären (SB-Seite 124, b)) · Informationen zu Siedlungsformen nordamerikanischer Ureinwohner, einem Krieg zwischen nordamerikanischen Ureinwohnern und europäischen Siedlern oder über das heutige Leben von nordamerikanischen Ureinwohnern in der Klasse vorstellen (SB-Seite 124, c) *You choose*) · die Bedeutung bestimmter Zeilen aus einem Song über das *Ghost Dance movement* erklären (SB-Seite 125, b))

S. 122–124

Text 5: Native Americans

INHALT

Im *Text File 5* wird grundlegendes Wissen über die nordamerikanischen Ureinwohner vermittelt.

TIPPS FÜR IHRE PLANUNG

Die *Text Files 5* und *6* schließen an das Thema *Native Americans in South Dakota* der Unit 4 (SB-Seite 83) an.

Nachdem sich die S in *Text File 5* zunächst anhand einer Bildersammlung zu Siedlungsformen nordamerikanischer Ureinwohner die Vielfalt der indigenen Kulturen und ihrer Lebensformen bewusst gemacht haben, lesen sie Sachtexte zum Thema. Anhand von vorgegebenen Zahlen erklären die S anschließend wichtige Textaussagen (**a**)) und werten eine Grafik zu Bevölkerungszahlen von nordamerikanischen Ureinwohnern im heutigen Gebiet der USA aus (**b**)). Zur Vertiefung wählen die S aus drei vorgegebenen Themen eines aus, sammeln dazu Informationen und stellen diese der Klasse vor (**c**)).

In *Text File 6* setzen sich die S mit dem *Ghost Dance movement* als Ausdruck einer für die *Native Americans* in South Dakota besonders prägenden Erfahrung im Umgang mit den Einwanderern auseinander, indem sie einen Sachtext lesen und einen Song dazu analysieren.

EINSTIEG

SB geöffnet. *Pre-reading.* Mit Hilfe der Bilder und Texte auf SB-Seite 123 setzen sich die S mit der Vielfalt der Lebensformen indigener Kulturen in Nordamerika auseinander.

MUSTERLÖSUNG

We often think that the Native Americans only lived in tepees, as we see in films, but this is wrong. There were various and very different houses that Native Americans used to live in. There were houses made of wood or stone that would last for a very long time and there were houses like tents, or tepees, or little huts that didn't last that long and were better for a nomadic life. Obviously, the different Native American tribes had very different ways of life, so they also had very different kinds of houses. Because all the houses were made from natural materials, the geographical area in which the Native Americans lived was quite important for their lifestyle and the way the houses were built too.

Alternative/Zusatz

Die S bereiten in Kleingruppen Referate zu einzelnen Stämmen vor. Die Bilder auf SB-Seite 123 und die Landkarte auf SB-Seite 122 liefern dazu Informationen.

207

Unit 4   Text File

ERARBEITUNG

a) SB geöffnet. Die S lesen die Informationstexte über die Ureinwohner Nordamerikas und erklären anschließend wesentliche Inhalte, indem sie zu den Zahlen in der Box Sätze formulieren.

LÖSUNG

– 16,000: When Europeans arrived in North America in the 15th century, Native Americans had already lived there for 16,000 years.
– 1300: The Anasazi culture started to die out around 1300.
– 500: There were more than 500 different tribes in North America when the Europeans arrived there.
– 1750: The Spanish brought horses to North America in 1750. This changed the way of life of the Plains Indians because, with the help of horses, they could follow the buffalo herds and became nomadic.
– 10 million: Many historians suggest that 10 million Native Americans lived in North America before European contact.
– 1492: The year of Christopher Columbus's famous voyage to the Ancestral Pueblo "New World".
– 1600–1900: In this time period tens of millions of Europeans came to live in North America.
– 350,000: At the end of the 19th century, there were only 350,000 Native Americans left in North America.

ERARBEITUNG

b) SB geöffnet. Die S werten eine Statistik aus und leiten daraus Informationen über die Ureinwohner Nordamerikas ab, indem sie eine Grafik zu der Anzahl an Indianern im heutigen Gebiet der USA über den Zeitraum von 1500 bis heute beschreiben und Vermutungen anstellen, warum diese Darstellung eine Informationslücke zwischen 1500 und 1890 enthält.

LÖSUNG

Around 1500 there were between 7 million and 10 million Native Americans in the present-day area of the USA. Then there is an information gap and the next numbers show an extreme decline in the numbers of Native Americans, from 7–10 million to less than half a million:
In 1890 there were less than half a million Native Americans and there was only a very slight rise till 1950. From 1950 the number of Native Americans in the USA rose faster, with more than 1 million in 1980 and nearly 2 million in 1990.
Since the year 2000, the census has counted about 5 million Native Americans in the USA. This rise is probably caused by the option to name more than one race in a census since 2000.

There is no information for the time between 1500 and 1890 because there was no census then. The numbers for 1500 are numbers that today's historians suggest. In 1890 the European settlers took the first census that included Native American people. In the years in between, the European settlers had started their own colonies, explored the North American continent and fought against Native American tribes, so there were no censuses of the population. Maybe the European settlers didn't consider the Native Americans important enough to be counted.

ERARBEITUNG

c) SB geöffnet. Die S wählen eines der Themen aus, sammeln Informationen dazu und präsentieren diese in der Klasse. Die Präsentation der Ergebnisse kann in Form von Kurzreferaten oder einem ▶ *Gallery walk* stattfinden.

Alternative

🧩▶ *Jigsaw*: Die S teilen die Texte in Kleingruppen jeweils untereinander auf und lesen dann jeweils 1–2 der Texte, zu denen sie sich stichwortartige Notizen machen, um anschließend deren Inhalt für die anderen Gruppenmitglieder zu erklären.

📖 Text File   Unit 4

S. 125

Text 6: Ghost dance

INHALT

In *Text File 6* wird das Ende des *Ghost Dance movement* von 1890 in South Dakota mit Hilfe des Songs *Ghost dance* (1994) von Robbie Robertson dargestellt. Diese religiös geprägte Bewegung breitete sich ab ca. 1870 unter den Ureinwohnern Nordamerikas aus. Sie war eine Reaktion auf ihre schlechten Lebensbedingungen, da sie von den europäischen Einwanderern durch die Vernichtung der Büffelherden weitgehend ihrer Lebensgrundlage beraubt worden waren und zur Assimilation und zum Leben in Reservaten gezwungen wurden. Durch langandauernde Kreistanzrituale hofften die Ureinwohner, eine Verbesserung ihrer Lebensumstände und den Rückzug der Einwanderer herbeizuführen. Diese friedliche Bewegung wurde 1890 insbesondere in den Reservaten der Lakota in South Dakota praktiziert und führte zu Spannungen mit den Behörden, die diese aus Angst vor einem Aufstand der Ureinwohner untersagten, und in deren Folge es zu dem Massaker an den Lakota in der Ortschaft *Wounded Knee* in der *Pine Ridge Reservation* kam.

ERARBEITUNG
a) SB geöffnet. Gemäß SB.

→ 2 ⏵ 29

LÖSUNG

The music is a mix of pop/rock and traditional Native American music. It can be called "world music". The percussion is typically Native American, and the harmonies sound as if they could be from Western rock and pop songs. Other elements that sound Native American are, for example, the rain and the low roar. The special flute playing and background singing also make the song seem more Native American. The voice could be telling a story. It changes between almost silent parts and louder parts.

ERARBEITUNG
b) SB geöffnet. Gemäß SB.

LÖSUNG

ll. 3–4: "for the return of the buffalo and for a better day to come": Native Americans were especially dependent on hunting buffalo, so when the European settlers killed millions of buffalo, Native Americans had great problems just to survive. The hope for the return of the buffalo herds is connected to better living conditions for the people.

ll. 9–19: This part of the song says that the European settlers are not as strong as the prayers and the strength of the Native Americans. It says that Native Americans won't lose hope, even though the settlers outlawed the Ghost Dance and killed Native Americans at Wounded Knee.

l. 14: "but we shall live again": This line expresses the hope that their life as Native Americans will be better one day.

l. 16: "My sister above": This line refers to the women and children who were killed in the massacre at Wounded Knee on the Pine Ridge Reservation in South Dakota in 1890.

l. 19: "like a latter day saint": This refers to the fact that Native Americans were killed because of the Ghost Dance movement, even though it was peaceful and the victims were actually doing something good. The line highlights how cruel and unfair these murders were.

ll. 27–28: "And Sitting Bull the great apostle of the Ghost Dance": These lines refer to Sitting Bull, who led the Lakota for years in resisting the U.S. government policies. He was shot in 1890.

Unit 5   Text File

KOMMUNIKATIVE KOMPETENZEN

Die S können …

Lesen: einen Auszug aus einem Drama Informationen zum Schauplatz, zu den Figuren, zur Handlung, zu den Requisiten und zum Inhalt entnehmen (SB-Seite 128 c)) · den Inhalt eines Gedichts und darin beschriebenen Bilder wiedergeben (SB-Seite 129 a) und b))

Schreiben: einen *review* über ein Dramenauszug verfassen (SB-Seite 128 a) und b))

Sprechen: einen Dramenauszug szenisch darstellen (SB-Seite 128 c) und d)) · über Bilder in einem Gedicht diskutieren (SB-Seite 129)

S. 126–128

Text 7: Darcy's cinematic life

TIPPS FÜR IHRE PLANUNG

Der Auszug aus dem Einakter *Darcy's cinematic life* von Christa Crewdson stellt die 15-jährige Darcy vor, die vielseitig interessiert ist, gerne lernt und sich selbst als überdurchschnittlich intelligent bezeichnet, gerade deshalb aber von ihren Mitschüler/innen als seltsam angesehen wird. Immer wieder flüchtet sich Darcy in Tagträume, um ihren Alltag besser zu bewältigen, was zu weiteren Verwicklungen führt. Der Text kann in Anlehnung an Unit 5 *Part A* (thematischer Bezug: Carla's dreams and hopes for the future, SB-Seite 96) eingesetzt werden, um die Herausforderungen des Erwachsenwerdens zu thematisieren.

ERARBEITUNG

SB geöffnet. Gemäß SB. Die Aufgabe wird im ▶ *Think-Pair-Share*-Verfahren bearbeitet.

ÜBERLEITUNG

L: Let's meet another girl your age. Her name is Darcy. She's 15. The way she sees herself and the way others see her do not always match, as is true for us too, right? Meet Darcy!

ERARBEITUNG

a) SB geöffnet. Gemäß SB.

MUSTERLÖSUNG

The scene is from the play *Darcy's Cinematic* Life by Christa Crewdson. The main character is Darcy. Darcy is a girl who thinks of herself as creative, of above-average intelligence and not a typical teenager. Her parents, her teachers and the other people in her life do not agree.

Darcy enjoys daydreaming. In the daydream presented in the scene, we follow Darcy back to her time in kindergarten. She heroically rescues Chad's frog Hoppy during a presentation, but Chad is in awe of Darcy only until the moment Liza appears. In her daydream, Darcy then sees Liza turning into a Barbie doll that is broken.

I like the scene very much. It is a lot of fun because we find out how Darcy sees herself and how other people see her. I like the kindergarten daydream best, because it is really crazy and wild.

ERARBEITUNG

b) SB geöffnet. Gemäß SB.

AUSWERTUNG

Im Plenum werden die Aufsätze, die die meisten Punkte bekommen haben, im Detail besprochen.

Weitere Differenzierung

Zur sprachlichen Bewältigung stellt L eine Liste an beschreibenden Adjektiven zur Verfügung:

My parents/friends/teacher … would describe me as active/cool/curious/funny/intelligent/lively/noisy/quiet/sad/shy/smart …

Hinweis: Klebepunkte in unterschiedlichen Farben bereithalten, damit die S ihre Stimmen abgeben können.

Text File Unit 5

ERARBEITUNG

c) 👥 **SB geöffnet.** Gemäß SB. Dabei sollte arbeitsteilig verfahren werden: Je zwei S bearbeiten eine Spalte in der Tabelle.

Hinweis: L fordert die S zur Schulung der genauen Textarbeit auf, ihre Ergebnisse, wenn möglich, mit Zeilennummern zu belegen.

AUSWERTUNG

Die Ergebnisse werden in den Teilgruppen zusammengetragen und besprochen.

MUSTERLÖSUNG

Settings:
– beginning Darcy's house/room (ll. 1–55):
– daydream: kindergarten/school room (ll. 56–137)

Characters:
– Darcy: very strong, sure of herself at the beginning (ll. 11–17); goes wild/over the top in her daydream when she helps Hoppy (ll. 94–108)
– Liza: wants to be a leader, Darcy's arch enemy (ll. 31–32); very popular; fancies Chad (l. 107); "girly" girl (ll. 111–115)
– mum: loving (l. 6); worried about Darcy (l. 18)
– brother: not very nice to Darcy (l. 28)
– teacher: strict; not very emotional (l. 19)
– dad: loving; still sees his little kid ('pumpkin') in her (l. 30)
– Chad: not interested in Darcy; looks "through" her (l. 51); looks at her in awe for a second (l. 104), then is more interested in Liza (ll. 105–108)
– Ms Nibs: nice; friendly (ll. 77–79, ll. 89–90)
– Gail: not bright (ll. 66–68)
– child: excited, happy (l. 82)

Action:
– beginning – characters stand/sit around (ll. 1–59)
– daydream – in class with a teacher (ll. 60–137), girl stands in front of the class (l. 65)
– Darcy's dream in her dream – Darcy and Liza alone on stage, then Liza runs off (ll. 128–136)
– ending – classroom scene (l. 137)

Props:
– chairs to show Darcy's home (ll. 1–56)
– classroom scene: teacher's desk and chairs (ll. 57–137)

Movies in Darcy's head:
– Darcy watches as second Darcy acts in movie?
– Darcy in kindergarten (ll. 57–137)
– young Darcy rescuing Hoppy (ll. 91–103)
– young Darcy seeing Liza go to pieces (ll. 130–133)

ERARBEITUNG

d) SB geöffnet. Gemäß SB.

AUSWERTUNG

Die beobachtenden S reflektieren darüber, wie ihnen die Umsetzung der Szene gefallen hat. Ggf. können die Unterschiede in den Darstellungen der einzelnen Gruppen thematisiert werden.

Unit 5   Text File

S. 129

Text 8: A desert poem

TIPPS FÜR IHRE PLANUNG

Das Gedicht kann in Ergänzung zum Unit-Text oder als Alternative dazu im Unterricht eingesetzt werden.

EINSTIEG

SB geschlossen. Der Einstieg in das Thema *desert poetry* erfolgt kreativ, indem die S dazu angeleitet werden, selbst ein kurzes Gedicht in Form eines *cinquain* zum Thema *desert* zu verfassen.

L: A cinquain is a special poem. It has five lines. The first line has only one word, for example a noun (a name, a place, an object, a feeling …). The second line has, for example, two adjectives describing the noun in line 1 in more detail. The third line has, for example, three verbs ending in -ing describing the noun in line 1 in yet more detail. The fourth line has four words telling us what the name, place, object, person in line 1 does, thinks … The fifth line repeats line 1.

Nun erklärt L den Arbeitsauftrag anhand eines Beispiels. L: Please write a cinquain about the desert.

Die S arbeiten in EA oder PA. Die Gedichte werden anschließend in Kleingruppen oder im Plenum vorgetragen und besprochen.

ÜBERLEITUNG

SB geöffnet. L: Let's read another poem about the desert.

Zunächst lesen die S die Informationen. Dann liest L das Gedicht vor, die S lesen mit und äußern dann spontan ihre ersten Eindrücke.

Weitere Differenzierung

L präsentiert den S ein Beispiel als Hilfestellung:

Desert
Vast, endless
Moving, burning, weeping
No beginning, no end
Desert

Hinweis: Folgende Impulsfragen können bei der Besprechung der Gedichte hilfreich sein: Which poems describe deserts as dangerous/empty/lifeless places? Which poems describe plants and flowers? Which poems talk about people living in the desert?

INFO-BOX

Pat Mora was born in El Paso, Texas in 1942. She worked as a teacher before becoming a professional writer in the 1980s. Her writings are strongly influenced by the landscape of the American Southwest. In her writings, she often switches between English and Spanish words.

ERARBEITUNG

a) SB geöffnet. Gemäß SB. Auswertung in PA, dann im Plenum.

LÖSUNG

The curandera's day:
– she wakes up early (l. 8)
– she lights candles before her sacred statues (l. 8)
– she makes some mint tea (l. 9)
– she goes out and rubs morning sand into her hands and arms (ll. 10–11)
– she goes into the desert to gather herbs (l. 13)
– she prepares her ointment made of dried snake, wild bees and white wine (ll. 13–15)
– when the townspeople come, she listens to their stories and helps them (ll. 17–20)
– she listens to the desert (ll. 20–21)
– in the evening she relaxes on her porch (ll. 22–27)

The curandera's healing power:
– she prepares ointments (made of snakes, bees, wine and herbs)
– she uses ointments, touches and watches the people, listens to them and prays for them

212

Text File Unit 5

ERARBEITUNG

b) SB geöffnet. Gemäß SB. Auswertung in PA, dann im Plenum. L: Poetry is language at its most powerful. In this task you have to go back and find examples of powerful language in the poem *Curandera* by Pat Moira.

MUSTERLÖSUNG

– I think the sentence "the curandera and house have aged together to the rhythm of the desert" describes the curandera very powerfully, because it shows that her life is influenced strongly by the desert.

– In my opinion, the line "and she listens to the desert, always, to the desert" is a very powerful way of describing the desert. Here it becomes clear that the desert isn't just empty land, but a place that gives the curandera answers. It's almost like a sacred place.

ERARBEITUNG

c) 🗣 Die S üben das sinngestaltende laute Lesen und weisen ihr Textverständnis nach, indem sie das Gedicht zunächst einander und dann im Plenum ausdrucksvoll vorlesen (►*Dramatic reading*). Sie setzen dabei Pausen, Betonungen, Lautstärke und Lesegeschwindigkeit sinngestaltend ein.

Ergänzung

In einem abschließenden UG wird die Rolle einer *curandera* näher charakterisiert. L: Which people in our society would you compare a curandera with? (a priest, an advice giver, a doctor, …)

213

Methodisch-didaktisches Glossar

3-2-1-Brainstorming

Das *3-2-1-Brainstorming*-Verfahren ist eine Variante des ► *Brainstorming*, bei der S ihre Ideen vorstrukturiert in der Form *„Find 3 things that …, find two things that …, and find one thing that …"* protokollieren.

Acrostic (Akrostikon)

In seiner ursprünglichen Form ist das *acrostic* (griechisch: *akros* Spitze; *stichos* Vers) eine Versform, bei der die Anfänge (Buchstaben bei Wortfolgen oder Worte bei Versfolgen) hintereinander gelesen einen Sinn ergeben, z. B. einen Namen oder einen Satz. Im Unterricht wird in der Regel eine vereinfachte Form eingesetzt: Die Buchstaben eines Wortes werden senkrecht untereinander geschrieben. Jeder Buchstabe kommt auch in einem anderen Wort vor (häufig als Anfangsbuchstabe), diese Wörter werden waagerecht um das senkrechte Startwort angeordnet.

Appointment

Appointment ist eine gesteuerte Form von wechselnder PA.
1. Die S schreiben drei (vorgegebene) Uhrzeiten untereinander wie im SB. Dann gehen sie zu drei Mit-S und fragen: *Can we meet at 10/11/12 o'clock?* Sie tragen die Namen der Mit-S bei der entsprechenden Uhrzeit ein.
2. Die S beantworten die Aufgabenstellung zunächst für sich.
3. Wenn L sagt *It's 1 (2, 3) o'clock*, gehen die S zu dem Mit-S, mit dem sie um 1 (2, 3) verabredet sind, und befragen ihn.
4. Anschließend berichten die S im Plenum über ihre Umfrageergebnisse. Tipp: L sollte immer als Joker zur Verfügung stehen.

Appointment partners

Organisierte Form der PA. Die Schüler legen Partner fest (*Morning, Noon, Afternoon, Evening*), die unterschiedliche Qualitäten und Eigenschaften erfüllen müssen: Während der *Morning partner* jemand ist, mit dem sonst nie zusammen gearbeitet wird, so ist der *Evening partner* der vertrauteste Mit-S in der Lerngruppe. Sollte die Schülerzahl ungerade sein, darf jeweils eine Dreiergruppe gebildet werden. Jeder S darf sich allerdings nur einmal in einer Dreiergruppe befinden und jeder Name darf nur einmal auf dem Zettel stehen, d. h. man darf nicht den gleichen Partner zu verschieden Tageszeiten haben.
Der Vorteil dieser Methode liegt darin, mit wenig Aufwand zu gewährleisten, dass die S mit alternierenden Partnern zusammenarbeiten. Das Finden der Partner geht erfahrungsgemäß von Aufgabe zu Aufgabe immer schneller. Die unterschiedlichen Qualitäten der Partner sollten bei der Wahl des *Appointment partners* durch den L sorgfältig berücksichtigt werden. *Morning partners* empfehlen sich vor allem für Grammatikübungen und Sprechübungen. *Evening partners* sollten zum vertraulichem Austausch von Meinungen etc. gewählt werden.

Ausstellungsmethode (Exhibition)

► *Gallery walk*

Bildkarten (Flashcards)

Bildkarten helfen, wenn Realia nicht zur Verfügung stehen. Auf solche Karten können L passende Bilder aus Katalogen und Zeitschriften, aber auch eigene Zeichnungen und Grafiken, kleben. L sollte den S so viele Hilfen und Lernkanäle wie möglich geben und das Schriftbild erst dann einführen, wenn die Aussprache der Wörter hinreichend gefestigt ist. Wortkarten sind dabei eine gute Hilfe. Zusammengehörige Bild- und Wortkarten lassen sich vielfältig einsetzen, z. B. in Spielen wie *Memory*.

Blitzlicht-Methode

Mit Hilfe der Blitzlicht-Methode ist es möglich, eine Übersicht über die Meinung aller Teilnehmer zu einem bestimmten Thema zu bekommen oder eine kurze Zwischenevaluation durchzuführen. Die Methode kann daher zu Beginn, während oder am Ende einer Lerneinheit eingesetzt werden. Alle Teilnehmer äußern sich mit einer persönlichen Aussage reihum kurz zu einem vorgegebenen Thema/einer Frage (z. B.: Was gefällt mir bis jetzt? – Mir gefällt … und gleichzeitig wünsche ich mir mehr praktische Übungen.). Die Äußerungen sollten von den übrigen Teilnehmern nicht kommentiert werden. Haben alle ihre Meinung geäußert, können Probleme und/oder das weitere Verfahren diskutiert und ggf. verändert werden.

Brainstorming, Brainstorming activity

Brainstorming ist ein schneller Weg, Gedanken oder Ideen zu einer Frage oder zu einem Problem zu sammeln. Wichtig bei der Durchführung einer *Brainstorming activity* ist, dass jede Idee erst einmal kritiklos akzeptiert werden muss, damit kreatives Denken nicht durch verfrühte (positive wie negative) Kritik oder Kommentare behindert wird. Außerdem muss zu Beginn eine klare Aufgabe oder ein Ziel formuliert werden. Ein Moderator hält alle Ideen an der Tafel oder auf Folie fest, sodass sie von allen S gut gesehen werden und Folgeideen auslösen können. Nach Abschluss der Sammlung folgt nach einer kurzen Pause eine Phase der Diskussion und Bewertung.

Glossar

Bus stop

▶Lerntempoduett

Buzz group

Die *Buzz group* (Murmelgruppe) ist eine variabel einsetzbare Methodik, um S zu eigenen Stellungnahmen anzuregen oder auch Verständnisfragen zu klären.

1 L bittet die S, mit den Nachbarn spontane Kleingruppen zu bilden und sich in den nächsten (zwei) Minuten leise über die Frage/das Thema zu unterhalten.
2 L sorgt wieder für Ruhe (akustisches Signal) und animiert einige Gruppen dazu, die Klasse kurz über die Inhalte ihres Gesprächs zu informieren. Tipp: Bei schwierigeren Themen ist es sinnvoll, Moderationskarten bereitzustellen, um offene Fragen an Pinnwänden auszuhängen und damit weiterzuarbeiten.

Buzz reading (Lesegemurmel)

Methode zur Vorbereitung von (Lese-)Vorträgen (▶*Dramatic reading*). Alle S lesen ihre Rolle in einem bekannten Lesetext parallel im Flüsterton so oft wie möglich. Alle S trainieren also die Unterrichtsinhalte, Lexik und Aussprache sowie Intonation in ihrem eigenen Lesetempo.

Checkpoints

▶Kontrollpunkte

Chorsprechen

Das Sprechen im Chor ist für alle S eine gute Möglichkeit, zum Sprechen zu kommen. L kann vorher eine gleich bleibende Wendung (*Altogether now. / Please repeat after me.*) oder ein optisches Signal (z. B. eine Handbewegung) vereinbaren, so dass der Sprecheinsatz gemeinsam erfolgt.

Correcting circle

▶Schreibkonferenz

Double circle

▶Kugellager

Dramatic reading

Bei der Methode des *Dramatic reading* geht es darum, eine Rolle in einem bekannten Text ausdrucksvoll vorzutragen. Im Unterschied zum Lesen in verteilten Rollen im Plenum, bei dem nur wenige S sprachlich aktiv werden, werden beim *Dramatic reading* alle S eingebunden, und die individuelle Sprechzeit wird erhöht. Die S trainieren ihre Aussprache, ihre Intonation und Wortschatz und Strukturen. Der beobachtende L kann sehr gut erkennen, inwieweit die S tatsächlich den Text verstanden haben, insofern eignet sich diese Methode auch als sogenannte *Culminative task* am Ende einer Stunde, bei der es um Textverständnis ging und als Verfahren für L, um den Lernfortschritt der S diagnostizieren zu können Die S beweisen ihr Textverständnis

durch die angemessene Umsetzung ihrer Rolle. Die S bereiten das *Dramatic reading* zunächst in PA vor, indem sie ihren Sprechpart farbig markieren (wenn möglich). Durch die Methoden ▶*Buzz reading* und ▶*Read and look up* wird das *Dramatic reading* vorbereitet. Am Ende wird der Text dann mit viel Gefühl in verteilten Rollen auswendig vorgetragen. Bei der Behandlung von Literatur sollte L eine inhaltlich zentrale Textstelle aussuchen, in der idealerweise mehrere Charaktere auftreten und es verschiedene Möglichkeiten gibt, das Gesagte zu interpretieren. Idealerweise unterhalten sich die S in ihren Gruppen zunächst über folgende Fragen:

* Who? Who are these characters? What are they like?
* What? What's going on? Briefly discuss what you think is happening.
* Where? Where is this taking place? Describe what you think the setting might look like.
* Why? Why do you think the characters say what they say? What does each one want?
* How? How does each character speak his or her lines? Tone of voice, pauses, emphasis, facial expression, gesture and movement.

Expertengruppen

▶*Jigsaw*

Fantasiereise

Bei Fantasiereisen gehen S auf eine imaginäre Reise, indem ihnen Bilder und Geschichten, die sie sich weitgehend selbst in ihrer Vorstellung ausmalen können, angeboten werden. Fantasiereisen werden z. B. zur Entspannung, zur Lernförderung (durch einen affektiven Zugang zu einem bestimmten Thema), zur Persönlichkeitsförderung und zum Schaffen von Sprechanlässen eingesetzt. Die Sinneswahrnehmung der S kann intensiviert werden, indem sie die Augen schließen, Hintergrundmusik hören oder Düfte riechen.

Hinweis zur Durchführung: Fantasiereisen sind Lernangebote. L sollte die S dazu einladen, jedoch nicht zur Teilnahme zwingen. Im Anschluss sollten die S frei entscheiden, was sie von ihren Erlebnissen erzählen. Die individuellen Empfindungen der S sollten nicht bewertet werden, da es in einer Fantasiereise kein richtiges oder falsches Erleben gibt. Der Klassenraum sollte eine angenehme Atmosphäre ermöglichen und genug Platz für jeden S bieten, um eine gute Entspannungshaltung einzunehmen. Wichtig ist es, genügend Zeit einzuplanen.

Feedback

Die Durchführung von Feedbackphasen ist von grundlegender Bedeutung für die Entwicklung von methodischen Kompetenzen wie beispielsweise Vortragstechniken. Als Grundlage werden im Vorfeld klare Kriterien definiert, an denen sich das Feedback orientiert. Folgende Regeln sollten dabei beachtet werden:

1. Das Feedback wird so konkret wie möglich formuliert. Dabei werden immer zuerst positive Dinge genannt, bevor in einer zweiten Runde optimierungswürdige Aspekte angeführt werden am besten mit Handlungsalternativen.
2. Zunächst hat der Präsentierende Gelegenheit, sich zu äußern, danach die übrigen Schüler und zuletzt ergänzt die Lehrkraft.
3. Wer ein Feedback gibt, sollte versuchen, das Gesehene zu beschreiben anstatt zu bewerten. Dabei redet man den Angesprochenen am besten direkt an (also 2. Person, nicht 3.), wobei Meinungen in der Ich-Form vorgetragen werden sollten.

Die Person, die das Feedback erhält, sollte zuhören und es vermeiden, sich zu verteidigen. Letztlich geht es darum, sich selbst durch die Kritik der anderen zu verbessern. Hierzu ist es auch sinnvoll die Rückmeldungen in einer Art „DOs and DON'Ts"-Liste zu notieren.

Fehlerprotokoll

Bei der Verbesserung ihrer Fehler legen die S Listen ihrer häufigsten Fehler in verschiedenen Kategorien (Rechtschreibung/Grammatik) an, z. B. in Tabellenform: Fehlerhaftes Beispiel (Was habe ich falsch gemacht?), Art des Fehlers, Fehleranalyse (Warum ist das falsch?), Korrigierte Fassung (Wie macht man es richtig?), Weiteres Positivbeispiel.

Find somebody who … (Findejagd)

Die S bewegen sich frei in der Klasse und versuchen, anhand einer Checkliste mit bestimmten Merkmalen, passende Personen zu finden. Wenn die S jemanden gefunden haben, tragen sie den entsprechenden Namen in eine weitere Spalte ihrer Liste ein oder lassen sich die Liste unterschreiben (als Beweis). Das Ziel ist, so viele Einträge wie möglich auf der Liste zu haben (oder eine zuvor vereinbarte Anzahl an Namen innerhalb einer bestimmten Zeitspanne gesammelt zu haben). Die Funktion dieser kooperativen Lernform ist, u. a. Beziehungen aufzubauen und einen hohen Sprachumsatz zu gewährleisten.

Freeze frame
▶ Standbildmethode

Gallery walk

Diese Form von arbeitsteiliger Gruppenarbeit gehört zu den kooperativen Lernformen und stellt eine Möglichkeit für die Präsentation von Ergebnissen dar. Dabei kann sie gut mit der Methode ▶ Think-Pair-Share oder Jigsaw kombiniert werden. Die Durchführung dieser Gruppenarbeit lässt sich folgendermaßen organisieren:

1 Einteilung der Klasse in möglichst gleich große Gruppen. Alle Gruppenmitglieder erhalten eine Nummer (z. B. 1–5). In jeder Gruppe gibt es S1, S2, usw.
2 Die einzelnen Gruppen bearbeiten jeweils unterschiedliche Arbeitsaufträge. Die Ergebnisse ihrer Arbeit legen sie z. B. auf dem Tisch aus oder hängen sie an der Wand auf.

3 Alle S mit den gleichen Nummern (d. h. alle „Einser", alle „Zweier" usw.) treffen sich an einem Platz, wo ein Gruppenergebnis ausgelegt ist. Der/die S, die an der Erstellung des Produktes beteiligt war, erklärt dem Rest der neuen Gruppe das Ergebnis und beantwortet ggf. Fragen.
4 Nach Ansage (Signal von L) wechseln alle Gruppen an einen neuen Tisch (hilfreich: im Uhrzeigersinn zur Vermeidung von Durcheinander). Der neue Gruppenexperte/die neue Gruppenexpertin präsentiert nun das Ergebnis.
5 Der Gallery walk ist zu Ende, wenn alle Ergebnisse vorgestellt wurden.
6 Abschließend kann eine Follow-up-Übung folgen (z. B. Sicherung der wichtigsten Ergebnisse im Plenum, Rückmeldung zur Methode, Kommentierung einzelner Produkte, …).

Gruppenbildung

Die Einteilung bei Zufallsgruppen kann mit Hilfe folgender Group-finding activities erfolgen:

Variante 1: Familienbildung/Families: L erstellt jeweils vier Kärtchen von einem Familiennamen (Meyer, Meier, Maier und Mayer sowie Schmitt, Schmidt, Schmit und Schmiedt). Die S ziehen Kärtchen und finden anschließend ihre Familienmitglieder.

Variante 2: Hausnummern/House numbers: Die S stellen sich im Klassenzimmer in einer Linie nach aufsteigender Zahl der Hausnummer, in der sie wohnen, auf. L teilt dann Gruppen von je vier S ein.

Gruppenpuzzle

▶ Jigsaw

Information gap activity

Partner-Übung, bei der die Partner miteinander sprechen müssen, um an die Informationen zur Lösung ihrer eigenen Teilaufgaben zu gelangen. Partner A hat eine andere Version der Aufgabe als Partner B. In der Unterrichtspraxis wird der hohe Sprechanteil der S geschätzt, denn gut gemachte Information gap activities bieten authentische Kommunikationsanlässe.

Jigsaw (Gruppenpuzzle, Stamm- und Expertengruppen)

Beim Jigsaw handelt es sich um eine ▶ Information gap activity, die die Erarbeitung komplexer Themen durch die Bildung von Expertengruppen ermöglicht. Die Mitglieder einer Stammgruppe arbeiten sich in neuen Expertengruppen als Spezialisten in einen Aspekt eines größeren Themas ein und bringen anschließend ihr Spezialwissen wieder zurück in ihre Stammgruppe.

Alternativ ist auch folgendes Verfahren möglich:
Phase 1: Bildung und Benennung von Expertengruppen (z. B. Gruppe A, B, C, …), jedes Gruppenmitglied erhält zudem eine Nummer (1, 2, 3, …).

Glossar

Alle S in einer Expertengruppe (A1, A2, A3, A4,… entsprechend B1, B2, B3, B4,…) bearbeiten in einer vorgegebenen Zeit die gleiche Aufgabe in EA. Anschließend diskutieren sie ihre Arbeitsergebnisse und halten die wichtigsten Informationen fest, sodass jedes Gruppenmitglied am Ende dieser Phase über die gleichen Informationen verfügt.

Phase 2: Bildung von Querschnittsgruppen. Alle Gruppenmitglieder mit der gleichen Nummer bilden nun eine neue Gruppe (A1, B1, C1, …, entsprechend A2, B2, C2, …). Die S berichten ihren neuen Gruppenmitgliedern über die Ergebnisse ihrer Expertenrunde und beantworten Fragen. Alle S machen sich Notizen, sodass sie abschließend in der Lage sind, die Ergebnisse in ihrer Expertengruppe und später ggf. im Plenum zu präsentieren (Phase 3).

Kettenübung

Die S nehmen sich gegenseitig dran. Die S, die die letzte Frage richtig beantwortet haben, dürfen dabei die nächste Frage stellen.

Kontrollpunkte (*Checkpoints*)

Mit Hilfe von *Checkpoints* lernen die S, die eigenen Arbeitsergebnisse zu überprüfen und ggf. eigenständig Korrekturen vorzunehmen. L legt dafür an verschiedenen Stellen im Klassenraum (auf Tischen, Einbezug der umgeklappten Tafel, …) die Lösung bzw. Teile von Lösungen aus, so dass sich die S nach Bearbeitung ihrer Aufgaben frei im Klassenraum bewegen und an den betreffenden Stellen ihre Aufgaben überprüfen. Es sollten möglichst so viele Checkpoints vorhanden sein, dass die S ausweichen können und nicht mehr als drei bis vier S gleichzeitig an einer Kontrollstation arbeiten.

Kopfstandmethode

Die Kopfstandmethode gehört zu den Kreativitätstechniken, die bei der Suche nach Lösungen Anwendung finden. Dabei werden Ausgangsproblem und Ziel definiert. Anschließend wird das Ziel ins Gegenteil verkehrt und als Frage formuliert. Sollen die S z. B. Ideen sammeln, wie sie Texte besser schreiben, geht es im ersten Schritt darum, zu überlegen, wie man einen Text besonders schlecht und leserunfreundlich gestaltet. In einem zweiten Schritt werden dann die gesammelten Punkte in ihr Gegenteil verkehrt, um das eigentliche Ziel mit seinen Teilaspekten zu definieren.

Kugellager (*Double circle*)

Für das Kugellager (*Concentric circles*, auch „doppelter Stuhlkreis" genannt) werden die Stühle so aufgestellt, dass sich die S in einem Innen- und Außenkreis gegenüber sitzen. Die Partner tauschen sich aus, die Rollen von Sprecher und Zuhörer können dabei festgelegt sein. Ein akustisches Signal markiert den Wechsel der Gesprächspartner, die S bewegen sich dazu im Innen- und/oder Außenkreis um einige Plätze weiter. L bestimmt, wie lange sich die S austauschen und wie viele Plätze die S bei der Drehbewegung wechseln.

KWL-table, KWL-Übung

KWL-tables sind *graphic organizer*, die den S in *Pre-reading*-Phasen helfen, sich einem Thema zu nähern, ihr Vorwissen und ihre Fragen an das Thema zu strukturieren. *KWL* steht dabei als Akronym für *Know – Want to know – Learned*. Die S können dazu vor dem Lesen allein, mit einem Partner oder in Kleingruppen in einer Tabelle ihre Ideen in den Spalten *Know* und *Want to know* sammeln. Der Erkenntnisgewinn dabei ist, dass sie in der Regel schon einiges dazu wissen und darüber hinaus noch mehr dazu lernen können. Dieses gesammelte Vorwissen und die Fragen der Schüler werden vor dem Lesen im Plenum besprochen und Leiten anschließend das Lesen der Schüler. Nach dem Lesen können die S ihre Ergebnisse in der Spalte *Learned* festhalten und gemeinsam begutachten, welche Informationen sie gewonnen haben, welche ihrer Fragen beantwortet wurden und welche ggf. weiterer Recherche bzw. Quellen bedürfen.

Lerntempoduett (*Bus stop*)

Die Durchführung eines Lerntempoduetts bietet sich an, wenn die Ergebnisse verschiedener Übungen in PA verglichen werden sollen. Mit Hilfe des Lerntempoduetts wird dabei der unterschiedlichen Bearbeitungsgeschwindigkeit der S Rechnung getragen.

Die S bearbeiten die erste Aufgabe in EA. Wenn ein S fertig ist, steht er auf und wartet auf den nächsten, der aufsteht, ggf. an einem vereinbarten *Bus stop*. Das ist dann der Partner zur Besprechung der Ergebnisse (evtl. auch außerhalb des Unterrichtsraums). Danach arbeiten beide in EA an der nächsten Aufgabe weiter und stehen wieder auf, wenn sie fertig sind. Dabei muss nicht alles geschafft werden, vielmehr ist das Ziel, die Aufgaben gründlich zu erledigen. Daher empfiehlt es sich als letzte Aufgabe einen motivierenden Zusatz anzubieten, der notfalls auch weggelassen werden kann.

Falls die Arbeitsgeschwindigkeiten der S sehr stark abweichen, sollten Handzeichen vereinbart werden, damit sich die S mit der richtigen Aufgabe treffen können.

Losverfahren

Siehe ▶Gruppenbildung. Die S ziehen durch L vorbereitete Lose aus einer Lostrommel (Säckchen, Karton, Dose, Hand, vom Tisch). Anschließend bilden S einer Farbe/Zahl/eines Buchstabens/eines Bildes/einer Namensfamilie Gruppen. Als Losvorlagen eignen sich auch Kartenspiele: Bei Bildung nach rot und schwarz entstehen zwei Gruppen; bei Bildung nach Kartenwert sechs und mehr Gruppen. Sollen ganze

Glossar

Gruppen ausgelost werden, wird pro Gruppensymbol ein neues Zettelchen in der Lostrommel benötigt.

Marktplatz (*Market place activity*)

Die kooperative Lernform Marktplatz involviert alle S und veranlasst sie, sich mit dem gewählten Lerninhalt auseinander zu setzen.

1. Alle S bewegen sich frei im Klassenraum. L stellt eine Aufgabe (z. B.: sich über verschiedene Aspekte austauschen und seine Meinung begründen), die es in einem bestimmten Zeitrahmen (Eröffnung und Beendung durch akustisches Signal) zu lösen gilt.
2. Phase: Jeder S tauscht sich mit einem Mit-S über die gestellte Aufgabe aus und begründet das Ergebnis. Je nach Aufgabentyp machen sich die S dabei Notizen.
3. Phase: Die Ergebnisse können evaluiert werden.

Milling around activity

▶ Marktplatz (*Market place activity*)

Mingling activity

▶ Milling around activity; Marktplatz (*Market place activity*)

Murmelphase

Die S erhalten eine zeitlich angemessen begrenzte Murmelphase, um ihre Antworten zu durchdenken und leise vorzuformulieren. Diese Phase hilft ihnen, sich für eine eigene Lösung zu entscheiden, sich sprachlich korrekt auszudrücken, und auch ein Austausch mit dem Nachbarn ist erlaubt. Danach werden Beispiellösungen im Plenum besprochen. Vorteile: Alle S müssen sich mit der Aufgabe auseinandersetzen, stillere S können sich nicht hinter schneller zur Sprechhandlung fähigen S verstecken. Vorformulierte Lösungen sind oftmals auch präziser.

Numbered heads

Gewährleistung von Arbeitsteilung bei Gruppenarbeit nach dem Zufallsprinzip: Die S sitzen in Viererguppen *face to face and knee to knee*. Der S in jeder Gruppe, der dem L (der Tür, dem Fenster, der Jüngste …) am nächsten sitzt, ist die Nummer 1, die anderen zählen im Uhrzeigersinn durch. Im nächsten Schritt erfolgt die Verteilung der fachlichen, methodischen oder sozialen Rollen innerhalb der Gruppe: Nr. 1 schreibt, Nr. 2 liest vor, Nr. 3 fragt nach und passt auf, Nr. 4 holt Material und zeichnet usw. Nach einer Weile rotieren die Rollen und Aufgaben. Hilfreich können auch Rollenkärtchen mit Symbolen und Erklärungen zu den Rollen 1–4 und den dazugehörigen Aufgaben sein, die zusätzlich auf den Gruppentischen ausliegen.

One-minute talk

Ein *One-minute talk* ist ein Mini-Referat, in dem einzelne S die Klasse über ein zuvor besprochenes/gewähltes Thema informieren. Der Vortrag erfolgt möglichst frei. Der Zeitrahmen von ca. einer Minute dient zur Beschränkung auf wesentliche Punkte. Gleichzeitig ermöglicht die Zeitbeschränkung das Halten von mehreren Vorträgen, ohne dass es für die zuhörenden S langweilig wird. In fortgeschritteneren Lerngruppen achten die S auf eine kurze Anmoderation und geeignete Überleitungen zwischen den vorgetragenen Aspekten.

Partnerkontrolle (*Partnercheck, Peer correction, Correcting circle*)

Bei der Partnerkontrolle interagieren die Lernpartner, kontrollieren und korrigieren sich gegenseitig, ohne dass L die Kontrolle übernimmt. Dadurch haben die S einen geschützten Lernraum, in dem sie ohne Scheu vor Fehlern kommunizieren und eigenständig Verantwortung im Lernprozess übernehmen können. Die Partnerkontrolle ist auch in der Kleingruppe durchführbar, wenn z. B. in PA erstellte Texte mit einem anderen Paar ausgetauscht werden (*Peer correction*). Eine Ausbaustufe ist die ▶ Schreibkonferenz (*Correcting circle*).

Peer correction, Peer evaluation

▶ Partnerkontrolle

Placemat

Bei einer *Placemat activity* sitzen vier S um ein großes Blatt Papier, das in fünf Bereiche eingeteilt ist.
Jeder S schreibt zunächst seine Ideen in den eigenen Schreibbereich. Anschließend wird die *Placemat* solange gedreht bis jeder die Ideen der drei anderen S kommentiert und die Kommentare zu den eigenen Ideen gelesen hat. Im nächsten Schritt diskutiert die Gruppe die notierten Gedanken und schreibt die wichtigsten Punkte oder Argumente in die Mitte der *Placemat*. Auch kontroverse Positionen sollten dabei aufgenommen werden. Abschließend werden die Ergebnisse im Plenum ausgewertet.
Hinweis: Der Zeitbedarf variiert je nach Komplexität des Themas von 10–30 Minuten.
Tipp: Für die *Placemat* sollte den S-Gruppen jeweils ein DIN-A3-Bogen und verschiedenfarbige Stifte zur Verfügung stehen (zur Identifizierung der einzelnen Schreiber). Die S können die *Placemat* selbst zu Beginn aufzeichnen oder sie erhalten eine Vorlage. Die Vorgabe eines Zeitlimit für die einzelnen Phasen kann sinvoll sein.

Punktevergabe

Vor der Punktevergabe als Feedback-System legen S und L gemeinsam die Kriterien zur Bewertung der einzelnen Produkte fest. Die S erhalten anschließend jede/r einen

Glossar

Klebepunkt und kleben ihn auf das S-Produkt, welches ihrer Meinung nach die Kriterien am besten erfüllt hat.

Quickwrite activity

Bei einer *Quickwrite activity* sollen die S in einer vorgegebenen Zeit (i.d.R. fünf bis zehn Minuten) möglichst alle ihre Gedanken zu einem Text oder einer Fragestellung schriftlich festhalten. Sie sollen ihren Schreibfluss nicht unterbrechen und beim Schreiben explizit Fragen nach korrekten grammatischen Strukturen oder Rechtschreibung ausblenden. Der Fokus ist *content* nicht *form*. Nach Ablauf der Schreibzeit (akustisches Signal) lesen sich die S in PA ihre Gedanken vor oder (freiwillig) im Plenum. Bei einer Auswertung im Plenum achtet L darauf, dass auch hier der Fokus ausschließlich auf dem Inhalt liegt.

Read-and-look-up-Technik

Die *Read-and-look-up-technique* dient der Förderung des freien Sprechens und bildet den behutsamen Übergang zwischen Ablesen und Vortragen von Informationen/Inhalten. Dabei hält der/die präsentierende S die Vorlage in den Händen und liest einen Satz (bei längeren Satzgefügen Teilsatz) still durch, bevor er/sie dann die Klasse anschaut und den Satz aus dem Gedächtnis wiedergibt. Es ist wichtig, dass erst dann gesprochen wird, wenn der Blickkontakt zur Klasse hergestellt ist. Diese Technik bereitet den freien Vortrag bzw. die Präsentation (auch mithilfe von Stichwortzetteln) vor und unterstützt v.a. unsichere S bei der Darstellung von Inhalten vor dem Plenum. Zur Einführung kann L die Technik anhand eines beliebigen geschriebenen Textes (z.B. Sätze aus dem SB) demonstrieren. Die S üben danach anhand von geeigneten kurzen Texten/Dialogen aus dem SB, wobei der zuhörende Partner darauf achtet, dass nicht abgelesen, sondern jeweils zunächst der Blickkontakt hergestellt wird.

Reciprocal-reading-Verfahren

Beim reziproken Lesen wird ein Text abschnittweise in einem Wechsel aus EA und GA erarbeitet. Dabei verwenden die Lernen folgende Lesestrategien: Klären von unbekannten Wörtern (*clarifying*), Zusammenfassen des Inhalts des gelesenen Abschnitts (*summarizing*), Formulieren von Fragen (*questioning*) und Hypothesenbildung (*anticipating*, *predicting*).

Zum Ablauf: jeder S erhält eine Rollenkarte entsprechend der vier Lesestrategien: *clarifier, summarizer, questioner, predictor*. Die Rollenkarten sollten Leitfragen und sprachliche Hilfen beinhalten. Dann bearbeiten die S den Text abschnittweise entsprechend ihrer Rolle und tauschen sich anschließend dazu aus. Nach der Bearbeitung eines jeden Abschnitts wechseln die S die Rollen und lesen den nächsten Abschnitt in der beschriebenen Weise bis sie den ganzen Text durchgearbeitet haben. So wenden alle S alle Lesestrategien an. Die Ergebnisse werden z.B. in einer Tabelle festgehalten und abschließend im Plenum ausgewertet.

Durch diese Methode des intensiven Lesens wird das Verstehen von Texten gefördert sowie die Anwendung verschiedener Lesestrategien geübt. Zudem schafft der zielgerichtete Austausch mit den Mit-S echte Sprechanlässe und erhöht die *individual speaking time* der S.

Right/wrong-cards

Right/wrong cards dienen der nonverbalen Überprüfung des Verständnisses und werden in Verbindung mit *right/ wrong statements* eingesetzt. Der Vorteil besteht darin, dass damit das Verständnis bei der ganzen Klasse überprüft werden kann. Dabei erhält jede/r S eine rote und eine grüne Karte, mit der die vorgelesenen Aussagen als richtig bzw. falsch gekennzeichnet werden. Die Karten werden entweder vom L nach jedem Einsatz wieder eingesammelt oder verbleiben im Besitz der S, wenn diese methodische Vorgehensweise regelmäßig eingesetzt wird. Alternativ können auch rote und grüne Farbestifte verwendet werden.
Umsetzung: L bzw. ein/e S liest eine Aussage vor. Auf ein Signal hin halten die S gleichzeitig die entsprechende Karte in die Höhe. Sollten dabei Differenzen im Verständnis sichtbar werden, so kann beim Leseverstehen anschließend noch einmal konkret am Text gearbeitet und beim Hörverstehen der Text bzw. Textabschnitt erneut präsentiert werden.

Round Robin

▶ Stummes Schreibgespräch

Schneeball-Methode (Pyramid discussion)

Die Schneeball-Methode eignet sich besonders gut dazu, die Ideen, Vorschläge, Positionen oder Meinungen der S zu einem bestimmten Thema zusammenzubringen, diese in mehreren Schritten zu diskutieren und die besten herauszuarbeiten. Dabei müssen die S Entscheidungen treffen, Argumente formulieren, Überzeugungsarbeit leisten und ggf. Gegenargumente akzeptieren. Durch die unterschiedlichen Sozialformen wird eine besonders intensive Spracharbeit gefördert.

Durchführung:

1. Schritt: Jeder S bearbeitet in EA die Aufgabe und notiert sich eine vorgegebene Anzahl von Informationen, Vorschlägen, Meinungen oder Positionen zu einem Thema.

2. Schritt: In PA vergleichen die S ihre Notizen. Gemeinsam erstellen sie eine neue Liste und einigen sich auf eine Rangfolge (z.B. von der wichtigsten bis zur unwichtigsten Information).

220

Glossar

3. Schritt: In Vierergruppen überprüfen die S Gemeinsamkeiten, ergänzen ggf. ihre Notizen und einigen sich auf ein neues *Ranking*.

4. Schritt: In Achtergruppen müssen sich die S auf ein neues *ranking* sowie auf eine vorgegebene Anzahl von Informationen/Vorschlägen/... einigen. Dabei gilt es, die anderen von den eigenen Vorschlägen zu überzeugen. Am Ende dieser Gruppenrunde bestimmen die Gruppen jeweils einen Gruppensprecher, der die Ergebnisse zu Beginn der nächsten Runde präsentiert.

5. Schritt: In der letzten Diskussionsrunde im Plenum müssen die S sich auf eine vorgegebene Anzahl von Informationen oder Vorschlägen einigen.

6. Schritt: Abschließend wird die Methode im Plenum reflektiert.

Schreibkonferenz (*Correcting circle*)

Bei der Schreibkonferenz korrigieren die S ihre Textentwürfe in Kleingruppen. Hierzu sollte vorher ein Kriterienkatalog erarbeitet werden. Jeder S erhält dann ein Spezialgebiet (z. B. *content, structure, spelling, tenses, word order* etc.) Dann werden alle Texte reihum so lange weiter getauscht, bis jeder S jeden Text im Hinblick auf seinen speziellen Aspekt bearbeitet und markiert hat.
Idealerweise gibt jedes Gruppenmitglied zunächst eine positive Rückmeldung, bevor in einem zweiten Schritt Verbesserungsvorschläge für den Text gemacht werden. Abschließend fertigt jeder eine Reinschrift an. L sammelt nach dem Zufallsprinzip einige Ergebnisse ein und bewertet sie. Im Sinne des selbstständigen Lernens kann L mit den S vereinbaren, dass sie eine DOs and DON'Ts-Liste anlegen, die sie auch in der Klassenarbeit verwenden dürfen. Dies hilft bei der Selbstkorrektur und motiviert, an den eigenen Fehlern zu arbeiten.

Silent viewing

►*Viewing*

Split viewing

►*Viewing*

Stammgruppen

►*Jigsaw*

Standbildmethode (*Freeze frame*)

Die S erfassen Facetten von textlichen Figurenkonstellationen auf darstellerische Weise. In Gruppen tauschen sich die S zunächst über die darzustellende Situation aus, dann werden Rollen verteilt. Der „Baumeister" bringt die „Modelle"

in ein zuvor abgesprochenes Standbild und schöpft körperlich-räumliche Ausdrucksmöglichkeiten aus: Abstände zueinander, Körperhaltung, Gestik und Mimik spiegeln die Situation im Text auf intensive Weise wider. Beim Ausruf *Freeze!* verharren die Modelle regungslos. Jetzt können zusätzliche Fotos aus verschiedenen Perspektiven gemacht werden. Als Auswertung bietet sich eine kurze Erläuterung der jeweiligen Gruppe an, es erscheint jedoch oft didaktisch sinnvoller, wenn die anderen Gruppen den freeze frame zunächst mit Hilfe von Leitfragen interpretieren: *How are the characters presented? What can we tell about their relationships?* Ein Abgleich mit den Intentionen der präsentierenden Gruppe ist ratsam, um herauszuarbeiten, an welchen Stellen Ideen der Gruppe nicht verständlich waren. Diese kreative und körperbezogene Methode bringt Abwechslung in die oftmals einseitig kognitive Interpretationsarbeit.

Stummes Schreibgespräch (*Round Robin*)

Bei einem **stummen** Schreibgespräch kommunizieren die Gruppen schriftlich und bei absolutem Schweigen auf einer langen Papierbahn (ca. 1 x 2 Meter) miteinander. Die Gruppenmitglieder benutzen farblich unterschiedliche Stifte.

1 Die S notieren – bei absolutem Schweigen – spontan ihre Gedanken zu einem Thema in Form von Worten, Sätzen, Zeichnungen oder Symbolen.
2 Das eigentliche Schreibgespräch beginnt: Die S notieren ihre Kommentare zu den Äußerungen der anderen Gruppenmitglieder (auch in Form von Symbolen wie z. B. Smileys). Auch hierbei wird geschwiegen.
3 Eine mündliche Nachbesprechung kann, aber muss sich nicht anschließen. Tipp: Für jeden Arbeitsschritt sollte L ein Zeitlimit setzen.

Think-Pair-Share

Bei der Methode *Think-Pair-Share* gelangen die S von einer individuellen zu einer gemeinsamen Lösung:

1 Jede/r S denkt allein über die Aufgabestellung nach und macht sich ggf. Notizen.
2 Die S bilden Paare. Sie vergleichen und diskutieren ihre Lösungen. Bei Bedarf ergänzen sie ihre Notizen.
3 Zwei Paare bilden eine Vierergruppe und besprechen ihre Lösungen. Dann werden die Notizen vervollständigt. Tipp: Für jeden Arbeitsschritt sollte L ein Zeitlimit setzen.

Viewing

Das *Silent viewing* ist eine Technik des Sehverstehens, bei der die betreffende Filmsequenz oder ein Ausschnitt davon zunächst ohne Ton präsentiert wird. Dabei erhalten die S einen groben Eindruck vom Inhalt einer Szene und können eine Erwartungshaltung aufbauen, die den Verstehensprozess entlastet. Das *Silent viewing* sollte immer mit einem Auftrag zum Globalverstehen verbunden werden (z. B. *Find*

Glossar

out what is happening in the scene. / Who are the persons and what are they doing? etc.) und kann ggf. wiederholt werden, um Hypothesen zu inhaltlichen Details aufzustellen, die dann anhand der Präsentation der Sequenz mit Ton überprüft werden.

Filmsequenzen lassen sich im Unterricht auch als reine Tonspur präsentieren, indem das Bild verdeckt oder abgedunkelt wird. Diese Form der Schulung des Hörverstehens wird als *Sound only (Sound on/Vision off)* Technik bezeichnet und bietet sich an, um die Aufmerksamkeit der S auf Dialoge oder Soundtrack (z. B. Filmmusik, im erweiterten Sinne auch die Geräuschkulisse) zu lenken. Die Technik *Sound only* lässt sich gut mit *Silent viewing* kombinieren und ermöglicht *Follow-up-exercises* für S-Paare, bei denen Partner A die Filmsequenz verfolgte (ohne den Ton zu hören) und Partner B die Tonspur der Filmsequenz mitverfolgte (ohne die Filmsequenz zu sehen). Beim *Split viewing* oder *Jigsaw viewing* bearbeiten die S arbeitsteilig unterschiedliche *While viewing*-Arbeitsaufträge zu inhaltlichen oder filmanalytischen Themen. Variante 1: Jede Gruppe besteht aus so vielen S, wie es Arbeitsaufträge gibt. Jedes Gruppenmitglied übernimmt einen Arbeitsauftrag und macht sich während des *Viewing* Notizen. Zum Beispiel konzentriert sich ein Gruppenmitglied auf einen oder mehrere Charaktere in der Filmsequenz, ein anderes macht sich Notizen zum Soundtrack, ein weiteres zum Setting, etc. Anschließend informieren sich die S in der Gruppe über ihre Arbeitsergebnisse. Variante 2: Jede Gruppe (maximal sechs S) erhält einen Arbeitsauftrag. In Einzelarbeit macht sich jedes Gruppenmitglied während des *Viewing* Notizen. Die S führen ihre Erkenntnisse in der Gruppe zusammen und erstellen gemeinsam eine Zusammenfassung zu ihrem Thema, die sie im Plenum vorstellen. Variante 3: Gruppenbildung und Verlauf der arbeitsteiligen Gruppenarbeit erfolgt gemäß eines *Jigsaw oder Group puzzles* in Experten- und Querschnittsgruppen.

1 KV   The world behind the picture – New York

	Area, neighbourhood	Thoughts, feelings	Music

English G Access | 4   Handreichungen für den Unterricht
Fotos: Crooked Letter Films, New York, U.S.A.

2 KV   Giving feedback on a presentation

When you give feedback, you should:
1. be nice.
2. concentrate on the things that you have to work on.
3. tell the other student what was good and how they can do better.
Always say what somebody did well first.

✓ Choose criteria[1] for your feedback.

✎ Add other criteria you need.

		☺ ☺	☺	😐	☹
	CONTENT				
✓	You covered the important points in the task.				
	The information was interesting/new.				
	You gave examples/details.				
	You gave your opinion.				
	You gave arguments for your opinion.				
✎					
✎					
✎					
✎					
	STRUCTURE				
	You introduced the topic.				
	Your presentation had a clear structure.				
	You showed your main points on a poster / …				
	You summed up at the end.				
	You invited us to ask questions.				
✎					
✎					
	DELIVERY				
	You seemed relaxed.				
	You made eye contact.				
	You used notes.				
	You spoke clearly.				
	You explained your pictures.				
✎					
✎					

[1] criteria *(pl)* [kraɪˈtɪərɪə] *Kriterien*

English G Access | 4   Handreichungen für den Unterricht

3A KV   Text: Putting makeup on the fat boy

Learn the new words on the top half of this page. Then complete sentences 1–23.

Unit 1   Putting makeup on the fat boy (pp. 26–29)

(to) **admit** [əd'mɪt]	zugeben, eingestehen		**effort** ['efət]	Mühe, Anstrengung
(to) **announce** [ə'naʊns]	verkünden, erklären, bekannt geben		(to) **encourage** sth./sb. [ɪn'kʌrɪdʒ]	etwas fördern / jn. ermutigen
application [ˌæplɪ'keɪʃn]	Bewerbung		(to) **get away with** sth.	mit etwas ungestraft davonkommen
(to) **apply (for)** [ə'plaɪ]	sich bewerben (um/für)		(to) **hang up, hung, hung**	auflegen (Telefon)
As far as I'm concerned, ... [kən'sɜːnd]	Was mich angeht. ... Was mich betrifft. ...		**hip** [hɪp]	Hüfte
(to) **bet, bet, bet** [bet]	wetten		(to) **hire** sb. ['haɪə] (bes. AE)	jn. einstellen
book of matches ['mætʃɪz]	Streichholzbrief(chen) Streichholzheft(chen)		**incredible** [ɪn'kredəbl]	unglaublich, sagenhaft
bracelet ['breɪslət]	Armband		**Let's put it this way: ...**	Sagen wir mal so: ... / Lassen Sie es mich so sagen: ...
brush [brʌʃ]	Pinsel, Bürste		(to) **lie (to** sb.**), lied, lied** [laɪ]	(jn. an)lügen
(to) **bug** sb. [bʌg] (infml)	jn. ärgern, jn. nerven		(to) **lock** [lɒk]	abschließen
(to) **choke** [tʃəʊk]	ersticken, keine Luft bekommen		**No matter what ...** ['mætə]	Egal, was ...; Ganz gleich, was ...
(to) **chuckle** ['tʃʌkl]	kichern, glucksen		**obviously** ['ɒbviəsli]	offensichtlich
commercial [kə'mɜːʃl]	Werbespot		(to) **prove** [pruːv]	beweisen
(to) **convince** sb. [kən'vɪns]	jn. überzeugen		**résumé** ['rezəmeɪ] (AE) / **curriculum vitae (CV)** [kəˌrɪkjələm 'viːtaɪ] (BE)	Lebenslauf
day care ['deɪ keə]	Tagesstätte, Tagesbetreuung		**stapler** ['steɪplə]	Hefter, Heftmaschine
definitely ['defɪnətli]	auf jeden Fall, ganz sicher		**thigh** [θaɪ]	Oberschenkel

---

1 Their plan _____ me after all.   Am Ende hat mich ihr Plan doch überzeugt.

2 At our school, we'd like to _____ interest in local history.   An unserer Schule würden wir gern das Interesse an Lokalgeschichte fördern.

3 He just wants to _____ that he loves her.   Er will nur beweisen, dass er sie liebt.

4 Most children in our street are in _____ _____ on weekdays.   Die meisten Kinder in unserer Straße sind an Werktagen in der Tagesbetreuung.

5 _____ happens, we'll always be there for you.   Egal, was passiert, wir werden immer für dich da sein.

6 Finally he _____ that he was wrong.   Schließlich gab er zu, dass er im Unrecht war.

English G Access | 4   Handreichungen für den Unterricht

3B KV   Text: Putting makeup on the fat boy

7 My sister _____ everything.

Meine Schwester kommt mit allem ungestraft davon.

8 Stop _____ me with your questions!

Hör auf, mich mit deinen Fragen zu nerven!

9 Have you _____ a holiday job yet?

Hast du dich schon um einen Ferienjob beworben?

10 I _____ I can run faster than you.

Ich wette, ich kann schneller laufen als du.

11 We only _____ people with work experience.

Wir stellen nur Leute mit Berufserfahrung ein.

12 We need your _____ by Friday.

Wir brauchen Ihre Bewerbung bis spätestens Freitag.

13 Don't forget to hand in your _____.

Vergessen Sie nicht, Ihren Lebenslauf einzureichen.

14 I rang to say sorry, but he _____ immediately.

Ich rief an, um mich zu entschuldigen, aber er legte sofort auf.

15 I bought a _____ made of silver.

Ich habe mir ein Armband aus Silber gekauft.

16 She _____ that she was moving out.

Sie verkündete, dass sie ausziehen würde.

17 I was afraid I might _____.

Ich hatte Angst, ich könnte ersticken.

18 I read an _____ story today.

Ich habe heute eine unglaubliche Geschichte gelesen.

19 It cost a lot of _____ to get ready in time.

Es kostete viel Mühe, rechtzeitig fertig zu werden.

20 The dogs were all wet. They had _____ been in the lake.

Die Hunde waren ganz nass. Sie waren offensichtlich im See gewesen.

21 Are you at home for Christmas?
– _____.

Bist du Weihnachten zu Hause? – Auf jeden Fall!

22 _____ we can go.

Was mich betrifft, können wir gehen.

23 He didn't laugh loud, he just _____.

Er lachte nicht laut, er kicherte nur.

Lösungen: 1 convinced • 2 encourage • 3 prove • 4 day care • 5 No matter what • 6 admitted • 7 gets away with • 8 bugging • 9 applied for • 10 bet • 11 hire • 12 application • 13 résumé • 14 hung up • 15 bracelet • 16 announced • 17 choke • 18 incredible • 19 effort • 20 obviously • 21 Definitely • 22 As far as I'm concerned • 23 chuckled

Cornelsen   English G Access | 4   Handreichungen für den Unterricht

© 2016 Cornelsen Schulverlage GmbH, Berlin. Alle Rechte vorbehalten.

Die Vervielfältigung dieser Seite ist für den eigenen Unterrichtsgebrauch gestattet. Für inhaltliche Veränderungen durch Dritte übernimmt der Verlag keine Verantwortung.

4 KV   Giving feedback on a text

When you give feedback, you should:
1. be nice.
2. concentrate on the things that you have to work on.
3. tell the other student what was good and how they can do better.
   Always say what somebody did well first.

✓ Choose criteria[1] for your feedback.

✎ Add other criteria you need, e.g. for feedback on a story.

		☺ ☺	☺	☺	☹
	CONTENT				
✓	You covered the important points in the task.				
	The information was interesting/new.				
	You gave examples/details.				
	You gave your opinion.				
	You gave arguments for your opinion.				
	Your story had a plot[2].				
	You described the characters.				
✎					
✎					
	STRUCTURE				
	Your introduction said what the text is about.				
	You used paragraphs.				
	Each paragraph had a new idea.				
	You had a conclusion.				
✎					
✎					
	LANGUAGE				
	You used different adjectives and adverbs.				
	You joined sentences with linking words.				
	You used special vocabulary for the topic.				
	It was easy to follow your ideas.				
	Your spelling was correct.				
	Your grammar was correct.				
✎					
✎					

[1] criteria (pl) [kraɪˈtɪərɪə] *Kriterien*   [2] plot [plɒt] *Handlung*

5 KV   African-American history: a timeline

Cut out the sentences below and match the events to the dates on the timeline.

1865	
late 19th century	
1954	
1960	
1963	
1964	
1965	

Millions of people attended a big demonstration in Washington DC to fight for equal rights. (1)

A black girl started going to a school that used to be for whites only. (2)

Segregation was declared illegal by the Supreme Court. (3)

The Civil Rights Act was passed, making racial discrimination illegal. (4)

The Civil War ended, slavery was forbidden, and black people were finally allowed to vote. (5)

The first Jim Crow laws were passed, restricting the rights of African Americans. (6)

The Voting Rights Act was passed, making it illegal to discriminate in voting. (7)

English G Access | 4   Handreichungen für den Unterricht

6 KV   Three teeth – Milling around activity

✂

... he heard a quiet splash as his fishing pole fell out of the canoe ...

✂

... the moon began to rise. In its light, the boy could see the cypress trees that rose like ghosts through the low mist ...

✂

"Ow! ... Damn!" he shouted out loud. He felt around with his hand in the muddy water ...

✂

He held his breath and slowly turned his head to watch a long snake move onto an old log on the water ...

✂

He pulled off his shirt, jumped in and swam towards the cypress roots that stood in the water.

✂

The boy waved his arms and kicked his free leg in fear ...

English G Access | 4   Handreichungen für den Unterricht

7 KV Three teeth – Dramatic reading

Three teeth – Dramatic reading

In this activity, you will work together in groups and interpret a part of the story "Three teeth" by reading it out dramatically.

a) **Form groups. Each group will read a different part of the story to the class:**

   Group 1: lines 1–28
   Group 2: lines 29–58
   Group 3: lines 59–85
   Group 4: lines 86–125

b) **Read your part again and discuss what it shows about the boy. The following questions might help you:**
   - What does the boy feel like in this part of the story?
   - What challenges does he face in this part?
   - How does he react to them?

c) **Practise reading out the scene dramatically. The following tips will help you**
   - Decide how many voices you need (maybe you want to read some sentences together to make your reading more dramatic).
   - Use your voice to show what the boy feels like (for example, you can vary[1] the tone[2] and pace[3] of your speech or make pauses).
   - Do you want to use gestures[4] or sound effects during your reading?
   - Connect with the audience (keep eye contact) when you read your part to the class.

d) **Read your part to the class.**

[1] (to) vary ['veəri] *variieren*
[2] tone [təʊn] *Ton*
[3] pace [peɪs] *Tempo*
[4] gesture ['dʒestʃə] *Geste, Gestik*

Illustration: Josephine Wolff, Berlin

8 A KV   Text: Three teeth

Learn the new words on the top half of this page. Then complete sentences 1–23.

Unit 2   Three teeth (pp. 50–51)

although [ɔːlˈðəʊ]	obwohl
ankle [ˈæŋkl]	(Fuß-)Knöchel
(to) **be stuck** [stʌk]	stecken bleiben, festsitzen
distance [ˈdɪstəns]	Ferne; Entfernung
(to) **dive** [daɪv]	tauchen
(to) **drift** [drɪft]	treiben *(im Wasser)*
fear [fɪə]	Angst
for years to come	auf Jahre hinaus
(to) **glow** [gləʊ]	glühen, leuchten
invisible [ɪnˈvɪzəbl]	unsichtbar
joy [dʒɔɪ]	Freude
leaf, *pl* **leaves** [liːf, liːvz]	Blatt *(an Pflanze)*
(to) **lift sth.** [lɪft]	etwas (an)heben
log [lɒg]	Holzscheit *(auch: Stück eines Baumstamms)*
low [ləʊ]	niedrig
muddy [ˈmʌdi]	schlammig; trüb *(Wasser)*
owl [aʊl]	Eule

pain [peɪn]	Schmerz(en)
(to) **pull sth. off**	etwas ausziehen *(Kleidung)*
(to) **rescue** [ˈreskjuː]	retten
(to) **rise** [raɪz], **rose** [rəʊz], **risen** [ˈrɪzn]	(auf)steigen; sich erheben; aufgehen *(Sonne, Mond)*
root [ruːt]	Wurzel
(to) **shine** [ʃaɪn], **shone, shone** [BE: ʃɒn, AE: ʃəʊn]	leuchten, glänzen, scheinen
sigh [saɪ]	Seufzer
(to) **sink** [sɪŋk], **sank** [sæŋk], **sunk** [sʌŋk]	sinken, versinken
(to) **slip** [slɪp]	rutschen; schlüpfen, gleiten
snout [snaʊt]	Schnauze
sweat [swet]	Schweiß
tail [teɪl]	Schwanz
(to) **take hold of sth.** [həʊld]	etwas (er)greifen
thick [θɪk]	dick
(to) **trap** [træp]	einklemmen; fangen *(mit einer Falle)*

---

1 The boat hit a rock and began to ＿＿＿＿＿＿＿.
Das Boot fuhr auf einen Felsen und begann zu sinken.

2 We can't go on. The car ＿＿＿＿＿＿＿＿＿＿＿＿ in the mud.
Wir können nicht weiterfahren. Das Auto steckt im Schlamm fest.

3 I can't ＿＿＿＿＿＿ the box. It's too heavy.
Ich kann die Kiste nicht heben. Sie ist zu schwer.

4 ＿＿＿＿＿＿＿＿＿ was running into my eyes.
Der Schweiß lief mir in die Augen.

5 We ＿＿＿＿＿＿＿＿＿ our T-shirts and jumped into the lake.
Wir zogen unsere T-Shirts aus und sprangen in den See.

6 You can eat the ＿＿＿＿＿＿＿ of some plants.
Von manchen Pflanzen kann man die Wurzeln essen.

7 I jumped into the lake and ＿＿＿＿＿＿＿ to the bottom.
Ich sprang in den See und tauchte auf den Grund.

Cornelsen   English G Access | 4   Handreichungen für den Unterricht

8B KV   Text: Three teeth

8 She _____ her finger in the door.

Sie hat sich den Finger in der Tür eingeklemmt.

9 He hurt his _____ and couldn't finish the match.

Er verletzte sich den Knöchel und konnte das Spiel nicht beenden.

10 I don't like swimming in _____ water.

Ich schwimme nicht gern in trübem Wasser.

11 In the _____ you could see the mountains.

In der Ferne konnte man die Berge sehen.

12 She _____ her cat from drowning.

Sie rettete ihre Katze vorm Ertrinken.

13 Let's collect some _____ for the fire.

Lass uns ein paar Holzschete für das Feuer sammeln.

14 He went swimming _____ it was quite cold.

Er ging schwimmen, obwohl es ziemlich kalt war.

15 Smoke _____ from the hills.

Von den Hügeln stieg Rauch auf.

16 Small children think they're _____ when they close their eyes.

Kleine Kinder denken, sie sind unsichtbar, wenn sie die Augen schließen.

17 The bridge was too _____ for the truck.

Die Brücke war zu niedrig für den LKW.

18 Two eyes _____ in the light of the torch.

Zwei Augen leuchteten im Licht der Taschenlampe.

19 Full of _____, he hid in the attic.

Voller Angst versteckte er sich auf dem Dachboden.

20 An alligator can kill you with its _____.

Ein Alligator kann dich mit seinem Schwanz töten.

21 The winners danced with _____.

Die Sieger tanzten vor Freude

22 He felt a burning _____ in his stomach.

Er fühlte einen brennenden Schmerz im Magen.

23 Her eyes _____ with joy.

Ihre Augen glänzten vor Freude.

Lösungen: **1** sink • **2** is stuck • **3** lift • **4** sweat • **5** pulled off • **6** roots • **7** dived • **8** trapped • **9** ankle • **10** muddy • **11** distance • **12** rescued • **13** logs • **14** although • **15** was rising • **16** invisible • **17** low • **18** glowed • **19** fear • **20** tail • **21** joy • **22** pain • **23** were shining

9 KV Images of California

Note down what you see in the photos on pages 54–55 in your Student's Book.

A
- Photo A shows …
- In the background, there is/are …
- In the foreground, you can see …
- It's similar to / completely different from …
- There's a big contrast between …
- At the top/bottom you can see …
- On the left/right side there is/are …
- Behind/between/in front of/next to/above …

B
- Photo B shows …
- In the background, there is/are …
- In the foreground, you can see …
- It's similar to / completely different from …
- There's a big contrast between …
- At the top/bottom you can see …
- On the left/right side there is/are …
- Behind/between/in front of/next to/above …

C
- Photo C shows …
- In the background, there is/are …
- In the foreground, you can see …
- It's similar to / completely different from …
- There's a big contrast between …
- At the top/bottom you can see …
- On the left/right side there is/are …
- Behind/between/in front of/next to/above …

D
- Photo D shows …
- In the background, there is/are …
- In the foreground, you can see …
- It's similar to / completely different from …
- There's a big contrast between … At the top/bottom you can see …
- On the left/right side there is/are …
- Behind/between/in front of/next to/above …

beach • bridge • buildings • cars • cloud • crowded • desert • downtown • fog • helmet • huge city • lights • lonely • mountains • palm tree • people • plant • railing • red • rocks • sand • shadow • shrub • skateboard • skatepark • skater • sky • skyscraper • snow • street • sunny • sunshine • water

English G Access | 4   Handreichungen für den Unterricht

Die Vervielfältigung dieser Seite ist für den eigenen Unterrichtsgebrauch gestattet.
Für inhaltliche Veränderungen durch Dritte übernimmt der Verlag keine Verantwortung.

© 2016 Cornelsen Schulverlage GmbH, Berlin.
Alle Rechte vorbehalten.

10 KV   Quiz: Marine Sealife at Moss Beach, California

Get to know the wildlife at the famous tide pools in California. Tick the correct answers.

1   Tick the statement about harbor seals that is not true.

- ☐ a) They can sleep in the water.
- ☐ b) They spend time on land because they need to warm up.
- ☐ c) They are eaten by sea lions.
- ☐ d) They do not chew their food and swallow it whole.

2   There are numerous types of starfish. Match the names to the different starfish.

1 Sunflower sea star   2 Bat sea star   3 Giant spined sea star   4 Basket sea star

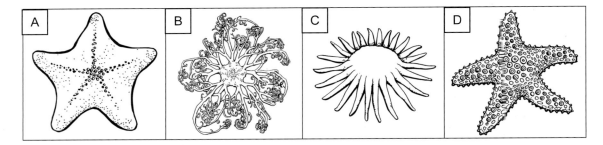

3   What has happened to this anemone? Tick the correct answer.

Before: Now:

   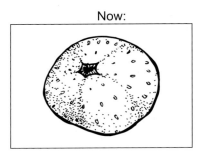

- ☐ a) Someone has stepped on the anemone.
- ☐ b) The anemone eats a crab.
- ☐ c) A sea slug has eaten the anemone. (slug: *Nacktschnecke*)

4   What is a White Knight Nudibranch? Tick the correct answer.

- ☐ a) a white fish
- ☐ b) a white mini ray (ray: *Rochen*)
- ☐ c) a white sea slug

5   Why is this crab called a "hermit crab" (hermit: *Einsiedler*)? Tick the correct answer.

- ☐ a) … because it lives in underwater caves.
- ☐ b) … because it uses empty shells of other sea animals to live in.

----
fold here

1c); 2: 1C, 2A, 3D, 4B; 3b); 4c); 5b)

English G Access | 4   Handreichungen für den Unterricht
Illustrationen: Josephine Wolff, Berlin

11 KV   WORDS Legal or illegal?

WORDS Legal or illegal?

Add words from the box to the table. Use a dictionary to check, if necessary.

comfortable • correct • expensive • fair • friendly • happy • interesting • legal • lucky • necessary •
perfect • polite • popular • possible • practical • probable • regular • responsible • usual

un–	il–	im–	in–	ir–
unhappy	illegal			

unpopular • impossible • impractical • improbable • irregular • irresponsible • unusual
uncomfortable • incorrect • unfair • inexpensive • unfriendly • unhappy • uninteresting • illegal • unlucky • unnecessary • imperfect • impolite

-- fold here --

WORDS Legal or illegal?

Add words from the box to the table. Use a dictionary to check, if necessary.

comfortable • correct • expensive • fair • friendly • happy • interesting • legal • lucky • necessary •
perfect • polite • popular • possible • practical • probable • regular • responsible • usual

un–	il–	im–	in–	ir–
unhappy	illegal			

unpopular • impossible • impractical • improbable • irregular • irresponsible • unusual
uncomfortable • incorrect • unfair • inexpensive • unfriendly • unhappy • uninteresting • illegal • unlucky • unnecessary • imperfect • impolite

English G Access | 4   Handreichungen für den Unterricht

12 KV Outline for a report

Use this structure to plan your report. Make headings for each part and then add keywords. As you see in the structure, you can also use sub-headings if you have a lot of information in the main body.

1 <u>**Title:**</u> _____

_____

2 <u>**Introduction:**</u> _____

keywords: _____

_____

3 <u>**Main body:**</u> _____

<u>Sub-heading 1:</u> Baby whale in trouble _____

<u>keywords:</u> Hailey arrives _____

_____

<u>Sub-heading 2:</u> Preparing the rescue _____

<u>keywords:</u> Taking ropes and knives _____

_____

<u>Sub-heading 3:</u> _____

<u>keywords:</u> _____

_____

<u>Sub-heading 4:</u> _____

<u>keywords:</u> _____

_____

4 <u>**Conclusion:**</u> _____

<u>keywords:</u> _____

_____

English G Access | 4   Handreichungen für den Unterricht

13A KV   Text: Surfing

Learn the new words on the top half of this page. Then complete sentences 1–23.

Unit 3   Surfing (pp. 70–72)

ahead of sb./sth. [ə'hed]	jm./etwas voraus	**gravity** ['grævəti]	Schwerkraft
(to) **attract** [ə'trækt]	anziehen, anlocken	(to) **hire** ['haɪə]	einstellen, anheuern
avalanche ['ævəlɑːnʃ]	Lawine	**human** ['hjuːmən]	Mensch
(to) **catch up with** sb.	jn. einholen	(to) **line** sth. **up** [ˌlaɪn_'ʌp]	etwas ausrichten (positionieren)
critical ['krɪtɪkl]	entscheidend	**physics** ['fɪzɪks]	Physik
diagonal(ly) [daɪ'ægənl], [daɪ'ægənəli]	diagonal, schräg	(to) **plough** (BE)/ (to) **plow** (AE) [plaʊ]	pflügen
excitement [ɪk'saɪtmənt]	Aufregung, Spannung	sb. **has run out of gas/petrol**	jm. ist das Benzin ausgegangen
(to) **figure** sth. **out** [ˌfɪgər_'aʊt]	etwas herausfinden, etwas herausbekommen	(to) **sink** [sɪŋk], **sank** [sæŋk], **sunk** [sʌŋk]	sinken, untergehen
flat	flach	**slope** [sləʊp]	Abhang
gas [gæs] (AE)/**petrol** ['petrəl] (BE)	Benzin	**underneath** [ˌʌndə'niːθ]	unter
(to) **generate** ['dʒenəreɪt]	generieren, erzeugen	**unlike** [ˌʌn'laɪk]	anders als, im Gegensatz zu
gradually ['grædʒuəli]	langsam, nach und nach	**wave** [weɪv]	Welle

- -

1 We'd like to _____ an au pair girl for our two boys.

Wir würden gern ein Aupair-Mädchen für unsere beiden Söhne einstellen.

2 Surfers always look for the perfect

_____ .

Surfer suchen immer die perfekte Welle.

3 Hollywood _____ visitors from all over the world.

Hollywood zieht Besucher aus der ganzen Welt an.

4 I want to study _____ .

Ich möchte Physik studieren.

5 Only _____ keeps us on the ground.

Allein die Schwerkraft hält uns am Boden.

6 There was a lot of _____ when the shark came near the beach.

Es gab eine Menge Aufregung, als sich der Hai dem Strand näherte.

7 Will computers be able to think like

_____ one day?

Werden Computer eines Tages in der Lage sein, wie Menschen zu denken?

8 You can't surf when the waves are too _____ .

Man kann nicht surfen, wenn die Wellen zu flach sind.

9 The boat hit a rock and began to _____ .

Das Boot fuhr auf einen Felsen und begann zu sinken.

English G Access | 4   Handreichungen für den Unterricht

13B KV Text: Surfing

10 It's hard work to _____ the land with horses.
Das Land mit Pferden zu pflügen ist harte Arbeit.

11 You can use this program to _____ passwords.
Man kann dieses Programm verwenden, um Passwörter zu erzeugen.

12 We used to ride our bikes down this _____ when we were little.
Wir sind diesen Abhang immer mit unseren Rädern hinuntergefahren, als wir klein waren.

13 In the UK, people drive on the left – _____ in Germany or France, for example.
Im Vereinigten Königreich fährt man links – anders als zum Beispiel in Deutschland oder Frankreich.

14 Good equipment is _____ when you go rock climbing.
Eine gute Ausrüstung ist entscheidend, wenn man klettern geht.

15 It felt as if the ground _____ us was moving.
Es fühlte sich an, als ob sich der Boden unter uns bewegen würde.

16 _____ and had to walk to the next town.
Uns ging das Benzin aus, und wir mussten zur nächsten Stadt laufen.

17 Let's wait till the others _____ .
Lass uns warten, bis die anderen uns eingeholt haben.

18 How did you _____ where I live?
Wie hast du herausgefunden, wo ich wohne?

19 She was always a couple of seconds _____ the other runners.
Sie war den anderen Läufern immer ein paar Sekunden voraus.

20 The _____ destroyed half the village.
Die Lawine zerstörte die Hälfte des Dorfes.

21 _____ we began to understand what was going on.
Nach und nach begannen wir zu verstehen, was vor sich ging.

22 _____ the pieces of wood so that they all point in the same direction.
Richte die Hölzer so aus, dass sie alle in dieselbe Richtung zeigen.

23 Walk _____ through the park and then turn right.
Geh diagonal durch den Park und bieg dann rechts ab.

Lösungen: 1 hire • 2 wave • 3 attracts • 4 physics • 5 gravity • 6 excitement • 7 humans • 8 flat • 9 sink • 10 plough • 11 generate • 12 slope • 13 unlike • 14 critical • 15 underneath • 16 We ran out of petrol • 17 have caught up with us • 18 figure out • 19 ahead of • 20 avalanche • 21 Gradually • 22 Line up • 23 diagonally

English G Access | 4   Handreichungen für den Unterricht

14 KV   The past progressive

a) Find the sentences in *1 A perfect morning* (p. 76 in your textbook) and complete them.

1 Drew _____ at the breakfast table when his dad entered the kitchen.

2 As they _____ towards their classroom, Drew suddenly stopped.

b) The past progressive consists of two parts. Look at the sentences in a) and complete the rule.

The past progressive is formed with _____ and the _____

_____ + ing-form.

c) Choose the correct translation: But Drew was already walking towards Kaya.

1 Drew wollte gerade zu Kaya gehen.   ☐
2 Drew war gerade zu Kaya gegangen.   ☐
3 Drew ging gerade zu Kaya.   ☐

d) Fill in the gaps with the correct form of the past progressive.

Drew [1]_____ (do) his homework when his friend Bobby called. The two boys

[2]_____ (talk) on the phone when Drew's mom came in. She

[3]_____ (look) for her car keys, so she asked Drew to help her find them.

Both of them [4]_____ (search) the living room when they suddenly heard a

loud noise from the kitchen. The cat, which [5]_____ (try) to drink from the tap,

had just pushed down Mrs Schmidt's handbag and everything, including her car keys,

[6]_____ (lie) on the ground.

e) Past progressive or simple past? Decide which tense is correct and cross out the wrong one.

1 This morning Drew and Bobby **were walking / walked** across the hallway when they **were
   seeing / saw** Kaya, who **was drinking / drank** from the water fountain.

2 Drew **was asking / asked** her for a date when Kaya's friend **was coming / came** and **was
   pulling / pulled** her away.

3 When the coach **was coming / came** to Kaya to talk to her about her times,
   she **was practising / practised** with her horse.

4 Kaya's uncle **was just having / just had** dinner when she **was calling / called**.

English G Access | 4   Handreichungen für den Unterricht

15 KV A short film

1 Bloodlines

a) **Read the following Native American proverbs[1]. Say which one you like best and which one fits best with the film 'Bloodlines'.**

1. Remember that your children are not your own, but are lent to you by the Creator. (Mohawk)
2. In age, talk; in childhood, tears. (Hopi)
3. Grown men may learn from very little children, for the hearts of little children are pure and therefore[2] the Great Spirit may show them many things which older people miss. (Black Elk, Lakota)
4. The ones that matter the most are the children. (Lakota)

b) **Write a short voice-over for the film 'Bloodlines'. Use one of the proverbs as the main idea and describe the development of the characters' emotions, relationship or actions.**

> **INFO-BOX**
> A voice-over is an off-screen voice who gives the viewer information about feelings, thoughts, actions and other interesting or important background information.

2 Your own short film

Plan your own short film. Choose one of the topics discussed in Unit 4, e.g. a date between Drew and Kaya, Mount Rushmore, family relationships, a Native American story. Follow these steps:

1. Decide on a topic.
2. Brainstorm ideas.
3. Write an outline of the story/events.
4. Decide who is going to take over which part, e.g. writer, actor, director, camera woman/man, music department.
5. Write and rehearse your short film.
6. Make your short film.
7. Present your film in class.

---

[1] proverb ['prɒvɜːb/] *Sprichwort*
[2] therefore ['ðeəɔː(r)] *daher, deshalb*

English G Access | 4   Handreichungen für den Unterricht

16A KV Text: Koluscap and the water monster

Learn the new words on the top half of this page. Then complete sentences 1–20.

Unit 4 Koluscap and the water monster (p. 92)

(to) **beg** sb. **for** sth. [beg]	jn. um etwas bitten	**mud** [mʌd]	Schlamm, Matsch
belly ['beli]	Bauch	**a party of** … ['pɑːti]	eine Gruppe (von) …
bent [bent]	gebogen, verbogen; gebeugt	**perhaps** [pə'hæps]	vielleicht, möglicherweise
bullfrog ['bʊlfrɒg]	Ochsenfrosch	(to) **pray** [preɪ]	beten
club [klʌb]	Keule, Knüppel	**prayer** [preə]	Gebet
creator [kri'eɪtə]	Schöpfer/in	**request** [rɪ'kwest]	Bitte
(to) **crush** [krʌʃ]	zerquetschen, zerdrücken	**root** [ruːt]	Wurzel
dam [dæm]	Damm, Staudamm	(to) **share** sth. [ʃeə]	(sich) etwas teilen
drought [draʊt]	Dürre(zeit), Trockenheit	(to) **squeeze** [skwiːz]	drücken
eagle ['iːgl]	Adler	(to) **swallow** ['swɒləʊ]	schlucken, verschlucken
filthy ['fɪlθi]	schmutzig, dreckig	(to) **take pity (on** sb.**)** ['pɪti]	Mitleid mit jm. haben; sich jemandes erbarmen
(to) **frighten** sb. ['fraɪtn]	jn. (ver)ängstigen, jm. Angst machen	**turtle** ['tɜːtl]	Wasserschildkröte
(to) **grow** old/smaller/taller/…, **grew, grown**	alt/kleiner/größer/… werden	**warrior** ['wɒriə]	Krieger/in
messenger ['mesɪndʒə]	Bote/Botin	**wolf** [wʊlf], *pl* **wolves** [wʊlvz]	Wolf

---

1 Lots of people fear that, with climate change, _____ might become longer in the future. — Viele Menschen befürchten, dass Dürrezeiten mit dem Klimawandel länger werden könnten.

2 Two villages disappeared in the water by the time the _____ was finished. — Zwei Dörfer verschwanden im Wasser, als der Staudamm fertiggestellt wurde.

3 They had no money and _____ us for help. — Sie hatten kein Geld und baten uns um Hilfe.

4 There are lots of bike _____ in our city. — Es gibt eine Menge Fahrradboten in unserer Stadt.

5 We met a _____ of Americans on the beach. — Wir trafen eine Gruppe Amerikaner am Strand.

6 People used to say "_____"; now they say "soldier". — Früher sagte man „Krieger"; jetzt sagt man „Soldat".

7 The pill was huge. I could hardly _____ it. — Die Tablette war riesig. Ich konnte sie kaum schlucken.

English G Access | 4 Handreichungen für den Unterricht

16 B KV   Text: Koluscap and the water monster

8 _____ the garlic and add it to the frying pan.

Zerdrücke den Knoblauch und gib ihn in die Pfanne.

9 They knelt down and _____ to God.

Sie knieten nieder und beteten zu Gott.

10 He's late again. – _____ he's missed his bus.

Er kommt wieder zu spät. – Vielleicht hat er seinen Bus verpasst.

11 They knelt down and said a _____ .

Sie knieten nieder und sprachen ein Gebet.

12 Lots of cultures have legends about the _____ of the world.

Viele Kulturen haben Legenden über den Schöpfer der Welt.

13 She _____ the homeless man and gave him some money.

Sie hatte Mitleid mit dem Obdachlosen und gab ihm etwas Geld.

14 In the old day, warriors used to fight with _____ .

Früher haben die Krieger mit Keulen gekämpft.

15 I have a strange _____ – perhaps you can help me.

Ich habe eine seltsame Bitte – vielleicht kannst du mir helfen.

16 The food in the hotel was awful, and all the floors were _____ .

Das Essen im Hotel war schrecklich, und alle Fußböden waren schmutzig.

17 If you don't _____ the bottle, nothing will come out.

Wenn du die Flasche nicht drückst, kommt nichts raus.

18 The front wheel of my bike is all _____ .

Das Vorderrad von meinem Fahrrad ist ganz verbogen.

19 Snakes _____ me.

Schlangen machen mir Angst.

20 My sister and I had to _____ a room when we were little.

Meine Schwester und ich mussten uns ein Zimmer teilen, als wir klein waren.

Lösungen: **1** droughts • **2** dam • **3** begged • **4** messengers • **5** party • **6** warrior • **7** swallow • **8** crush • **9** frayed • **10** perhaps • **11** prayer • **12** creator • **13** took pity on • **14** clubs • **15** request • **16** filthy • **17** squeeze • **18** bent • **19** frighten • **20** share

English G Access | 4   Handreichungen für den Unterricht

17 KV   Writing a summary

a) **Write your name on the checklist and use it to check your summary.**

b) 👥 **Find three partners and make a correcting circle: Pass your summary and your checklist on to your partners. Read their summaries and fill in the checklist to give your partners feedback on their summaries.**

c) 👥 **Now write a summary together that follows everything you've learned so far.**

Name: _____

Rules for a good summary		me	S1	S2	S3
Introduction: The first one or two sentences tell the reader …	… the text type.				
	… the title and the author.				
	… what the text is about (topic).				
The main part answers the important questions:	What are the main events? Who? When? Where?				
In the summary you **should** …	… make sure that there are no mistakes about the facts.				
	… have a clear structure and paragraphs.				
	… use the simple present.				
	… use your own words as much as possible.				
In the summary you **shouldn't** …	… give details the reader doesn't need to understand the overall content.				
	… copy examples from the text itself.				
	… include your own opinion.				
Language	There are no mistakes in spelling, word order or vocabulary.				
	The text makes use of linking words (like *and, therefore, but, because* …).				

Comment:

English G Access | 4   Handreichungen für den Unterricht

18 KV Letters and emails – Trivia quiz

Look at the quiz about letters and emails and tick the correct answers.

1 In the UK, the number of letters is expected to go down from 13.8 billion in 2012 to … billion in 2023.

☐ a) 10.1 billion ☐ b) 8.3 billion ☐ c) 5.7 billion

2 In the US, the number of letters sent in 2014 was

☐ a) 141 trillion. ☐ b) 141 billion. ☐ c) 141 million.

3 In the UK, the postal service delivered … personal letters per person in 2013.

☐ a) 13 ☐ b) 8 ☐ c) 3

4 There are about … emails sent worldwide every day.

☐ a) 250 million ☐ b) 205 billion ☐ c) 250 billion

5 Most traditional letters sent in the UK today are

☐ a) bills. ☐ b) parking tickets. ☐ c) greetings cards.

-- fold here --

1b) • 2b) • 3a) • 4b) • 5c)

✂ --

Look at the quiz about letters and emails and tick the correct answers.

1 In the UK, the number of letters is expected to go down from 13.8 billion in 2012 to … billion in 2023.

☐ a) 10.1 billion ☐ b) 8.3 billion ☐ c) 5.7 billion

2 In the US, the number of letters sent in 2014 was

☐ a) 141 trillion. ☐ b) 141 billion. ☐ c) 141 million.

3 In the UK, the postal service delivered … personal letters per person in 2013.

☐ a) 13 ☐ b) 8 ☐ c) 3

4 There are about … emails sent worldwide every day.

☐ a) 250 million ☐ b) 205 billion ☐ c) 250 billion

5 Most traditional letters sent in the UK today are

☐ a) bills. ☐ b) parking tickets. ☐ c) greetings cards.

-- fold here --

1b) • 2b) • 3a) • 4b) • 5c)

English G Access | 4   Handreichungen für den Unterricht

19 KV   Writing conventions

a) 👥 Look at the box and talk about the differences in formal letters between BE and AE.

	American English	**British English**
date	01/08/2016 January 8th, 2016	08/01/2016 8th January 2016
beginning	Dear Mr. Devlin: Dear Sir or Madam:	Dear Mr Devlin, Dear Sir or Madam,
ending	Sincerely yours, Kind regards,	Yours sincerely, Kind regards,

b) Look at the two formal texts by Jan Schmidt again (Unit 5, Ex 5, page 106). Which writing style has Jan followed in each of them? Think of reasons why Jan would use different styles in the two letters.

- fold here -

a) date: AE: month/day/year, in written date: month, day, comma before year • BE: day/year/month, in written date: day, month, no comma before year
beginning: AE: colon after „Dear …“ • BE: comma after „Dear …“
ending: AE: you can use only „Sincerely,“ • BE: you write „Yours sincerely,“
b) Musterlösung: Letter B is written in American style, he is probably sending a letter to the USA. Maybe he wants to go there on holiday or he wants to go on an exchange. He doesn't know the name of the person he's writing to, so maybe he only wants some information. Email C is an email written in British style, so he is probably sending a letter to England. He is writing to Mrs Ball, so he knows the person he is writing to. Maybe he wants to give or ask for some further information.

- fold here -

a) 👥 Look at the box and talk about the differences in formal letters between BE and AE.

	American English	**British English**
date	01/08/2016 January 8th, 2016	08/01/2016 8th January 2016
beginning	Dear Mr. Devlin: Dear Sir or Madam:	Dear Mr Devlin, Dear Sir or Madam,
ending	Sincerely, Kind regards,	Yours sincerely, Kind regards,

b) Look at the two formal texts by Jan Schmidt again (Unit 5, Ex 5, page 106). Which writing style has Jan followed in each of them? Think of reasons why Jan would use different styles in the two letters.

- fold here -

a) date: AE: month/day/year, in written date: month, day, comma before year • BE: day/year/month, in written date: day, month, no comma before year
beginning: AE: colon after „Dear …“ • BE: comma after „Dear …“
ending: AE: you can use only „Sincerely,“ • BE: you write „Yours sincerely,“
b) Musterlösung: Letter B is written in American style, he is probably sending a letter to the USA. Maybe he wants to go there on holiday or he wants to go on an exchange. He doesn't know the name of the person he's writing to, so maybe he only wants some information. Email C is an email written in British style, so he is probably sending a letter to England. He is writing to Mrs Ball, so he knows the person he is writing to. Maybe he wants to give or ask for some further information.

English G Access | 4   Handreichungen für den Unterricht

20 KV Text: This land is your land

Learn the new words on the top half of this page. Then complete sentences 1–10.

Unit 5 This land is your land (pp. 111)

(to) **bless** [bles]	segnen	**private** ['praɪvət]	privat, Privat-
diamond ['daɪəmənd]	Diamant	(to) **provoke** sb. [prə'vəʊk]	jn. provozieren
fog [fɒg]	Nebel	**realistic** [ˌriːə'lɪstɪk]	realistisch
Gulf Stream ['gʌlf striːm]	Golfstrom	**ribbon** ['rɪbən]	Band
highway ['haɪweɪ]	Fernstraße (in den USA; oft vier- oder mehrspurig)	(to) **sparkle** ['spɑːkl]	glitzern
		(to) **stroll** [strəʊl]	bummeln, schlendern
jobless ['dʒɒbləs]	arbeitslos	**unrealistic** [ˌʌnrɪə'lɪstɪk]	unrealistisch
march [mɑːtʃ]	Marsch(musik)	**wheat** [wiːt]	Weizen

---

1 Be careful what you say – don't _____ him.

Sei vorsichtig, was du sagst – provozier ihn nicht.

2 It's _____ to expect anything else.

Es ist unrealistisch, etwas anderes zu erwarten.

3 Grandpa likes listening to brass bands – he loves _____.

Opa hört gern Blaskapellen zu – er liebt Märsche.

4 He took the children in his arms, placed his hands on them and _____ them.

Er nahm die Kinder in seine Arme, legte ihnen die Hände auf und segnete sie.

5 The mayor cut the red _____ and opened the new swimming pool.

Die Bürgermeisterin durchschnitt das rote Band und eröffnete das neue Schwimmbad.

6 Are you allowed to ride your bike on _____?

Darf man auf (amerikanischen) Fernstraßen Rad fahren?

7 Her jewellery _____ in the spotlights.

Ihr Schmuck glitzerte im Licht der Scheinwerfer.

8 We were _____ through the park when it started to rain heavily.

Wir schlenderten gerade durch den Park, als es heftig zu regnen begann.

9 Toast is usually made from _____ flour.

Toastbrot wird gewöhnlich aus Weizenmehl hergestellt.

10 We had so much _____ that we could hardly see the road.

Wir hatten so viel Nebel, dass wir kaum die Straße sehen konnten.

Lösungen: 1 provoke • 2 unrealistic • 3 marches • 4 blessed • 5 ribbon • 6 highways • 7 sparkled • 8 strolling • 9 wheat • 10 fog

English G Access | 4   Handreichungen für den Unterricht

Literaturhinweise

Fachdidaktiken

Doff, Sabine / Klippel, Friederike: Englisch Didaktik. Praxishandbuch für die Sekundarstufe I und II. Cornelsen Scriptor 2007

Haß, Frank (Hrsg.): Fachdidaktik Englisch. Tradition, Innovation, Praxis. Klett 2006

Thaler, Engelbert: Englisch unterrichten. Grundlagen, Kompetenzen, Methoden. Cornelsen 2012

Timm, Johannes-Peter (Hrsg.): Englisch lernen und lehren. Didaktik des Englischunterrichts. Cornelsen 1998

Monografien

Börner, Otfried / Edelhoff, Christoph / Lohmann, Christa: Perspektiven Englisch (Heft 8): Individualisierung und Differenzierung im kommunikativen Englischunterricht. Grundlagen und Beispiele. Diesterweg 2010

Brüning, Ludger / Saum, Tobias: Erfolgreich unterrichten durch Kooperatives Lernen. Strategien zur Schüleraktivierung. Neue Deutsche Schule Verlagsgesellschaft mbH 2006

Green, Norm / Green, Kathy: Kooperatives Lernen im Klassenraum und im Kollegium. Das Trainingsbuch. Kallmeyer 2005

Hallet, Wolfgang: Didaktische Kompetenzen. Lehr- und Lernprozesse erfolgreich gestalten. Klett 2006

ISB Staatsinstitut für Schulqualität und Bildungsforschung München: ISB Handreichung Sprachen leben – Kompetenzorientierte Aufgaben in den modernen Fremdsprachen. Cornelsen 2011 (Bände 1 und 2)

Mattes, Wolfgang: Methoden für den Unterricht. Kompakte Übersichten für Lehrende und Lernende. Schöningh 2011

Paradies, Liane / Linser, Hans: Differenzieren im Englischunterricht. Cornelsen Scriptor 2010

Thaler, Engelbert: Lernerfolg durch Balanced Teaching: Offene Lernarrangements. Aufgabenorientiert, spielorientiert, medienorientiert. Cornelsen 2010

Thaler, Engelbert: 10 Modern Approaches to Teaching Grammar. Schöningh 2010